NAS ENCRUZILHADAS DAS EPISTEMOLOGIAS DO SUL: UM BLUES EM SUL MAIOR

PARTE 1 – PENSAMENTOS METODOLÓGICOS DE UMA UTOPIA POSSÍVEL

RODOLFO MEDEIROS SCHIAN

Estúdio Eco Blues
Copyright © Rodolfo Medeiros Schian, 2024
Todos os direitos reservados.
ISBN: 9798884235595
Selo editorial: Independently published

SCHIAN, Rodolfo Medeiros. Nas Encruzilhadas das
Epistemologias do Sul: um blues em sul maior. 1ª ed.
Sorocaba-SP: Estúdio Eco Blues, 2024.
1.epistemologias do Sul; 2. ciência decolonial;
3.cartografia imagética; 4. terceira realidade; 5. confluência
de saberes.

DEDICATÓRIA E AGRADECIMENTOS

Esta dedicatória é destinada a todos os seres que combatem as injustiças, que se recusam a permanecer em silêncio diante das desigualdades e violências, e que personificam a resistência e a esperança revolucionária. É um tributo àqueles que, ao se depararem com encruzilhadas na vida, optam por transformar o mundo de forma mais justa para o todos.

Aqui fica também a minha homenagem a pequena Pandora, que esteve em todos os momentos ao meu lado enquanto escrevia cada palavra – você foi mais que uma cachorra, era amiga e parte da família. Obrigado por tudo e descanse em paz meu latido de amor. Que Antonio Bispo dos Santos agora esteja desfrutando de sua companhia e que possamos nos encontrar algum dia em mais uma encruzilhada.

Em agradecimento expresso minha profunda gratidão a todos os seres que cruzaram meu caminho nas encruzilhadas da vida, moldando a pessoa que sou hoje.

Em particular, desejo expressar meus sinceros reconhecimentos à minha companheira Silvia Maria Vieira Schian. Sei das dificuldades que podem surgir ao meu lado, e reconheço seu carinho, afeto e amor incansáveis. Sua paciência e abraço sempre acolhedor são um refúgio nos momentos caóticos.

Aos meus filhos, os trigêmeos, Anita Maria Vieira Schian, José Vieira Schian e Manuela Vieira Schian, devo uma dívida de gratidão por todo eternidade, aprendi muito com vocês. São uma verdadeira confluência de saberes, uma fonte de alegria constante e a razão de minha esperança por um mundo melhor.

Não posso deixar de expressar minha apreciação por meu pai, José Luiz Schian, por tudo que compartilhou comigo, inclusive seus conhecimentos em agrimensura. Minha mãe, Mara Medeiros Schian, merece um agradecimento por me conceder a vida junto dele. Agradeço as minhas irmãs por dividirem eles comigo.

Aos meus amigos, que sempre estiveram ao meu lado, quero transmitir minha gratidão. Mesmo que não tenham conhecimento de minhas dores e angústias, sempre respeitaram meu silêncio.

A meu orientador no doutorado, Dr. Paulo Celso da Silva, expresso minha profunda estima por companheirismo, paciência, por conhecimento compartilhado e liberdade que me concedeu para seguir minhas ideias audaciosas. Que permitiu ressignificar uma frase que me perseguiu durante a minha juventude, "a minha alma é presa da mais livre loucura", do poeta Sady Bianchin.

Muito Obrigado a todos!

LISTA DE ILUSTRAÇÕES

SUMÁRIO

1 INTRODUÇÃO[1]

O pensamento que atravessa toda essa obra é uma percepção de vida de longa data e, igualmente é um pensamento coletivo, de confluência de saberes. Todavia foi na dissertação de mestrado em Comunicação e Cultura (SCHIAN, 2020), da Universidade de Sorocaba, com o título "Fotojornalismo: as representações de morte de Fidel e Mandela para além da noção de sociedade do espetáculo", através da análise fotográfica que alguns caminhos foram apontados e iluminaram aberturas para a mudança paradigmática da ciência moderna que realmente vise a emancipação e transformação social.

Uma mudança que se faz urgente e necessária diante do caos e contradições humanitárias do século XXI, a exemplo da própria descrença com a ciência por parte da sociedade, o distanciamento da ciência para as necessidades cotidianas, a ascensão global da ultradireita conservadora acobertando e difundindo ignorâncias e preconceitos, as respostas de governos totalitários dissimulando questões humanitárias, os preconceitos cotidianos que marginalizam a diversidade, as desigualdades que sentenciam boa parte dos indivíduos a uma sobrevivência miserável e a própria questão ambiental que coloca em risco a própria existência do ser humano.

Como não afirmar que o caos material e filosófico/espiritual é responsável direto pela ascensão da extrema-direita no mundo usurpando a liberdade da diversidade, fomentando os preconceitos em nomes de ideais estranhos ao próprio livre-arbítrio, gerando violências e mortes, como ocorre no Brasil com o bolsonarismo e nos EUA com o trumpismo; as guerras de governos totalitários e imperialistas que se escondem em conflitos como ocorre entre Rússia e Ucrânia – a quem serve a paz defendida pela Organização do Tratado do Atlântico Norte?; o massacre, apoio e silêncio de parte do mundo ao genocídio do povo Palestino?; como é possível ainda existirem governos totalitários como de Kim Jong-Un, líder supremo da Coreia do Norte, ameaçando o mundo com uma guerra nuclear, exatamente por ignorar todo conhecimento histórico para favorecer uma ideologia fantasiada por sua família e que não se sustenta a não ser em torno de sua própria

---

[1] Esse livro foi desenvolvido e serviu como base da tese de Doutorado em Comunicação e Cultura, no Programa de Pós-Graduação em Comunicação e Cultura, da UNISO, defendido em 30 de outubro de 2023. O seu núcleo aqui permanece inalterado, entretanto algumas partes foram modificadas tanto para a poética quanto pela exigência libertária e afetuosa da metodologia da Cartografia Imagética, que em alguns momentos por questões processuais e institucionais acabaram engessadas na ciência moderna ocidental.

imagem?; como é possível assistirmos passivamente as execuções de brasileiros marginalizados pela força policial e aparato do Estado?; Como é possível o descaso, julgamento e condenação dos nossos semelhantes em situação de rua?; Como é possível escutar discursos antivacina e de defesa da terra plana? Como mulheres, negros, nativos, a sexualidade de cada indivíduo, religião, entre tantas outras diferenças na nossa igualdade humana podem gerar tantas discriminações, opressões, explorações e usurpação da liberdade e da vida? Como ainda não compreendemos que precisamos viver em harmonia com o planeta, com a natureza, não pela sobrevivência deste, mas pela nossa própria sobrevivência e perpetuação da espécie?

A ausência de respostas, alternativas colocam em risco a existência humana. É a nossa consciência sobre a natureza, sobre o Universo que vai deixar de existir, estes não dependem de nós para continuarem a sua jornada.

Ponderando somente um dos tópicos deste caos e hoje em maior evidência midiática, o genocídio cometido pelo Estado de Israel contra o povo e o Estado da Palestina, e até mesmo contra o próprio povo e cultura judaica, obtemos a exemplificação dos cuidados e senso crítico que devemos ter em todo momento de movimentação, seja individual ou coletiva. É a lembrança de Paulo Freire e em toda sua grandeza e tese da pedagogia, da pedagogia do oprimido, da emancipação; é a memória da nossa obrigação com a educação na sua função libertadora, e que devemos extrapolar para todos os campos da sociedade, para que o sonho do oprimido não se torne o sonho de ser o opressor.

Infelizmente esse parece o sonho do Estado de Israel[2], infelizmente parece que ele foi pensado, planejado e executado com esse sonho a serviço de um outro sonho de poder e dominação, da exploração global de toda humanidade através do imperialismo.

Depois de tantas histórias, experiências, revoluções e evoluções, tudo indica que escolhemos o atraso nefasto de excluirmos a base de tudo, a base afetuosa do amor, do amor incondicional não só para os nossos ou para a sociedade, mas para todo cosmo.

Desde a nossa revolução cognitiva com nossos ancestrais a mais de 50 mil anos atrás, passadas outras revoluções, a exemplo da contemporaneidade com a Revolução Francesa e Industrial, a revolução da ciência moderna, para nós ocidentais, parecemos estar longe de acharmos uma resposta a problemas históricos e enraizados na sociedade que não nos permitem viver em liberdade, desenvolver a

---

[2] Não compreendam isso como antissemitismo, estou direcionando minhas críticas diretamente ao Estado de Israel, ao sistema e instituições que os rodeiam. Como muitos judeus, a exemplo de Edgar Morin, afirmo que esse Estado de Israel, da forma como se encontra constituído na contemporaneidade, não representa o povo judaico. Muito pelo contrário, eles alienam parte do próprio povo, subvertendo a própria história e espiritualidade em nome de uma estranha força que o domina e se revela ser a sua verdadeira face.

plenitude da potencialidade humana. São problemas históricos, complexos e contraditórios, envoltos de uma carcaça dura de ideologias que buscam somente o domínio de um indivíduo sobre o outro, justificados pela ignorância, preconceitos e silêncios[3].

São problemas urgentes a serem resolvidos que estão colocando em xeque a nossa própria existência física/material e de consciência/espiritual[4].

Voltando um pouco a racionalização cientifica, quando essas indagações surgiram na pesquisa anterior, não foi através da fotografia enquanto objeto e instante capturado, mas na sua representação de imagem e imaginário, constitua ele objetivo-quantitativo ou subjetivo-qualitativo.

Na indagação de "como se emancipar desta sociedade, uma sociedade presa a suposta modernidade, aos seus aparatos tecnológicos libertários?" (SCHIAN, 2020, p. 123); como utilizar os avanços da tecnologia para o fim das desigualdades levantou a hipótese de resposta através da análise imagética.

Análise imagética investigada por um olhar que fosse além das ideias dominantes, um olhar crítico, livre, emancipado da espetacularização da política e comunicação contemporânea.

Uma visão que resgata, mesmo dentro das virtualidades que também experenciamos além do mundo natural, os lugares como espaço de cultura, transformando a comunicação em meios, suportes das informações e, não supostas representações da realidade ou espelhos.

O mundo experenciado não é aquele dado como real, mas sim como ele é interpretado, representado e apropriado através da consciência humana, o todo do desenvolvimento cultural.

Visão que nos obriga a definir os lugares e os contextos que cada imagem pertence, sua origem e sua transitoriedade para fora das fronteiras construídas por uma suposta racionalidade e cultura. Compreender que toda imagem fala e a sua compreensão depende de nossa alfabetização imagética e/ou autodidatismo imagético.

Alfabetização que nos ensina que antes de nos tornarmos agentes históricos emancipados precisamos estar na condição de espectadores emancipados. Uma perspectiva apropriada em Rancière (2012), que ao inserir o autodidatismo, compreendendo e assimilando as mensagens imagéticas, reconfiguramos a função de aparatos de dominação ao transformar as imagens (e poderíamos extrapolar para

---

[3] Quanto desta justificativa não nos coloca na condição de culpados e/ou cumplice para esse caos, principalmente quando pertencemos a uma determinada classe privilegiada da sociedade.

[4] Seja a crença que tiver, seja ela em alguma (s) divindade (s) ou na racionalidade humana, tenha a consciência que os seus atos são lembrados por toda eternidade. São esses atos que podem lhe conferir uma eternidade, somente o fato de sua existência em algo alterou o Universo, seja responsável por isso.

todos os aparatos sociais e culturais) em artefatos históricos, ou seja, potencial conhecimento emancipador na igualdade das inteligências.

Na definição de lugares e contextos surge uma redefinição da noção de tempo e espaço, para além das suas questões lineares e físicas, em um lugar onde não existem fronteiras, ou seja, na imaginação – é a utopia possível de todo potencial do desenvolvimento humano.

A proposta metodológica que é anunciada aqui não se trata de reconstruir a realidade que vivenciamos, até porque compreendemos que ela é construída por meio das experiências individuais e coletivas; também não se trata simplesmente de desmistificar a imagem como um aparato de dominação – ela é um objeto de comunicação, produção e conhecimento, que foi transformada em mecanismo de poder e; o objetivo principal é trazer à tona uma terceira realidade, uma visão diferente, que já foi esboçada outrora com a dialética da imagem em Walter Benjamin.

Falo de uma realidade transformadora, para uma sociedade e ciência que se pressupõe nova, livre das velhas amarras modernas que tanto limitam a potencialidade humana. É uma reflexão e ação complexa, que envolve muitos outros saberes, mas é uma utopia possível, "basta" a vontade humana na sua condição de vida natural que emana do afeto, do amor incondicional para todo o Universo, que no fim se revela ser um amor para si mesmo.

A sua inovação somente é possível na reflexão de uma perspectiva diferente no ato de fazer ciência, de produzir o conhecimento, que não vai olhar a realidade como algo concreto e singular, mas nas suas subjetividades, e principalmente, em suas pluralidades.

> A continuidade desta pesquisa deve trabalhar com a emancipação do espectador, através de um processo de alfabetização ou autodidatismo imagético, que deve ser refletido através do suporte de um mapa, que pode ser refletido no campo da cartografia crítica. Um mapa pode mostrar todas as localizações que a imagem tem o seu significado e função social, pode apresentar seu espaço com maior detalhes, e através de um memorial descritivo pode guiar este olhar do espectador emancipado para as suas múltiplas significações, utilizações e histórias. (SCHIAN, 2020, p. 123-124)

Os conceitos de realidade que foram articulados partindo da metodologia fenomenológica de Kossoy (2011), e na aplicação de seu roteiro de análise da

14

fotografia transformando uma foto em artefato histórico, nos leva aos seus conceitos de primeira realidade e segunda realidade.

Uma metodologia que se mostrou pertinente no objetivo de compreender a história (primeira realidade) e a utilização (segunda realidade) de uma determinada imagem, principalmente para a fotografia ao transformá-la em um artefato histórico, seja para sua própria conservação, questões memorialísticas ou fonte de informação e conhecimento. Todavia encontra o seu limite exatamente por não se deparar com espectadores emancipados, capazes de utilizar todas as suas características e potencialidades em mecanismos transformadores.

É uma metodologia que auxilia na compreensão do conceito de sociedade do espetáculo de Debord (1997), entretanto não consegue ir além, fica presa na dominação política, social, econômica e cultural. Fica presa na própria espetacularização, ou seja, espetacularização representada através da primeira e segunda realidade.

Para sair deste aprisionamento, deste ciclo vicioso, é necessário acrescentar uma ciência diferente ou adotar outras formas de produção do conhecimento, como um ser que age, produz, pensa e planeja tanto no mundo imagético quanto na práxis cotidiana. Um ser que constrói as suas próprias relações sociais.

A terceira realidade não se trata de um conceito fechado da ciência moderna ou que se limita ao imaginário do senso comum, ou mesmo a outras formas da cognição humana. Essa concepção se desenvolve com indivíduos emancipados e que pensam cada objeto de forma independente, valorizando toda diversidade e conhecimentos. Ela é revelada na arena cultural e política da comunicação das diferenças, sempre com o pano de fundo da igualdade entre todos e na equidade necessária. Arena que definiremos metodologicamente como Arena JAM.

Neste ponto precisamos sempre relembrar uma das máximas de Karl Marx, no texto "Crítica ao Programa de Gotha" datado de 1875, criticando o próprio movimento da esquerda que estava inserido e que parece não compreender seu pensamento[5]: "De cada qual, segundo sua capacidade, a cada qual, segundo suas necessidades." (p. 215, 1875). Na compreensão que a capacidade ou aquilo que queremos e conseguimos desenvolver deve ser de vontade do próprio indivíduo consciente da sua responsabilidade para com a sociedade ou a comunidade que vive. E as suas necessidades, neste princípio de responsabilidade, devem ser supridas pela sociedade não para a sobrevivência do indivíduo, mas para a sua vida em plenitude, para sua dignidade.

Você não precisa ser um marxista e/ou comunista para perceber que nessa percepção para com o outro, para com a sociedade, existe a necessidade de trabalharmos o amor incondicional, de trabalharmos as práticas de afeto.

---

[5] Muito semelhante aos dias atuais, onde percebemos que boa parte dos críticos ou dos próprios marxistas, desconhecem ou não conseguem interpretar os pensamentos de Karl Marx.

15

Precisamos sair um pouco do aprisionamento das nossas realidades, de não nos tornarmos exploradores ou mecanismos de exploração do outro, não nos deixemos na nossa condição de privilegiados julgar injusto quando alguém que não pertence ao nosso meio conquistou seu espaço e demonstrou seu valor.

Tenha a consciência que todos são merecedores e igualmente capazes, todos tem a liberdade para ser aquilo que são ou imaginam ser, todos sonham, todos realizam.

Evidente que este indivíduo precisa estar dotado de consciência política, histórica, social e cultural, de natureza e tecnologia, de materialidade e essência. Com essa consciência consegue transgredir as ideologias castradoras, exploratórias, de dominação e totalitárias.

É um ser com consciência de classe, humana, natural, é um ser consciente do universo. Um sujeito autorreflexivo, autônomo e curioso; sujeito que vai fazer a mesma reflexão feita por um dos maiores gênios ocidentais do século XX, Albert Einstein.

No seu texto intitulado "Autorretrato" (EINSTEIN, 1994) expõe as dificuldades em tomarmos consciência do que realmente é significativo para se viver e se construir como ser, uma ignorância que não incomoda o outro, o nosso meio, e não nos impede de viver, mas certamente se torna barreira para o pleno desenvolvimento da nossa potencialidade.

Nossa curiosidade e necessidades que vão nos dizer até onde queremos ir, o que queremos ser e em que mundo queremos viver. Se apenas estaremos no mundo desperdiçando recursos e o nosso próprio tempo, ou nos tornaremos seres nesse mundo guiados pela ânsia por conhecimento e com uma intensa curiosidade de ir além do visível e dado como absoluto, como certo e imutável – "Que sabe um peixe sobre a água em que nada a vida inteira?" (EINSTEIN, 1994, p. 5).

É o renascimento humano para além da sociedade do espetáculo, rompendo com as amarras da sociedade de consumo de massa e tecnofascista. É o ato de desmistificar este controle estranho, lutando contra todas as desigualdades e marginalizações, explorações sociais e ambientais, lutando contra o colonialismo e o eurocentrismo. Um sociedade repleta de seres ativos, agentes políticos conscientes cooperando com o novo paradigma social e científico.

Figura 1: Vida circulando livremente.

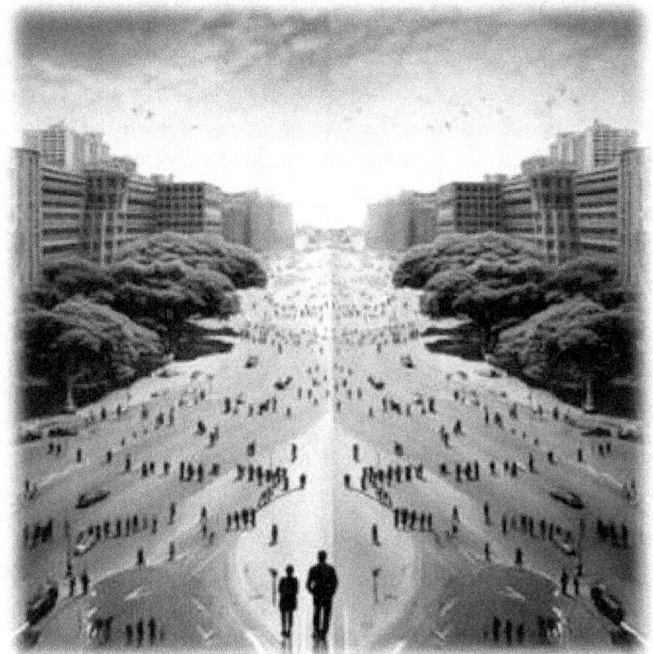

Fonte: Arquivo Pessoal

Para dar conta destas reflexões, ou no mínimo apontar percursos, proponho uma leitura imagética através, ou semelhante, a leitura de um mapa, para compreender os caminhos que percorrem estas imagens que podem nos guiar nas diferentes existências e conhecimentos. Com diálogo aberto para um mundo coletivo, fraterno, diferente do vazio que pode se tornar a nossa própria existência quando isolada.

Essas inquirições se encontram no interior de uma crise ideológica e da própria ciência que precisa dar resposta ao caos que vivenciamos e parecem ter se acentuado na última pandemia (que em certa medida ainda se encontra em curso). Seja através de uma revisão epistemológica ou de investigação da práxis, do cotidiano, do senso comum.

A proposta é refletir partindo da análise imagética, como construímos essas imagens, significamos e as consumimos.

A epistemologia, ou seja, a teoria do conhecimento, ou melhor, as teorias dos conhecimentos que continuam prosperando em períodos de crise, períodos em que precisamos buscar novas alternativas para continuar existindo, marcam as transições ou as possibilidades. Seu desenvolvimento nos auxilia na identificação da própria crise, na sua desconstrução para que se pense em alternativas a ela.

Por muitas vezes as vozes das alternativas e esperança não se erguem no conhecimento científico, elas surgem no cotidiano criativo, no melhor lugar para perceber e pesquisar essas mudanças, nas manifestações artísticas.

O que agrava essa situação e torna difícil a resolução de grande parte das crises que vivemos nos últimos dois séculos é a incoerência do conhecimento que se utiliza para definir a própria crise e as alternativas encontradas. Visto que essas alternativas são propostas intermediadas na ciência ou política dominadas pelo sistema vigente, o verdadeiro responsável por essas crises.

Estas respostas não dizem nada ao cotidiano, são mecanismos da ideologia dominante, e por este motivo estamos vivenciando um ciclo vicioso de crises na ciência, na política, na racionalidade ocidental. Acarretando um sentimento de descrença generalizada da sociedade, por nós mesmos, pelos outros e com a natureza.

Neste ciclo vicioso de crises experenciadas nos últimos dois séculos, as alternativas e soluções propostas advindas do sistema vigente, são sempre consideradas provisórias e urgentes, é a crença no conceito de normalidade.

Propostas e conceito que desconsidera o cotidiano de todos os indivíduos, de todas as comunidades, sejam elas ocidentais ou não, o que importa é a perpetuação do sistema e sua continua exploração.

Nesta busca do conhecimento que transcenda essa crise da humanidade, de nossa própria existência, é que valorizo as imagens em toda sua significação. Seja na fotografia, mapas, músicas (que são imagens construídas por nossa memória e imaginação que chegam aos nossos ouvidos ou pela vibração da pele), qualquer tipo de imagem por mais banal, cotidiana, considero poder encontrar explicações para crises passadas, ou até mesmo, explicações para as crises futuras. Mas para isso é necessário sempre estar conectado com a práxis, cultura, contexto, cotidiano. Sendo que a resposta não se encerra nas imagens, mas na forma como articulamos e aplicamos a informação que carregam.

O século XX, apogeu da intensificação dos usos das imagens e que se estende no século XXI, se apresentou por muitos momentos de crise da humanidade dentro de seus processos de globalizações, entre guerras, conflitos políticos, ideológicos, dominações coloniais e eurocêntricas, limitações físicas e psíquicas, crises sistêmicas e uma relação de poder e dominação que não nos permite pensar para além de suas estruturas e fronteiras.

São imagens que não são libertadoras, são imagens construídas para impactar todos os nossos sentidos, e quando menos percebemos estamos presos em mais um enredo de exploração.

Desde as últimas grandes revoluções ocidentais contemporâneas, revoluções do próprio sistema vigente, que os últimos séculos foram marcados por crises anunciadas em discursos políticos e científicos como passageiras, se tornando mais um padrão de normalidade que vivenciamos, mais um padrão que exclui e cria desigualdade, que elimina tudo que não se insere nessa lógica.

Passamos a normalizar a própria crise, o próprio caos, na consequência da normalização e naturalização das desigualdades e preconceitos.

A normalidade que o sistema capitalista impõe, gera crises constantes para manutenção da sua própria sobrevivência, o que já foi debatido inúmeras vezes nas ciências sociais, nos movimentos sociais e culturais.

A normalidade imposta não é natural, o próprio conceito de normalidade é uma falácia para a essência humana – é só uma instrumentalização discursiva de dominação.

Uma falácia tão absurda colocada como dogma de normalidade inquisitiva e estranha a diversidade. O que demonstra que essas crises servem para a sobrevivência de tudo que não é humano e muito menos natural – o objetivo é claro, a sobrevivência do sistema para manutenção do Capital a serviço do colonialismo eurocêntrico.

Na instrumentalização discursiva de dominação o próprio colonialismo eurocêntrico foi naturalizado a tal ponto que muitos não percebem a sua existência.

Crise que se arrasta nas primeiras décadas do século XXI como consequência da inviabilização de respostas a essas problemáticas. Que dificilmente vão ser solucionadas se continuarmos utilizando o mesmo raciocínio, as mesmas bases científicas e ideológicas.

A permanência da crise nos leva a um ciclo de dominação e exploração sem precedentes, a ciência ocidental a serviço desta crise facilita e tenta justificar esses mecanismos. Fato que somente é possível através da dominação da nossa consciência, do nosso imaginário, em um estado de completa alienação e com isso encerrando nossa liberdade.

Uma crise para qual ainda não temos resposta ou plano de ação efetivo, principalmente porque este plano de ação precisa ser coletivo e aberto para as diversas realidades.

Até agora na desunião da sociedade, infelizmente, se debate ou tenta-se implementar soluções que estão reformando e fomentando a manutenção da própria crise exatamente por replicar a própria exploração ao partir de uma única realidade/verdade, não levando em consideração as pluralidades pulsantes de realidades vivas dentro de um mesmo espaço e tempo.

Uma simples vista nas ações da ONU para mediações de conflitos e desigualdades que assolam o mundo justifica essa afirmação; ou como foram as soluções dadas na própria pandemia do Coronavírus que não se atentaram as necessidades das comunidades e pessoas marginalizadas, toda perspectiva da realidade era nomeada e determinada pela racionalidade ocidental.

Outro exemplo é o conflito entre os Palestinos e Judeus que não se atentam as realidades vivenciadas por esses povos que são massacrados pelos ideais ocidentais, colonialistas e eurocêntricos. Querendo que esses mesmos mecanismos que estão explorando e destruindo a diversidade e liberdade encontrem a resposta para as problemáticas que os mantém no poder.

É o mesmo que retirar os freios de um carro, acelerar ele a 200km/h e procurar frear o veículo colidindo com outro veículo ou alguma barreira, o resultado só pode ser um acidente, destruição. A sua possibilidade de sobrevivência justificada no abominável darwinismo social é somente uma causalidade, e evidência da sua falta de consciência sobre as suas responsabilidades.

O que assistimos na pandemia, entre falsas esperanças de mudanças, foi o aumento da violência e preconceitos, das marginalizações e desigualdades – se agravou o que já estava sendo vivido no cotidiano mundial pelas comunidades marginalizadas. Essas somente ganharam uma certa visibilidade e campanhas pífias de caridade, e logo são esquecidas dentro de uma suposta nova crise que agora se volta para as questões econômicas do conflito entre a Ucrania e Rússia, Palestina e Israel – é a espetacularização em sua essência, que não se importa com esses conflitos, somente precisar manter a sociedade alienada e consumindo aquilo que lhe é determinado.

O sistema não proporciona nenhum consumo de solução, somente nos é permitido consumir crises. E como todo consumo é imediato e logo descartado, é o que ocorre com todas as crises. Como nosso lixo que "some" nos lixões, as crises desaparecem, se tornam invisíveis nos guetos.

Partindo dos conceitos de epistemologia do Sul, das ruínas-sementes, das ecologias de saberes, que encontramos nos escritos de Santos (2002; 2007; 2018; 2019; 2020; 2021) e de outros pesquisadores que trabalharam ou foram fonte de conhecimento deste sociólogo lusitano – descendente direto de nossos colonizadores –, conceitos que atrelados a uma cartografia crítica para a análise imagética, em um pensamento decolonial, que partimos para pensar um caminho promissor ao desenvolvimento da proposta da terceira realidade que será

20

desenvolvida[6], ou melhor, será evidenciada, para compreender e pensar em alternativas para essa crise humanitária.

Um caminho que não é fácil e desafia todas as nossas crenças, que nos levou até uma porta, para quem tem coragem de abrir e adentrar mostrou a nossa ignorância na complexidade da humanidade. São as nossas limitações que tanto nos causam medo e procuramos esconder com imagens de superioridade.

O que observamos ao tomarmos coragem de iluminar nossas incertezas e angústias com esses saberes que estavam atrás dessa porta foi uma realidade transformadora, ou no mínimo, potencializadora da verdadeira humanidade que é ocorre no cotidiano do indivíduo e da comunidade.
A verdadeira humanidade é plural, são verdades, são realidades autênticas.

O mesmo ocorreu quando adotamos como ponto de partida as ruínas-sementes para articular um conhecimento como base de desenvolvimento a cartografia, ou o que definiremos como Cartografia Imagética, dialogando com os diversos saberes, que vai demonstrar ser a confluência de saberes descrita por Antonio Bispo dos Santos (SANTOS, 2023).

A Metodologia da Cartografia Imagética é uma abordagem de pesquisa que busca transcender o paradigma da modernidade, incorporando elementos imaginativos e práticos como o Agrimensor-Flâneur e a ideia da Terceira Realidade.

A Parte 1, que é essa parte presente do conjunto da obra, oferece base teórica e um guia prático para realizar uma pesquisa científica e para o desenvolvimento de outras formas de saberes utilizando essa metodologia que considero inovadora.

É inovadora não em seus conceitos e, sim pela potencialidade e perspectiva de um novo olhar para o indivíduo, para o coletivo, para o Planeta e para o Universo.

Com esse olhar nos questionamos: seria a leitura imagética através da cartografia (confecções de plantas e memoriais descritivos) um caminho para esta nova comunicação? Uma comunicação que seja inclusiva, fraterna, igualitária e libertadora, que seja transformadora, revolucionária, como definiremos com a terceira realidade?

Questionamentos que definem o objetivo principal deste livro no reconhecimento da Terceira Realidade através da análise imagética, da cartografia ou na possibilidade do seu conjunto, como uma forma revolucionária de nos

---

[6] A própria ideia de criar algo é estranha quando constatamos que todas as alternativas já se encontram no Universo esperando que alguém dialogue abertamente com ela. Se torna mais estranho ainda no contexto que estamos trabalhando. Por isso precisamos deixar claro que criar, desenvolver ou algo do gênero aqui é o despertar da emancipação. Não tenha a soberba colonialista de descobrir algo que já existia – o Brasil não foi descoberto, ele já existia e pulsava vida. O Brasil foi e é colonizado.

comunicarmos e compreendermos o meio que estamos inseridos ou até mesmo refletir na infinitude do universo.

O que está sendo configurado como uma utopia possível ao transformar a maneira como pensamos e vivemos dentro das diversas realidades.

Neste percurso da Terceira Realidade alcançaremos a compreensão dos princípios da Cartografia Imagética para um pensamento decolonial; analisar o conceito de Terceira Realidade e suas implicações na luta contra o colonialismo eurocêntrico; cultivar o papel do Agrimensor-Flâneur como agente sensível e curioso na pesquisa científica em outras áreas do conhecimento; propor alternativas para viabilizar projetos futuros que desenvolvam, comprovem ou refutem o conceito de Terceira Realidade.

A tese que está sendo delineada aqui se coloca como uma alternativa para pensar a humanidade e o universo. É a produção coletiva de um conhecimento transformador e crítico, junto de uma ciência mais humana e inclusiva.

Uma ciência que vai se mostrar ser cosmológica, é a ciência decolonial ou aquilo que vier depois dela.

Na qualidade de alternativa essa teoria e metodologia não espera se fechar em si mesma como ocorrem nas relações dogmáticas da ciência moderna ocidental, reconhece que o conhecimento está em constante movimentação. Reconhece que a nossa consciência é a primeira, ou deveria ser, a chegar em um momento crucial da humanidade, é a primeira a ocupar esse espaço. Sem essa consciência primeira o corpo se torna uma força de destruição a tudo aquilo que considera estranho a ele, estranho por estar na sua ignorância.

A hipótese apresentada é a reflexão da metodologia sensível, afetuosa, a exemplo da Metodologia da Cartografia Imagética, ligando caminhos para uma compreensão profunda das diversas realidades, o que denominamos de Terceira Realidade. Sempre buscando conferir visibilidade as alternativas transformadoras e inclusivas em diferentes contextos de pesquisa, áreas e saberes.

Essa hipótese é fundamentada nas discussões sobre a sensibilidade do Agrimensor-Flâneur em relação ao ambiente, nas estratégias sensíveis e ferramentas que serão debatidas e utilizadas. Ao adotar essa postura, os pesquisadores podem capturar detalhes e significados que muitas vezes não são evidentes na ciência moderna tradicional. Além disso, a ênfase na Terceira Realidade, como proposta de coexistência de diferentes perspectivas e realidades, tem o potencial de desafiar a racionalidade instrumental e promoção da transformação inclusiva e diversificada nos estudos para responder aos anseios da sociedade, e não mais dos caprichos do mercado.

No entanto, é importante destacar que essa hipótese deve ser testada empiricamente por meio da aplicação da Metodologia da Cartografia Imagética em estudos de casos por outros pesquisadores, analisando os resultados obtidos e futuramente comparando-os com abordagens tradicionais para verificar se de fato essa metodologia oferece uma compreensão profunda das realidades e uma alternativa verdadeiramente inclusiva e transformadora.

Não devemos creditar a essa proposta uma concepção messiânica, de salvação, e muito menos devemos refutar ou buscar eliminá-la pelas nossas crenças e preconceitos. Esse pensamento se configura como uma semente, um trabalho inicial que precisa ser gestado com carinho. É uma singela contribuição para o pensamento decolonial e para a cosmologia humana, é a minha voz sendo amplificada.

Estrutura de voz que vai ocorrer dentro do conceito da escala pentatônica[7], uma referência a escrita musical do Blues, que inspirou tantos outros estilos musicais, e que moveu todo o nosso desenvolvimento teórico até aqui.

Este presente trabalho é a primeira nota desta escala. É a nota tônica.

Nada aqui é aleatório, é preciso que você busque decifrar ao seu modo esse pequeno enigma da escrita. Pensando no Blues enquanto objeto, no seu status de objeto de estudo social, de fenômeno com condições e estruturas próprias, contribuindo para arte e desenvolvimento do conhecimento.

Um estilo musical que veio da marginalização e exploração do povo africano, que abraçou a diversidade, que sofreu e sofre ainda com os preconceitos da sociedade colonial e eurocêntrica, que é livre em essência ao mesmo tempo que é explorado pela espetacularização mercadológica.

É a pura expressão humana, autêntica e poética, com contradições e imperfeições, ou seja, a expressão poética de contemplar as objetividades e subjetividades das diversas realidades.

---

[7] A escala pentatônica é uma escala musical que consiste em cinco notas por oitava, daí o nome "pentatônica" (do grego "penta" = cinco e "tonos" = tons). Essa escala é amplamente utilizada na música ocidental e em várias outras tradições musicais ao redor do mundo, a exemplo da música africana. A característica marcante da escala pentatônica é a sua ausência de semitons, ou seja, não contém os intervalos de meio tom que estão presentes em outras escalas mais comuns da música ocidental, a exemplo da própria escala natural. Podendo ser denominada de Pentatônica Maior e Pentatônica Menor através da variação do seu grau dominante. E neste sentido que foi pensando o título do conjunto desta obra "NAS ENCRUZILHADAS DAS EPISTEMOLOGIAS DO SUL: UM BLUES EM SUL MAIOR", denominando o Sul como uma nota que vai dar o tom a escala. E também pela simplicidade que ela carrega na sua construção, uma analogia a aproximação entre a ciência moderna e as outras formas de conhecimento, de saberes. A simplicidade da escala pentatônica torna-a uma escolha popular para improvisação e composição, especialmente em gêneros musicais como blues, rock, música folk e étnica, onde suas notas podem ser usadas para criar melodias cativantes, criativas e expressivas.

23

Este é o blues, o pai do rock (ou seria o diabo? O blues é o diabo? Concebeu o rock na encruzilhada?), um fenômeno complexo e rico em conhecimento, que é estruturado e estruturante da sociedade.

Figura 2: Blues estruturado e estruturante

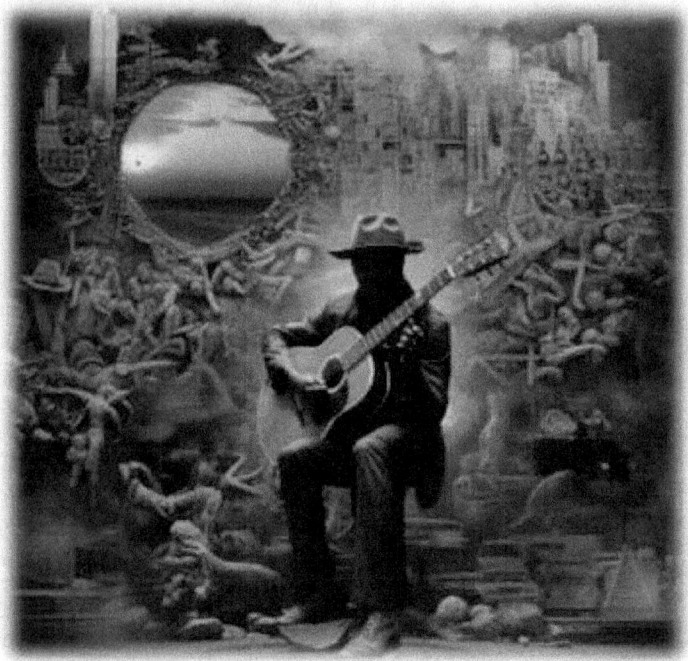

Fonte: Arquivo Pessoal

A defesa que faço e farei do blues nas partes futuras desta obra, é por ser um estilo que garante significação a um indivíduo em constante metamorfose, uma forma de produzir e experenciar a vida. Isso o torna um conjunto de fenômenos complexos que sempre carregam elementos inesperados que se materializam nas músicas, nos artistas, nas suas histórias, lhe conferindo característica de constante autenticidade e singularidade sem que perca a essência da coletividade.

O Blues tem tanto sentido e significado em seu princípio que se torna impossível adentrar o seu mundo sem a presença de seus fantasmas - é possível sentir em cada vibração musical as suas dores e alegrias, paixões e desilusões. Não é criado para significar algo pontual, é a própria significação da vida humana, é a sua voz. O blues é uma constante mesmo nos seus significados posteriores, como é o caso do rock. A distinção que encontramos nele é o próprio desenvolvimento histórico da humanidade, é a sua relação entre tempo e espaço.

Não é o blues que estranhamos e sim as suas realidades. Da mesma forma não vai ser a Cartografia Imagética que iremos estranhar e sim os caminhos que nos levam a diversas realidades dentro de um mesmo espaço e tempo.

Estranhamos a Terceira Realidade, estranhamos o fato de não sermos únicos, estranhamos e nos apavoramos com a necessidade de descartamos todo conceito de normalidade e padronização.

Essa obra, que intitulamos de "NAS ENCRUZILHADAS DAS EPISTEMOLOGIAS DO SUL: UM BLUES EM SUL MAIOR", um jogo de palavras que faz referência a escala pentatônica maior e a grandeza do conhecimento do Sul nos iluminando com a mesma intensidade do Sol, vai seguir por analogia em seis Partes, para compor as 5 notas da escala, acrescentada da sexta nota – a blue note.

Uma ressalva antes de apresentarmos cada parte deste trabalho e seu desenvolvimento futuro: deve ficar claro que a metodologia da Cartografia Imagética trabalha constantemente com essa ideia de jogo de palavras como composição das letras que vão fluindo dessas encruzilhas e páginas.

O "Jogo de Palavras" pode ser definido como um conceito ou estratégia descrito sabiamente na ideia de "guerra das denominações" do mestre quilombola Antonio Bispo dos Santos (SANTOS, 2023). Essa ideia é fundamental na metodologia da Cartografia Imagética no objetivo de contribuir com o pensamento e teoria decolonial.

É uma abordagem que não é necessariamente inovadora, até é bastante comum e muito utilizada pelas crianças, mas é revolucionária, é uma arma que empunhamos para a resistência contra o colonialismo e o eurocentrismo. Com essa prática se busca revitalizar e ressignificar a linguagem, e todas as expressões imagéticas como uma ferramenta de empoderamento. Uma transformação que se condensa em uma alternativa para a emancipação humana com responsabilidade cosmológica. É a transformação da nossa língua e expressão através da adição de palavras e imaginários potentes.

O convite da Cartografia Imagética através do jogo de palavras se trata de ampliarmos, de amplificarmos o léxico, de nos tornarmos detentores de nossa comunicação ao incorporamos formas de expressão que desafiem o colonialismo, ou qualquer outra linguagem que tente nos dominar, promovendo a compreensão e fortalecimento das identidades culturais que são tradicionalmente marginalizadas.

Não se trata somente da criação de novas palavras, imagens e outras formas de nos comunicarmos, o seu núcleo reside no fato de almejarmos promover a reinterpretação e recontextualização de comunicações que já se encontram em nosso meio para desestabilizar as narrativas colonialistas e excludentes.

Logo os conceitos, métodos, técnicas, metodologias e teorias muitas vezes podem ser encontrados em outros conhecimentos científicos ou não, mas isso não importa aqui visto que estamos buscando alternativas na produção do conhecimento, e esse pensamento que estamos desenvolvendo deve sempre ser visto como uma alternativa, um exercício imaginativo e inclusivo.

É um convite a criatividade de cada ser consciente ou que queira despertar sua consciência, é um convite a reflexão da percepção particular das diversas realidades de cada indivíduo.

Esse convite pouco tem a dizer aqueles que são irredutíveis, que não se abrem ao novo, que não anseiam por conhecimento, não tem serventia aqueles que acreditam em normalidades, padronizações, que rejeitam as mudanças por medo de perder algo ao escutar o diferente, que são subservientes a pensamentos estranhos a si próprios e não compreendem o processo comunicativo humano como instrumento de libertação.

O jogo de palavras pode desmascarar os falsos revolucionários, os falsos progressistas. Ele pode desnudar o indivíduo e evidenciar os preconceitos que carregam, revelando os discursos de domínio e poder.

Indo além desta ressignificação da comunicação e de lente destas relações de poder que ficam obscurecidas em discursos vazios, defendo uma abordagem criativa e colaborativa para a construção de narrativas e significados, é a importância do compartilhamento das realidades e saberes que delas emanam. É tornar a nossa comunicação uma ferramenta de resistência, empoderamento e decolonização, é a própria comunidade expressando a sua cultura, história e percepção da realidade.

Com esse jogo de palavras almejamos na metodologia pensar em estratégias que possam servir para a decolonização de nossas mentes promovendo uma efetiva inclusão das diversas realidades. Construindo uma fraternidade afetiva para com a diversidade que auxilie no desafio as estruturas de poder que oprimem, marginalizam, demonizam e exterminam tudo que é diferente.

A contribuição do desenvolvimento desta metodologia da Cartografia Imagética é criar um espaço de esperança em nossas bibliotecas, em nossas relações sociais, pavimentando caminhos para que a imaginação flua livremente com indivíduos autênticos e emancipados.

Na Parte 1, que é este presente livro, intitulado "PENSAMENTOS METODOLÓGICOS DE UMA UTOPIA POSSÍVEL", é realizada a exposição da base teórica e metodológica para leitura e compreensão dos livros futuros (Parte 2 a 6) que compõe a nossa trajetória teórica e metodológica – além de inspirar a produção de pensamento de cada leitor.

Quero ter a sua companhia e contribuição ativa enquanto indivíduo emancipado e crítico.

Neste momento trataremos então das perspectivas metodológicas, filosófica e a abrangência que espero com o desenvolvimento dos conceitos que demonstrarei. É a perspectiva e ferramentas do pesquisador na encruzilhada, para elaborar planos, possíveis caminhos a seguir, o que se deseja, e aonde pode-se chegar. Ferramentas que tornem possível descartar tudo o que foi falado anteriormente para se aventurar em novas descobertas e alternativas.

No "Capítulo 2 – Contextualização", abordamos rapidamente o caos dos séculos XX e XXI, explorando os fundamentos que sustentam nossa visão de ciência e emancipação na sociedade do espetáculo que evidenciou Debord (1997). Tecemos comentários sobre a "Ciência que Almejamos", desenvolvendo as bases da ciência que buscamos construir ao transcender os limites convencionais nas Epistemologias do Sul rumo a uma ciência decolonial. Falamos sobre o senso comum e sua relação com o conhecimento científico visando uma confluência de saberes para emancipação, revelando como essa confluência pode impulsionar nossa emancipação intelectual e outras emancipações. Ressaltamos nas diversas vozes da nossa ciência a importância da diversidade de perspectivas no cenário acadêmico que dialogam com o cotidiano da sociedade.

Por uma questão de posicionamento examinamos a distinção entre os termos "descolonial", "decolonial" e "contracolonial" para delinear os caminhos conceituais que definem nossa abordagem dentro da luta contra o colonialismo em suas diferentes faces. E desta forma conseguimos expressar uma compreensão de Ciência Decolonial e Comunicação Decolonial, enfatizando a comunicação como uma força de transformação e resistência.

Transformação e resistência que é possível através da Confluência de Saberes, das complexas interações entre diferentes formas de conhecimento e saberes, enquanto avançamos rumo a uma perspectiva mais holística, uma concepção cosmológica.

Na contextualização ambicionamos determinar o porquê é importante refletir o senso comum retroalimentado pelas diversas formas de conhecimento, a exemplo do conhecimento científico, para que com isso ocorra uma efetiva emancipação. Um conhecimento que deve transformar a ciência moderna em uma ciência emancipatória, a ciência decolonial. Que é uma ciência voltada para as reais necessidades da sociedade, paradigmática e com intelectuais/pesquisadores afetivos e críticos.

Apresentamos as expectativas da ciência como uma forma de comunicação na promoção do conhecimento-emancipação. Traçando o início da cartografia como leitura imagética e acercar-se do conceito que foi apontado no início criativo deste pensamento, o conceito de ruínas-sementes, de Boaventura de Sousa Santos (SANTOS 2009).

Conceito que se tornou pertinente ao ser adensado e desconstruído através do pensamento de Antônio Bispo dos Santos (SANTOS, 2023) na sua ideia de confluência de saberes, da sua visão contracolonial e dos jogos de palavras.

Ainda enfatizamos nesta parte do trabalho a importância do reconhecimento e valorização das diversas perspectivas de conhecimento, especialmente no contexto do Sul, das comunidades marginalizadas. Com destaque para a educação e a comunicação desempenhando papéis fundamentais na desconstrução das estruturas de poder opressivas oriunda do colonialismo, construindo alicerces para a igualdade e na transformação da social.

Pensamento que se desenvolve principalmente com os autores que estão no campo da luta decolonial e são atores ativos na construção do conceito de decolonialismo, a exemplo de bell hooks, Paulo Freire, Frantz Fanon e Djamila Ribeiro.

Ainda com esse pensadores abordo conceitos-chave como a conscientização das estruturas de opressão, o papel do afeto na educação, a desconstrução de estereótipos e a importância da resistência como embate contra o colonialismo e eurocentrismo. Realçando a necessidade de diálogo, empatia e ação concreta para criar uma sociedade mais justa, igualitária e decolonizada.

No "Capítulo 3: Imagens e Suas Realidades" nossa atenção se volta para o poder das imagens em determinar a compreensão e a interpretação de todo o universo e principalmente do mundo visível que nos circunda.

São definidos conceitos importantes para pensarmos na metodologia da Cartografia Imagética, a exemplo da "Escala da Imagem Decolonial". Momento que exploramos como as imagens podem transcender fronteiras geográficas e culturais, se oferecendo como objeto, ferramenta e confluência de saberes para a análise crítica e inclusiva. Outro conceito que emerge neste capítulo através da análise das realidades dos espaços e lugares é "Coordenadas de Territórios" em uma reflexão aprofundada das interações entre imagens e os espaços que habitamos ou somos inseridos. Ampliando a concepção das imagens como saberes e atores de mudanças.

Continuamos desenvolvendo algumas reflexões teóricas pertinentes e bases conceituais no "Capítulo 4: A Mudança Paradigmática – Uma Proposta Metodológica Jam Na Cartografia Crítica". Neste capítulo a atenção se volta para mudança paradigmática da abordagem metodológica da Cartografia Imagética através de alguns conceitos fundamentais que ao mesmo tempo podem ser remodelados em diversas perspectivas de realidades para mapear as complexas relações entre saberes, espaço, tempo e cultura.

Aponto a contribuição da Agrimensura na Cartografia Imagética através do debate sobre como a medição de territórios se entrelaça com a construção de narrativas culturais. O resultado deste debate é o surgimento do Agrimensor-Flâneur, demonstrando a capacidade dessa figura híbrida como pesquisador ao incorporar a análise crítica em suas perambulações por espaços, tempos, culturas e imagens.

É no quinto capítulo "Aplicando A Cartografia Imagética – Epistemologias Do Sul: Uma Ciência Decolonial" que chegamos ao ápice da nossa jornada teórica e metodológica desta primeira parte, onde ocorre um debate entre teoria e prática.

Definimos, por uma questão de formalidade, o lugar de encontro da confluência de saberes como "Arena JAM" - um espaço para inovações e criatividades que incorpora as epistemologias do Sul e promove uma mudança de paradigma na forma como nos comunicamos.

Uma formalidade que carrega em si componente da essência significativa para que se desenvolva a compreensão do conceito de "Terceira Realidade". É a descrição da jornada que nos guia para fora das limitantes dicotomias do pensamento social e científico da modernidade. Conduzindo uma possibilidade transformadora que transcende visões binárias, tradicionais e normativas, na busca por uma compreensão mais inclusiva.

Vai se desenhando a utopia possível dentro da metodologia sensível, de afeto e sensibilidade para abraçar nossa prática metodológica, permitindo uma conexão intensa com os sujeitos da pesquisa em todas as esferas.

Após a exposição teórica realizo a primeira aplicação prática dessa metodologia. Não se trata do ponto de chegada, é o ponto de partida das teorias abordadas se materializando em nossa jornada decolonial.

Com essas ideias e conceitos, desenvolvido este trecho do longo percurso teórico que teremos ainda que desbravar ao elaborar essa perspectiva metodológica, podemos vislumbrar e prosseguir com as outros Partes desta obra, propondo alternativas que retomam a inspiração desta metodologia junto ao estilo do Blues. Enfatizando não os aspectos musicais deste estilo, o que já seria extremamente engrandecedor e agradável, mas destacando as relações sociais que o envolveram.

Para se chegar a essas propostas teóricas e práticas, o caminho foi longo e ainda não deve ser determinado seu fim. A revisão da literatura e das diversas realidades deve ser uma prática constante. Precisamos sempre estar atentos aos saberes e vozes que se posicionam contra toda forma de preconceito e desigualdade, que valorizam a diversidade e liberdade. Precisamos ser combatíveis contra todas as vozes que proliferam as palavras de ordem e manutenção deste sistema exploratório.

Estes conceitos devem ser compreendidos, desenvolvidos e praticados partindo da premissa da unificação, ou melhor, rompendo as fronteiras imaginárias que separam o senso comum e o conhecimento científico. Isso não quer dizer que descartaremos os conhecimentos da ciência moderna[8], e sim que iremos adensá-los com as experiências do cotidiano, de outros modos de vida, abrindo caminhos para todos os seres e diversidades se comunicarem embasados na sua própria existência.

É a busca por responder as verdadeiras necessidades da humanidade com uma ciência que deve ser desenvolvida por várias mãos, várias culturas. Com pesquisadores afetuosos dialogando com as diversas ideologias e iluminando, ao mesmo tempo que são iluminados, caminhos para as possíveis utopias, para a utopia possível da ciência decolonial, para a confluência de saberes.

Neste livro e nas partes futuras a serem publicadas, o desenvolvimento se desenrola através de pesquisa bibliográfica, fonográfica, através de fotografias ou filmes, ou seja, dados secundários. Entretanto em uma pesquisa futura deste ou outro pesquisador, deve ser pensada na ampliação para uma pesquisa de campo, dentro dos cânones que se definia as pesquisas etnológicas e etnográficas mais rígidas (sem deixar de lado a criatividade e a imaginação livre da Cartografia Imagética), obtendo uma base consistente de dados primários.

A interpretação dos dados através desta teoria, metodologia, método e técnica visa se aprofundar nestas realidades para descobrirmos como essas se configuram em possibilidades de alternativas para pensarmos nas mudanças sociais ou mesmo para o estabelecimento de um status quo.

Nossa bussola sempre aponta para as alternativas, onde nosso Norte pode ser o Sul, e o nosso Sul pode ser o Norte, pode ser até a Terra do Nunca ou outro lugar de possibilidades imaginadas.

São alternativas que sempre devem ser vistas como um possível resultado, não como um fim, mas como uma possibilidade.

É uma possibilidade de alternativas porque a aplicação dos seus resultados não deve depender do pesquisador ou de um determinado grupo, do mercado, mas da

---

[8] Cuidado com os equívocos, embrutecimento e ignorância de discursos que tentam minimizar sem argumentação e comprovações conhecimentos que não são tão caros. Cuidado com os falsos profetas e messias com seus discursos vindo de um movimento antivacina desenvolvido na Terra Plana, que escondem atrás das cortinas dos espetáculos todos os nossos reais problemas ecológicos, sociais, econômicos, culturais etc. Cuidado com os discursos que dizem não existir o Aquecimento Global, que o preconceito racial (ou qualquer outro tipo de preconceito) não existe. Precisamos ter cuidado com nós mesmos, principalmente por nós ocidentais, formados em uma sociedade patriarcal, colonialista e eurocêntrica. Que essa dúvida não lhe cause medo, mas força para mudar.

reflexão e direcionamento da sociedade como um todo, das comunidades envolvidas, sempre preservando a diversidade e contra toda forma de despotismo.

Figura 3: Possibilidades de Alternativas

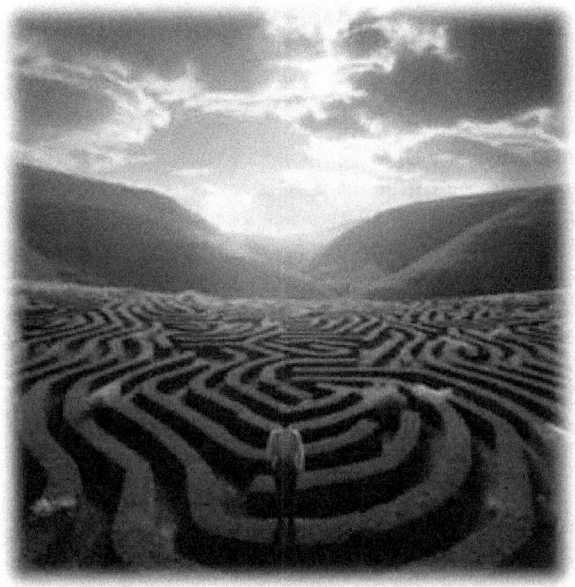

Fonte: Arquivo Pessoal

Deve ser respeitado o objetivo da Terceira Realidade de se colocar como uma possibilidade de emancipação humana individual e coletiva, não como um mecanismo de dominação, alienação e exploração. Das realidades que se constituem não pela vontade de um único individuo, mas no respeito da sua existência e individualidade ela se constitui na relação com o outro, com a coletividade; [...] romantismo e anthropological blues aparte – que o homem não se enxerga sozinho. E que ele precisa do outro como seu espelho e seu guia. (DA MATTA, 1978, p. 12)

O caminho aberto até aqui pela Epistemologia do Sul é de uma vigilância epistemológica através da ecologia de saberes e da valorização das utopias realistas, em refletir o processo da descolonização, do patriarcado e do próprio capitalismo como força vigente e sistema de dominação.

A proposta que faço é ir além destes conceitos e visibilidades, ao conferir significações mais próximas da Metodologia da Cartografia Imagética e da Ciência Decolonial que estamos vislumbrando.

Estejam abertos para uma exploração crítica deste pensamento enriquecedor e que busca transcender fronteiras disciplinares e conceituais, adentrando um terreno fecundo para transformações e reflexões densas, todavia afetuosas, inclusivas. Um pensamento que não pode ser puramente racional, demanda uma certa espiritualidade, onde seu contrário é igualmente válido.

Não crie segregações com o seu próprio corpo, isso é prejudicial ao seu pleno funcionamento, principalmente quando falamos de cérebro e coração.

Nos próximos capítulos que seguem entraremos nessas complexidades da ciência, da imagem e das realidades. Com afeto nos aproximamos de nos tornarmos seres compartilhantes e cosmológicos. Mas antes disso iremos fazer uma pequena observação ensaística do conceito contemporâneo do cancelamento. Uma reflexão que pode contribuir para o pensamento decolonial.

1.1 A Encruzilhada do Cancelamento

Nos deparamos com uma das várias encruzilhadas no percurso da pesquisa e desenvolvimento desta tese, neste caso tendo como base teórica o pensamento que foi condensado da epistemologia do Sul através das pesquisas em torno de Boaventura de Sousa Santos.

Como poderíamos dar sequência ao trabalho que visa romper com as amarras do eurocentrismo, na luta contra o colonialismo, o patriarcado, as mazelas do sistema capitalista e todas as outras formas de marginalização, tendo aqui a representação teórica e prática de um europeu branco, descendente direto de uma nação colonialista, acusado de assediar sexualmente alunas que tinha ele como orientador ou professor na Universidade de Coimbra, em Portugal? Não seria a própria figura deste catedrático a representação de tudo aquilo que procuramos subverter.

Figura 4: Alternativas nas Encruzilhadas

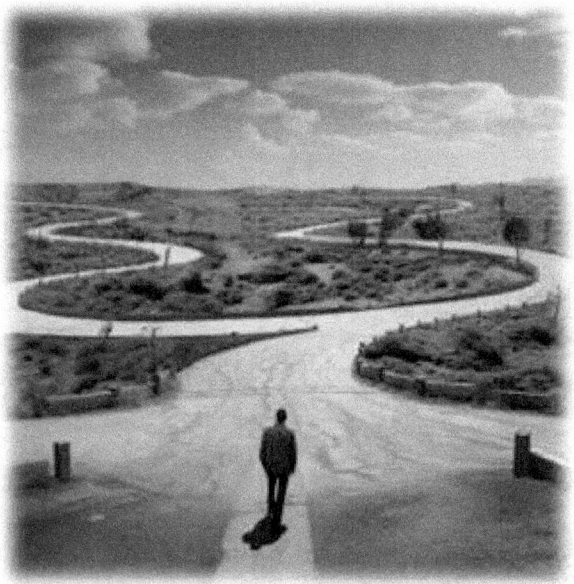

Fonte: Arquivo Pessoal

O sociólogo Boaventura de Sousa Santos, com 82 anos, foi acusado por cinco mulheres e ao que tudo indica existem ainda outros casos a serem revelados. Claro que tudo isso ainda deve ser devidamente investigado e julgado em processo administrativo e judicial, algo que não compete a esse livro. Todavia não podemos deixar de nos solidarizar com essas mulheres e principalmente apoiar essas vítimas de abusos e importunação sexual; além do abuso acadêmico psicológico e físico que se normalizou em tantas instituições acadêmicas pelo mundo.

Precisamos ter a consciência que esse não se trata de um caso isolado, que não é só esse professor e seu assistente que se encontram envolvidos em denúncias deste tipo, existem muitos outros professores no mundo todo assediando suas alunas e alunos sexualmente e intelectualmente.

Sim, acredito nelas e em outros relatos de pessoas próximas desta situação e que precisam de uma justiça imediata. Além da validade que damos ao artigo publicado em 2023 pela editora Routledge, com o título "Sexual Misconduct in Academia — Informing an Ethics of Care in the University" (tradução: "Má Conduta Sexual na Academia — Para uma Ética de Cuidado na Universidade") escrito pela portuguesa Catarina Laranjeiro, pela belga Lieselotte Viaene e pela estadunidense Myie Nadya Tom; o qual fala de um personagem assediador sem que o nome do sociólogo português seja citado – o que foi suficiente para toda história vir à tona e outros relatos serem escutado. A exemplo da brasileira e deputada estadual de

Minas Gerais, Bella Gonçalves e, da indígena argentina Moira Millán, que foram vítimas e denunciam o sociólogo lusitano.

É urgente desfazer essas práticas repugnantes que estão impregnadas, ou melhor, que são características do colonialismo eurocêntrico, do patriarcado e do capitalismo.

Entretanto a base do nosso trabalho e da metodologia é ser contra todo o desperdício das experiências, não ter uma figura como detentora do conhecimento e sim o seu coletivo, que é o pensamento decolonial. São os sacrifícios por vezes que devemos realizar, mesmo querendo agir de forma contrária, para efetivar o amor incondicional, para criar uma sociedade realmente fraterna. Esse caminho realmente não é fácil.

Compaixão, prudência, reflexão e paciência parecem ser práticas esquecidas na hipervelocidade da comunicação que nos encontramos. Parece ser mais fácil ler um twitter, algum comentário rápido e superficial na internet, dar um coraçãozinho em alguma imagem.

O gatilho rápido do click dos dedos tomou lugar na magnitude da reflexão e diálogo entre o coração e cérebro.

Acentuo como um dos maiores erros da sociedade contemporânea a prática do cancelamento que por muitas vezes invalida avanços na produção humana e no nosso espírito de coletividade. Precisamos aprender a separar o ator de sua teoria, o artista de sua arte, o indivíduo do seu trabalho. O julgamento deve ser crítico tanto a produção quanto ao sujeito, mas deve ser uma crítica realizada de forma clara e ponderada, punindo de fato o sujeito criminoso e extirpando toda prática que viole a liberdade do outro.

A punição não deve recair a sociedade, todavia essa deve ser igualmente responsabilizada para evitar que eventos como estes ocorram novamente no futuro.

Que não se compreenda essa afirmativa de responsabilizar a sociedade como uma forma de culpar a vítima, não, ela é vítima e sobre ela não deve recair a culpa do evento; a ideia é compreender que por muitas vezes ao nos silenciarmos diante de tantos problemas da sociedade contemporânea e normalizamos ou minimizarmos tantos absurdos, recai uma parcela de culpa sobre nós quando o crime ocorre. Esses abusos, preconceitos, marginalizações, crimes são o produto de uma sociedade doente e normativa. Um sociedade que se silencia diante do sofrimento, da desigualdade e preconceitos sofrido por tantos outros.

A crítica ao cancelamento é sobre a forma como está sendo executado, principalmente nas redes sociais. Afirmo que não devemos julgar uma produção como negativa e por consequencia excluir o sujeito, da mesma forma que não podemos julgar um sujeito por suas práticas criminosas ou nocivas a sociedade e por consequência excluir a sua produção anterior que pode ser benéfica em algum sentido a humanidade.

Não se queima a lavoura de um criminoso, é preciso punir o seu ato e utilizar de sua lavoura para alimentar quem tanto precisa. Um crime não pode nos fazer esquecer dos outros problemas sociais, um crime não nos deve dar o direito de cometer outro crime. Precisamos dar fim ao ciclo de ódio através do amor incondicional.

Esse ciclo de ódio é o exemplo que comentamos sobre o carro sem freio, somente gera destruição e uma falsa percepção de justiça.

Realizo essa crítica para embasar a ideia de ser contra o desperdício das experiências, para realmente conseguirmos gerar uma confluência de saberes e nos tornarmos verdadeiramente progressistas, decoloniais e cosmológicos.

O conceito, ou melhor, o termo "cancelamento" em um modismo contemporâneo refere-se a uma prática na qual um indivíduo é boicotado ou criticado publicamente, ocorrendo geralmente nas mídias sociais e repercussões nas conversas cotidianas, devido ações do seu passado redescoberto que se mostram controversas[9] ao que se compreende como aceito pela maioria, por ações controversas do tempo presente ou comentários ofensivos realizados contra alguém, comunidade ou proposta de ação que podem acarretar em ações controversas no futuro. O cancelamento em sua consequência geral pode resultar na perda de seguidores, oportunidades profissionais e agravos à reputação da pessoa.

Embora o cancelamento possa ser uma ferramenta positiva para responsabilizar indivíduos por comportamentos inadequados ou prejudiciais, suscita debates sobre a eficácia dessa prática e seus aspectos negativos. Principalmente no senso de justiça e se pode às vezes ser excessivo ou desproporcional ao fato que o gerou, podendo provocar um dano maior a sociedade do que a sensação inicial de algum ato controverso.

A prática do cancelamento pode ter consequências significativas para a saúde mental e o bem-estar das pessoas envolvidas, o julgamento por vezes apressados do click rápido dos dedos ou no calor das emoções pode se mostrar um erro no presente com consequências piores no futuro.

Muitos erros de julgamento e crimes cometidos poderiam ser solucionados ou ter sua estatística reduzida a quase zero com debates, argumentações bem fundamentadas, promovendo o diálogo, educação e conscientização sobre as

---

[9] Compreenda "controversas" como possibilidades de crimes ou atos que atentem contra o que é aceito culturalmente.

questões que levaram a uma determinada ação e reação, com foco na mudança de comportamento e a compreensão mútua, e quem sabe promovendo uma maior fraternidade e afetividade entre todos.

A correção dos problemas em sociedade devem ser educativas para realmente promoverem a mudança de algo e o fim de um crime. Essas punições "carcerárias" já se mostraram a muito tempo não terem nenhum efeito positivo para humanidade, salvo para aumentar o estímulo da violência, a sensação de impunidade e fomentar o sentimento de vingança.

Ainda precisamos aprender como nos comportar, socializar e trabalhar dentro de uma sociedade e comunidade, quanto mais precisamos aprender a comportar, socializar e trabalhar com as mídias sociais.

Precisamos nos abrir a um constante estado de aprendizado e evolução.

As próprias atitudes e práticas em relação ao cancelamento também podem ser modificadas e aprimoradas com o tempo. Logo não descarto este mecanismo reformulado, desde que seja dentro de um viés educativo, de integração e reintegração, que seja inclusivo.

Este é um ponto a ser refletido dentro da confluência de saberes como indivíduos compartilhantes, afetuosos e cosmológicos que esse livro pretende tangencialmente contribuir.

O cancelamento tem o seu aspecto positivo, por vezes contribui com um ambiente de discussões mais amplo sobre justiça social, inclusão, diversidade e igualdade. Promovendo de forma crítica e expositiva os comportamentos prejudiciais ou discriminatórios. O que é uma maneira de evidenciar questões sociais importantes e incentivar a mudança necessária.

Todavia, também é importante considerar alguns dos aspectos críticos e negativos associados ao cancelamento: ao recusar uma justiça restaurativa, ou seja, uma justiça com base na educação e comunicação verdadeiramente inclusiva, não estamos oferecendo oportunidade de aprendizado e crescimento; principalmente quando não se leva em consideração a relação da responsabilização e a reconciliação.

Ainda temos o efeito manada, transformando o cancelamento em uma caça às bruxas, sem considerar o contexto e a possibilidade de mudanças, sem compreender o que está sendo julgado, chegando ao ponto de trazer práticas monstruosas do colonialismo e de tempos antigos, como são os linchamentos.

Na ausência de diálogo a consequência primeira é o impedimento das relações sociais produtivas e o entendimento mútuo, que poderia gerar maior conscientização e educação.

A ausência de diálogo cancela o próprio conceito de confluência de saberes que iremos abordar e que é de extrema importância para emancipação da humanidade.

Devemos levar em consideração à saúde mental da sociedade, por vezes não damos sequer a chance do infrator se redimir e compreender o seu erro para procurar corrigir sua existência no coletivo. Ou pior, quando é inocente, sua imagem, físico e psicológico já foi tão massacrada injustamente, ficando no imaginário coletivo a ideia de que é sempre um suspeito ou culpado de algo que é na realidade inocente. O suposto criminoso se torna vítima do erro, do preconceito, que ocorre em julgamentos apressados, o que pode levar até a consequência do suicídio.

No amor incondicional, na prática constante do afeto, precisamos ter a consciência que não somos somente responsáveis pela nossa própria vida, mas também temos responsabilidade com a vida do outro, de todos os seres.

Existe aqui uma ação prática que devemos tomar no que se refere a responsabilidade das plataformas – precisamos debater o que é informado nas redes sociais, precisamos debater a responsabilidade dos indivíduos, das empresas e instituições. Precisamos debater amplamente as Fake News, outro modismo contemporâneo de ferramenta de julgamento e injustiça; precisamos debater a forma como obtemos e processamos as informações.

Estes são mecanismos presentes na guerra do cancelamento que precisamos responder.

Os grupos que se unem em torno de alguma ideologia e/ou cultura disputando espaço no sistema vigente, principalmente na virtualidade, se valem da estratégia voltada para quantificação de indivíduos que elas conseguem cancelar, não importando que a ideia ou crime continue acontecendo no cotidiano através de outros indivíduos, de outros mecanismos ou até sendo impulsionado pelo próprio sistema. Todos lutam pelo fim da corrupção, da desigualdade, das segregações, explorações, todos apontam o dedo para um lado, na contradição que vivemos em um sistema que em algum momento fará com que esse dedo apontado se volte contra você.

Muitos crimes e falhas humanas são sistêmicos e estruturais, devemos tomar cuidado com isso. Não compreender essa relação é recorrer ao erro de imputar a natureza humana características como ódio, egoísmo – sendo que são construções sociais.

É fundamental encontrar maneiras mais eficazes e AFETIVAS de abordar questões de comportamento criminoso, inadequado ou prejudicial, na urgência de pensar em uma nova sociedade, no mínimo, uma sociedade humana. É necessário promover uma cultura de diálogo aberto, educação contínua e de busca ativa por alternativas construtivas, em vez de simplesmente cancelar indivíduos.

Não podemos deixar de lado o próprio contexto cultural e mudanças de normas que podem ter influenciado o comportamento ou as declarações passadas de uma pessoa. À medida que a compreensão humana sobre si própria evolui, nossa percepção de certo e errado também são modificadas, nossas relações com o outro e para com a natureza se altera. É fundamental permitir que as pessoas cresçam e se adaptem às novas perspectivas. Ter mais foco na ações que estão sendo julgadas para não cair no erro de rotular alguém com base em um incidente ou declaração isolada – mas que ainda precisa de uma "correção".

Enfatizar a educação e as alternativas de mudança, são oportunidades de aprendizado, crescimento, conscientização e sensibilização. É a lembrança dos perigos e limitações de um pensamento dicotômico.

O que nos leva a questão do empoderamento das vítimas, que neste processo de educação e alternativas devem se voltar ao suporte delas; mostrando que suas dores não foram em vão, que a sociedade com o esforço necessário vai se tornar um lugar melhor depois deste evento fatídico.

Esse deveria ser o nosso principal objetivo, a reparação dos danos e as mudanças necessárias do comportamento humano. E não a busca insana por um culpado ou punição, aguardando até que outro crime ocorra novamente e recomecemos todo esse processo de cancelamento e/ou encarceramento. Me parece uma forma estranha de pertencimento nas redes sociais para suprir o vazio existencial em uma sociedade espetacularizada na constante busca por uma satisfação de violência.

Não precisamos de prisões superlotadas, muito menos precisamos construir novas prisões. O que realmente precisamos são indivíduos livres praticando atos de afeto, de amor incondicional. Logo precisamos de uma nova forma de nos relacionarmos e nos educarmos coletivamente, precisamos repensar o ser humano.

Carecemos fundamentar essa reflexão e autocrítica, seja no indivíduo cancelado ou na sociedade como um todo. Isso envolve uma análise profunda das próprias ações, crenças e preconceitos, além de uma avaliação de como as atitudes podem ser modificadas positivamente.

Esse é um tópico que a metodologia da Cartografia Imagética pode contribuir ao desenvolver e pensar alternativas possíveis dentro do conceito de Terceira Realidade.

Voltando ao exemplo inicial deste argumento, do caso de Boaventura, não vamos mais falar sobre os crimes de abusos físicos e psicológicos, como foi dito, não é algo que compete a este trabalho e sim a justiça. Todavia precisamos realizar a crítica ao seu pensamento para refletirmos a concepção decolonial, na sua ideia de "Epistemologias do Sul" como crítica ao pensamento dominante, seja nas ciências sociais ou nas epistemologias ocidentais.

Esse é o nosso trabalho aqui, a promoção de um pensamento libertador e inclusivo, mas claramente espero que a justiça realize o seu trabalho com o rigor que lhe compete em sua esfera.

Precisamos ser críticos com a argumentação que a produção de conhecimento em uma dada geografia e história marginalizada, denominado de "Sul Global", embora destaque a diversidade de perspectivas epistemológicas e culturais, recorre ao pensamento binário e simplista do ocidente – isso ocorre ao colocar em oposição categorias como "Sul Global" e "Norte Global".

Essa dicotomia pode levar a uma distorção ao ignorar as complexidades e diversidades dentro desta suposta divisão. Sua prática contraditória acaba reforçando o processo de normalizar e criar rótulos para uma determinada categoria.

A dicotomia é segregadora, não concilia, não transforma, não existe nenhuma confluência. Muitas destas teorias, principalmente embasadas no pensamento do sociólogo lusitano, se criam com categorias e hierarquias na produção do conhecimento que limitam o diálogo intercultural, ficando fechadas contraditoriamente a sua proposta para diferentes perspectivas e desenvolvimento do conhecimento.

Boaventura pode ter contribuído para a discussão sobre a diversidade epistemológica, isso precisa ser considerado, entretanto não se pode adotar seu pensamento sem um senso crítico, sem apontar suas limitações e contradições.
A produção do conhecimento ocorre por muitas vezes no contraditório e no hibridismo cultural, são as nossas relações socioculturais, nossas relações históricas, nossas tradições dialogando com o futuro.

Não podemos cair no erro de imputar essa produção do conhecimento e da própria cultura em limites artificiais iguais as nossas fronteiras geopolíticas, sejam elas legais ou fictícias, em suas representações reducionistas e limitantes, essas são relações de poder que realmente devemos desconstruir.

Para exercitar essa reflexão vamos considerar que a origem de Boaventura realmente lhe coloque em posição de representante do colonialismo, patriarcado e capitalismo. Suponha que já tenha sido julgado e que seja culpado das acusações de se apropriar da pesquisa de seus alunos, então se tornou igualmente opressor, explorador da riqueza (neste caso o conhecimento) dos povos marginalizados, se apropriando indevidamente de outros pesquisadores, dos saberes indígenas, tradicionais ou de outras comunidades; para não mencionar que a própria estrutura acadêmica tem fortes relações com estruturas de poder e opressão através da influência do mercado, ou seja, do capitalismo – são as práticas impulsionadas pelo sistema que falamos anteriormente.

O que poderíamos fazer neste caso é a reflexão crítica de exploração e apropriação não autorizada com os devidos reconhecimentos de crédito da propriedade intelectual. Crítica que devemos empreender sempre sobre todos os pensadores, e inclusive sobre as nossas próprias produções.

Uma crítica que deve ser construtiva e não simplista ao ponto de ser destrutiva com o que estamos procurando nos apropriar, salvo as questões das marginalizações, explorações e preconceitos que devemos desconstruir.

Essa não é uma prática particular de Boaventura, é uma prática normalizada nas Universidades, que felizmente ainda encontram seus pontos de resistência – o Sul no Norte da Instituição Acadêmica Ocidental (eurocêntrica, patriarcal, capitalista).

A proposta de uma teoria que parte das encruzilhadas da vida, contra o desperdício dos saberes e experiências, não pode ser incoerente em simplificações que somente levem a demonização de indivíduos. Temos a obrigação de punir, mas principalmente temos a obrigação de corrigir, de buscar soluções e alternativas para que os crimes não voltem a ocorrer. Trata-se de uma busca incessante de aprimorar o conhecimento através do diálogo, em uma abordagem sensível e fraterna para com todos, sem que isso signifique perder a firmeza de nossas convicções decoloniais rumo a uma cosmologia humana.

Outro caso semelhante no que tange a origem europeia e utilizamos neste trabalho é do intelectual francês Guy Debord. Embora seu pensamento, com ênfase na espetacularização, tenha sido, e ainda é, influente e provocativo, não deve ser isento de críticas.

Em uma certa perspectiva de leitura de suas teorias poderíamos afirmar que este pensador generaliza a experiência humana na sociedade moderna em torno do espetáculo e da sua consequente alienação, minimizando as questões culturais e a diversidade de experiências. Colocando os indivíduos na qualidade de espectadores passivos de um espetáculo, subestimando a potencialidade revolucionária de cada ser para realizar suas próprias escolhas e também influenciarem a sociedade. Igualmente essa ótica de pensamento acaba se tornando objeto de sua própria crítica, reduzindo a cultura e a mídia a um estado de comodidade e alienação.

Se trata de um pessimismo excessivo com a sociedade contemporânea, não reconhecendo alguns desenvolvimentos, renunciando algumas contribuições de experiência valiosas dentro do próprio sistema opressor e não se permitindo uma utopia possível para ação.

Na perspectiva do decolonialismo ainda poderíamos falar que essa teoria é centrada no eurocentrismo, não realiza sua crítica de forma contundente, não abrangendo as lutas dos povos colonizados e explorados em todo o globo. O que não contribui em nada para a própria desestruturação do poder colonial e do imperialismo.

Existe um universalismo eurocêntrico nessa teoria, quase como um colonialismo cultural, uma omissão das lutas anticoloniais e falta de reconhecimento a diversidade cultural para além das fronteiras ocidentais – o que poderia levar a uma homogeneização das experiências humanas.

Claramente uma leitura de Guy Debord, para contribuir ao decolonialismo, é essencial que seja sensível a diversidade e aos processos de dominação e desigualdades. Abordagem que reconheça as experiências das comunidades colonizadas e exploradas, sempre com o pensamento crítico de questionar a centralidade do espetáculo na cultura eurocêntrica.

Sejamos prudentes e justos ao apresentar estes argumentos para não cair no erro de realizar algum tipo de cancelamento deste pensador. Os estudos de suas perspectivas ainda são muito valiosos, principalmente suas contribuições na compreensão das dinâmicas culturais e sociais.

A mesma crítica que acabamos de realizar é válida para outro teórico presente em nosso corpo teórico, o filosofo francês Jacques Rancière.

A crítica a Rancière poderia ser direcionada na ideia de que ao tensionar suas teorias na sociedade contemporânea ele se deixa guiar por uma abstração excessiva – o que não é ruim, é uma forma de argumentação e que exige uma maior imaginação do leitor –, tornando difícil a prática de seus conceitos e deixando de lado um pouco as estruturas de poder para adotar uma perspectiva idealista quase ingênua.

Também carece neste filósofo o trabalho explícito das questões de decolonização, e ao fazer isso recai no erro, para nossa compreensão aqui, de um eurocentrismo exacerbado para justificar as sociedades ocidentais, a estética e política.

O que novamente não deve ser motivo para o seu cancelamento, estaríamos perdendo com isso alguns aspectos de sua teoria que podem nos ajudar a desenvolver ideias para a luta decolonial.

Seu pensamento crítico e de diálogo são elementos essenciais para a confluência de saberes, em busca de constante aprimoramento em nossas relações filosóficas, sociais, culturais, políticas, econômicas etc.

Pensamento que parece guiar, ou melhor, caminhar junto com as teorias do historiador de arte alemão Hans Belting. Figura influente na teoria da imagem e da cultura visual.

Em mais uma reflexão crítica observamos que este reconhecido intelectual das artes em suas abordagens carece de consideração ao contexto histórico e cultural da contemporaneidade em nome de um sentimento de nostalgia. Isso ocorre ao nos levar a entender que a história da arte tradicional chegou ao seu fim ou está em via de, contrariando seu próprio pensamento e chegando a imputar uma certa linearidade a história da arte.

Igualmente suas críticas, os seus parâmetros de análise, acabam sendo centrados na cultura ocidental, minimizando outras culturas com tradições e visões plurais.

Também lhe falta uma ênfase mais contundente da utilização das imagens com fins políticos e ideológicos, subestimando as imagens no contexto de poder e aparato de controle social. Por consequência não observamos as relações de poder sendo descontruídas para dar fim ao colonialismo e favorecendo a diversidade cultural. O que lhe coloca na posição da perspectiva eurocêntrica na sua compreensão de arte e imagem; não leva em consideração, com o devido respeito que merece, as questões de apropriação cultural e a própria influência do colonialismo na produção, representação e interpretação das imagens.

Crítica que pode sempre ser realizada quando os pensadores, principalmente com viés eurocêntrico, não levam em consideração que as imagens são utilizadas para reforçar a dominação e exploração colonial – a exploração capitalista exercida no domínio e poder colonial é somente o seu sistema operando, que em uma falha de percepção nossa, pode ser alterado para outro sistema igualmente opressor.

Deixo aqui uma fagulha pronta para colocar fogo em tudo, que já despontou em tantos outros lugares e insistem em apagar. O sistema vigente na realidade é o sistema anterior, é colonialista, seu objetivo é mais antigo ainda, é o imperialismo. A única coisa que realmente foi alterada é o seu mecanismo de exploração, que é o denominado capitalismo. Seja rei ou empresário seu domínio pode ser extrapolado aos seus descendentes, ou na trágica ponta de um espada e guilhotina, seu algoz e sucessor aguarda ser coroado pela divindade do Capital. Se não somos livres para viver em um sistema diferente do vigente, se somos obrigados a aceitar qualquer emprego para sobreviver, amplificamos a escravidão nas questões contratuais que assinamos nas encruzilhadas – o seu poder de barganha só diz se vai ser um escravo definhando no sol, se vai servir café na casa grande ou vai estar na cama de algum senhor. Eis a sua liberdade contemporânea. [10]

Deixemos essa fagulha virando brasa em seus pensamentos enquanto retorno a Hans Belting. Em seus escritos, como em boa parte da literatura eurocêntrica, não deixa evidente que as culturas colonizadas têm as suas próprias culturas subjugadas e destruídas até que sejam esquecidas, deixa transparecer que essa troca cultural entre o explorador e explorado é algo natural. Parece afirmar que existe uma superioridade na cultura eurocêntrica e por isso sua presença constantes nas transformações culturais das colônias – estão silenciando a violência colonial.

---

[10] Um exemplo visível é a naturalização dos embargos econômicos e da globalização econômica.

42

Ao negligenciar o valor da diversidade cultural estamos contribuindo para a tentativa de silenciar as vozes marginalizadas. Fato que pode ocorrer através do processo de hierarquização do conhecimento para a valorização do conhecimento ocidental em detrimento de outros conhecimentos, de outros saberes.

Isso não quer dizer que sua obra não se constitua de base para refletirmos a natureza das imagens, suas funções, mas em como todo desenvolvimento do debate acadêmico e na confluência de saberes, esta reflexão crítica abre espaço para pensarmos novas abordagens, novas alternativas.

Hans Belting foi influenciado por um de seus patrícios, que influenciou muitos outros, continua influenciando, e igualmente tem a sua contribuição neste livro, o qual ousamos criticar respeitosamente, falamos de um dos maiores intelectuais do século XX, Walter Benjamin.

Benjamin teve ideias inovadoras para sua época e são influentes até hoje, muitos ainda utilizam de sua teoria como pilar filosófico e sociológico, ao mesmo tempo que seus escritos podem ser considerados por outros como escritos herméticos.

Acho engraçada essa crítica de "escrita hermética". Existe nessa forma de escrita uma beleza poética que confesso admirar, todavia para muitos pode ser considerada uma leitura densa, cansativa e exigente ao utilizar de muitas metáforas e alegorias complexas que dificultam a compreensão imediata.

A fatalidade de falecer ainda jovem, com apenas 48 anos, entre guerras e perseguições por ser judeu em uma Alemanha nazista, sua carreira acadêmica, produtiva foi curta, e infelizmente não conseguiu sistematizar filosoficamente sua valiosa contribuição teórica.

As ideias de Walter Benjamin podem ser vistas como fragmentadas e dispersas, são ensaios, outra exigência aos seus leitores de esforço maior para sintetizar suas ideias.

Provavelmente no fato de não ter tido tempo para sistematizar seus pensamentos, principalmente na sua crítica a cultura de massa, que fica a sensação de não ter abordado profundamente as questões políticas e econômicas de sua época, negligenciando em um certo ponto as realidades materiais. Parece ficar preso em alguns momentos a idealizações do passado, principalmente sobre Paris do século XIX, o qual enaltecia como um período de autenticidade e vasto culturalmente.

Essa visão romântica e nostálgica de um passado acaba ofuscando os problemas das desigualdades de sua época. Visão romântica e nostálgica que foi seguida por Hans Belting, conforme enunciado anterior.

Novamente estamos diante de um pensador que tem a sua parcela de representatividade no eurocentrismo, pouco se fala sobre culturas que não são ocidentais e sobre as interações culturais do colonialismo. Em sua nostalgia ao passado europeu, principalmente da Paris do século XIX, revela um certo desapresso com o fato da riqueza, da prosperidade desta época ser resultado direto da exploração da colonização.

Na generalização de uma cultura de massa europeia também encontramos lacunas para nos referir a diversidade cultural além destas fronteiras. Claramente essas ponderações não lhe retira o status, o reconhecimento de ser um intelectual de grande relevância para a construção do pensamento decolonial. Contudo necessita contextualizá-lo e acrescentar em suas perspectivas questões de poder, colonialismo e outras perspectivas culturais e históricas.

Para não corrermos o risco de ser intitulados de xenofóbicos ou em uma perseguição cega contra o eurocentrismo, mas não temendo o fato de sermos julgados de feministas ao realizarmos críticas somente de figuras masculinas, visto que precisamos combater não só o eurocentrismo, o colonialismo e a exploração do sistema capitalista, ou seja, não podemos esquecer do domínio do patriarcado; vamos agora realizar uma crítica construtiva a um grande pensador brasileiro, principalmente sobre imagem e fotografia, falamos de Boris Kossoy.

Essa crítica só poderia ser construtiva e respeitosa, porque é graças a esse fotógrafo, pesquisador, historiador e professor, com o desenvolvimento dos seus conceitos de primeira e segunda realidade, que estou falando do conceito de terceira realidade.

Não poderia deixar de mencionar que Kossoy é respeitado na academia e fora dela, principalmente na contribuição da teoria e história da fotografia, no seu esforço intelectual para formular uma base teórica na comunicação brasileira no que tange a imagem com ênfase na fotografia.

Contudo como todo pensamento, o que estamos reafirmando o tempo todo, principalmente em uma perspectiva de confluência de saberes, é passivo de críticas construtiva tanto para o seu próprio engrandecimento como para a construção de novas reflexões e alternativas.

Uma destas críticas pode ser apontada na sua ênfase da autenticidade das fotografias para mensurar quando uma imagem retratada é manipulada ou falsificada. Mesmo que isso seja louvável identificarmos essas manipulações ou falsificações, essa ênfase pode obscurecer o potencial artístico e as subjetividades de significações de uma fotografia, ou seja, pode endurecer e limitar a interpretação da imagem.

É indiscutível a validade dos conceitos de primeira e segunda realidade, principalmente na análise fotográfica, porém, ao utilizar somente estes dois conceitos corremos o risco de simplificar a complexidade da imagem tão somente em sua objetividade, deixando de lado uma interpretação mais fluida e subjetiva. Poderia ser considerado um pensamento fruto da dicotomia ocidental, a qual precisamos empreender esforços para desconstruir e avançar.

Em seu artigo recente, "Fotografia e História: As Tramas da Representação Fotográfica" (KOSSOY, 2021), e que voltaremos a debater adiante, existem algumas retificações que respondem diretamente essas críticas. Ainda evidenciando as fotografias como importantes artefatos históricos, documentos históricos que são capazes de fornecer informações sobre o passado.

A novidade neste artigo em sua teoria é que agora aponta para diferentes funções das imagens, seja como prova, meio de conhecimento e expressão artística. Ampliando as potencialidades da imagem em uma de suas possíveis característica – representação da realidade –, é uma retificação que o próprio autor fez para retificar sua posição ao falar de realidades.

Também constrói um pensamento que abarca os desafios das imagens digitais, tangencia as imagens geradas através de inteligências artificiais, em um contexto contemporâneo onde a tecnologia desempenha um papel fundamental na produção e disseminação das imagens, todavia ainda parece preso em uma perspectiva de manipulação, de criação de imagens sintéticas. É quase um discurso tradicionalista e conservador do que deveria ser o fotógrafo, a fotografia e a imagem.

Evidente que sua teoria contribui para uma reflexão importante acerca do poder e influência das imagens fotográficas, tanto na construção de realidades quanto na transmissão de significações, no papel das imagens na representação interpretação da história. No entanto ao olharmos com as lentes da teoria decolonial ainda percebemos em sua narrativa – mesmo abordando a história da fotografia brasileira e falando das imagens em diferentes contextos culturais – que persiste a existência da ênfase na perspectiva ocidental e eurocêntrica.

Isso quase sempre ocorre por uma ausência de aprofundamento de como as imagens foram utilizadas em outras culturas e principalmente nas questões coloniais, o que é justificável, não é o foco de sua pesquisa.

Essa perspectiva decolonial contribui com um aprofundamento das questões de poder e representação na fotografia, desafiando desta forma as narrativas colonialistas, eurocêntricas, questionando como as imagens foram utilizadas para perpetuar estereótipos e hierarquias coloniais. Ou seja, as imagens que foram utilizadas como instrumento para legitimar o poder colonial.

Discussão que deve ser ampliada quando falamos nas imagens que são construídas com as novas tecnologias, com a inteligência artificial. Deixando claro que as imagens denominadas como sintéticas são realidades de uma determinada cultura. Agora, o que precisamos compreender é se ela é uma realidade construída para explorar ou para dignificar, em que momento ela explora e em qual outro momento enaltece uma determinada cultura.

Urge sair da dicotomia insistente da religiosidade cientifica ocidental, de ficar pensando em certo e errado, bom e ruim, realidade e virtualidade.

As inteligências artificiais podem tanto se tornarem práticas instrumentalizadas por um ser estranho para perpetuar a marginalização de comunidades através de estruturas coloniais, como podem se tornar ferramentas de subversão sistêmica dependendo da análise crítica que iremos empregar e ela.

Agora, para não sofrer com a crítica de um egocentrismo, narcisismo e messianismo ao realizar essas ponderações e audácia de propor alternativas teóricas a esses pensamentos, se faz necessário criticar o próprio pesquisador deste trabalho. É de extrema necessidade realizar uma autocrítica e alertar os leitores sobre o alcance dessas ideias e como se deu parte da construção das reflexões[11].

Reconheço que por muitas vezes meus textos são difíceis de compreender por empregar um esforço teórico dentro de uma perspectiva utópica das possibilidades, forçando o leitor a uma imaginação de realidades e lhe dando a total liberdade para pensar exemplos práticos possíveis dentro do contexto e cotidiano de cada indivíduo.

Aqui reside o meu medo de impor as minhas convicções e ideais de vida, o que compreendo e defendo ser particular de cada indivíduo.

Também preciso ser autocritico e consciente que fui educado e influenciado por uma sociedade patriarcal, colonialista, eurocêntrica e que normalizou as explorações capitalistas. A consciência que sou um homem branco, heterossexual, de classe média, criado no catolicismo, em colégio particular, rodeado de privilégios, me força a ser mais atento a preconceitos que podem estar enraizados em meu subconsciente como moinhos de vento que preciso lutar contra suas forças diariamente.

Que estou imerso em uma sociedade que diariamente nos julga e impõe uma estranha condição a nossa própria existência, a condição de sempre transparecermos uma força, convicção e neutralidade, impedindo demonstrar claramente nossas fragilidades, sonhos e afetos.

Uma sociedade que fragiliza todo afeto, todo amor incondicional.

---

[11] Na publicação da Parte 5 do conjunto deste obra "Nas Encruzilhadas das Epistemologias do Sul: Um Blues em Sul Maior", será totalmente voltada a explanação desta autocrítica do autor.

Essas condições próprias deste autor, suas experiências, realidades e desejos que pretendo explorar na quinta parte deste projeto "Nas Encruzilhadas das Epistemologias do Sul: Um Blues em Sul Maior", com o subtítulo "A Alma na Encruzilhada".

Neste texto futuro que vai ficar claro o meu lugar de fala (se ele existe ou tenho esse direito), minhas potencialidades e limitações. Que vai dar cor ao que estou dizendo em uma perspectiva pessoal, som a musicalidade teórica que quero compor. Que vai explicar essa minha ânsia em querer olhar o mundo sobre outra perspectiva e escrever de forma poético-musical.

Sei das minhas limitações, que a minha escrita e forma de argumentar podem desagradar a muitos. Compreendo que em uma análise superficial e rápida alguns não consigam aceitar que o meu pensamento não é objetivo, claro; quando não chega ao ponto de escutar o preconceito e deselegância de me caracterizarem como verborrágico.

Ocorre que a minha comunicação de fato é subjetiva, imaginativa, dando liberdade para o leitor com sua própria experiência preencher as lacunas que julga existir neste pensamento e com as suas próprias cores pintar a sua realidade.

Realmente pode incomodar algumas vezes essa forma de pensar e agir, acreditem, também me incomoda as vezes, e infelizmente neste momento a única coisa que poderei oferecer são as minhas sinceras desculpas.

Sou este ser estranho para alguns, que confessa ter como sonho pensar por meia hora como um ser humano que se intitula como normal, só para comprovar que esse ser nunca existiu, que não existe de fato essa normalidade – ou será que existe a chatice de pensar igual? –

A normalidade imposta nas padronizações e normatizações deve ser um mito criado por mentes limitadas.

Ao mesmo tempo confesso ter medo de descobrir que essa normalidade tão enfatizada seja existente e a grande responsável a todo caos que vivemos, e com isso eu perca a minha capacidade de sonhar, perca a esperança nas utopias possíveis, perca minha esperança na humanidade e deixe apagar o fogo que arde nessa entrega ao amor incondicional.

A minha invisibilidade e dificuldade de pertencimento que sempre senti é respondida com o meu Transtorno do Espectro Autista, com um TDAH assustador, em um transtorno de ansiedade generalizado e que pode transparecer em muitos momentos como um quadro de transtorno de depressão.

Felizmente hoje tenho a consciência disso, e quero deixar claro que não é a minha intenção causar desconforto em ninguém, ou solicitar compaixão. Somente pretendo conquistar o meu espaço com as minhas potencialidade e limitações.

Não se trata de verborragia como manifestação de palavras e repetições com significações vazias e repetitivas, são as faces do meu eu se colocando diante de vocês. É a minha comunicação se materializando em imagens[12].

Fico mais confortável em pensar teoricamente que apontar para práticas sociais. É a minha estratégia para verbalizar, para comunicar o meu pensamento e quem sabe contribuir para a confluência de saberes, para uma sociedade fraterna.

Claro que em alguns momentos pode se evidenciar uma ecolalia e você perceber o eco da fala de outros pensamentos ou do meu próprio pensamento em um movimento de palilalia, ou seja, podem ocorrer repetições. Para não dizer que um pensamento pode ficar aprisionado em algum hiper foco (basta verificar o tamanho desproporcional da introdução deste livro).

Mais uma vez me desculpo, mas este sou eu, tentando melhorar quem sou neste aspecto e espectro.

Existem rituais e repetições que me parecem ser necessárias para conseguir me expressar; que até podem não lhe parecer racionais ou lógicos em um primeiro momento, entretanto são importantes.

A metodologia que estou desenvolvendo pode agora parecer que seja algo egoísta pela simples motivação de estruturar uma forma de compreender o Universo através da minha perspectiva, e não negarei que existe uma boa porcentagem disso. Entretanto a motivação maior é dividir o meu pensamento com o mundo e mostrar a tantas outras pessoas que é possível pensar de forma diferente sem precisar se enquadrar nas normalidades que a sociedade moderna em todo o seu tradicionalismo tenta nos impor.

O que não exclui a própria academia, lugar que esse livro foi gestado. Por vezes as Universidades e outras instituições da educação, seus indivíduos e organizações, se escondem em roupagens progressistas, em discursos falsos de inclusão, enquanto defendem o conceito de normal e realidade no singular somente para continuar defendendo seus dogmas e normas metodológicas.

Este livro não se presta a ser o meu lugar de fala, não saberia na realidade definir este lugar neste momento, é apenas um espaço de esperança que estou tentando construir para nos encontrarmos e construirmos juntos os saberes necessários.

---

[12] A cartografia imagética é justamente pensada para que as imagens das diferentes formas de comunicação se tornem possível de compreensão para todos. Para tornar todos os saberes em uma forma de inclusão e pertencimento.

Não existe a exigência de me aceitar ou compreender, por favor, não sinta essa obrigação para comigo. Somente gostaria que de não ser cancelado, e que você me proporcione um tempo e reflexão até o fim das páginas deste trabalho. Para que neste caminhar comunitário, você construa o seu próprio pensamento, compartilhe comigo, ajude no meu crescimento e conflua saberes sempre com outros.

Para que você encontre a razão da vida no amor incondicional para com o seu próprio ser e para com todo Universo.

Aqui se encontra o motivo para todo esse discurso contra o cancelamento e da crítica construtiva e não destrutiva. Foi a minha defesa contra esse fenômeno complexo que precisa ser mais debatido não só na academia, mas em toda sociedade, e que está criando barreiras e medo no que somos, barreiras contra a nossa autenticidade. O cancelamento como é dado hoje nos isola da sociedade através do medo, da mesma forma que está nos isolando em nossos condomínios fechados.

Fica evidente que o melhor caminho é promover uma série de debates sobre considerações éticas, emocionais e sociais. Que trabalhar adequadamente essas questões se faz adotando uma abordagem equilibrada, na busca da responsabilização, aprendizado e evolução (que claramente não é algo linear), em vez de simplesmente punição e exclusão, no renascimento do ostracismo grego.

O objetivo final deve ser sempre a criação de uma sociedade justa, equitativa, inclusiva, compreensiva e afetiva para todos.

INTRODUÇÃO

2 CONTEXTUALIZAÇÃO

Naperspectiva da confluência de saberes e contra o desperdício das experiências, em uma sociedade de diálogo aberto e fraterno, a proposta metodológica surge como um pensamento as margens da sociedade moderna.

Figura 5: Sociedade Caoslhótica

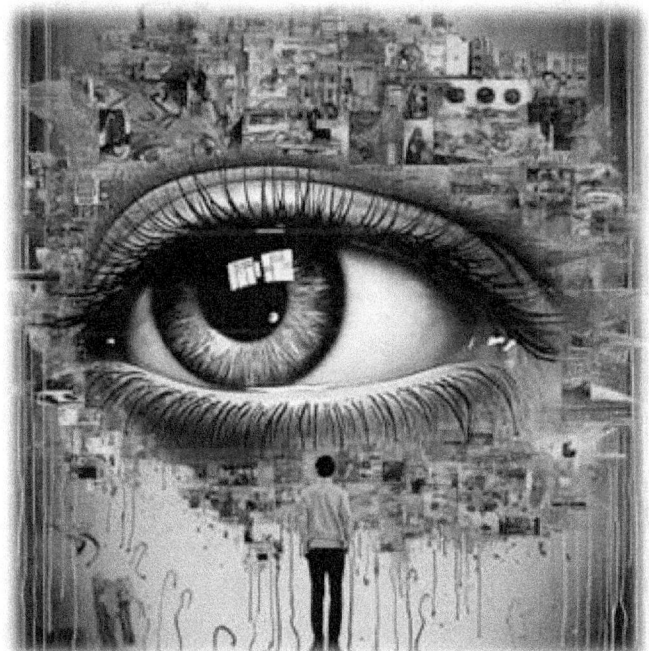

Fonte: Arquivo Pessoal

Sociedade moderna que é caótica e complexa – patriarcal, colonialista, eurocêntrica e capitalista – uma sociedade baseada na falsa promessa do desenvolvimento tecnológico em suprir as necessidades humanas e garantir um maior tempo livre, que articula suas técnicas justamente em oposição deste objetivo, causando mais exploração e aprisionamento, tornando a vida artificial e embrutecida, ou seja, desumana, desigual e segregadora.

Uma sociedade abandonada por um Estado que deveria lhe defender, o qual se reconfigurou e se encontra centrado na manutenção e expansão do sistema capitalista, transformando o Capital em uma figura de divindade[13]. Uma imagem distante da essência humana de liberdade[14].

Estado que se ancorou na suposta racionalidade da ciência moderna e tornou central o campo da economia, ou seja, sua base é a ciência economicista. Ciência que se afastou e não respondeu aos anseios da vida cotidiana, com ênfase na produção material, recusando, desconsiderando e eliminando toda e qualquer forma de conhecimento que não se encontra em sua cartilha, suprimindo todas as experiências que fogem as suas regras metodológicas.

O fato é simples e direto, a ciência não está cumprindo a sua função social primeira que é a emancipação humana.

Nesta lógica o Capital se tornou uma divindade, o Estado se tornou seu templo e a Ciência Moderna o seu sacerdote, para a Comunicação ficou a função da ritualística, que deve impedir qualquer indivíduo de pensar fora dos cânones impostos por este sistema e afirmar constantemente que ele é o único caminho a ser seguido.

O caminho sórdido da trajetória do colonizador, do imperialista, demonizando todo e qualquer pensamento ou ato revolucionário que vise uma real mudança, uma real emancipação.

---

[13] A divindade associada ao conceito de capital não é uma figura religiosa tradicional, se trata de uma abstração simbólica que aqui utilizamos para refletir a centralidade dada ao dinheiro, riqueza e economia na vida moderna. Uma analogia para representar a influência do capitalismo e do sistema econômico no mundo contemporâneo. Tornando o Capital um ser supremo ou superior, dotado de poderes divinos, adorado ou reverenciado. Com plenos poderes para controlar a vida na sua suposta onipotência, onisciência e onipresença; julgando a humanidade e a natureza através de valores econômicos estranhos a própria vida.

[14] A definição da essência humana é um conceito complexo e amplamente debatido ao longo da história da filosofia, ciências sociais e tradições culturais, não encontramos e muito menos pretendemos elaborar uma definição universal. Aqui colocamos esse conceito como a natureza que construímos conscientemente e historicamente, que confere a nossa identidade, influenciando nossa maneira de pensar, sentir e agir. E ainda afirmamos que por se tratar de uma construção cultural não existe a possibilidade, na salvaguarda da diversidade, existir uma essência humana universal. Somente podemos tatear e dizer que essa essência é composta por diversas características particulares próprias a humanidade, a exemplo da racionalidade, consciência, emoções e empatia, cultura e criatividade, sociabilidade, moralidade e ética, o questionamento da própria existência, do propósito da vida, linguagem e comunicação, autoconhecimento, espiritualidade e resiliência. Ou seja, são construções por essência culturais.

É preciso deixar clara a concepção de função social da comunicação e educação, que na concepção deste livro, ou seja, na concepção decolonial, é a de informar e fomentar relações humanas abertas e fraternas, iluminando o caminho para a emancipação e o pleno desenvolvimento das potencialidades culturais. São pontes que ligam todas as esferas da sociedade, ferramentas essenciais no processo de emancipação.

No entanto, lamentavelmente, observamos que essa função social essencial tem sido deliberadamente desviada em direção à alienação. Esse desvio ocorre por meio da manipulação e distorção das imagens, impedindo a plena compreensão visual e desvalorizando a busca do conhecimento autodidata das imagens ou das reflexões que visem uma pedagogia de emancipação no interior da sociedade, da alfabetização imagética na educação e no interior da própria comunicação que produz e reproduz essas imagens.

Esse cenário é perpetuado através da criação constante de espetáculos orquestrados por meios da comunicação e suas instituições de controle de uma minoria opressora. Essa minoria busca unicamente a preservação do colonialismo eurocêntrico e imperialista através da ferramenta sistêmica do capitalismo na manutenção de seus privilégios, sem se preocupar com as profundas desigualdades que tal sistema pode gerar e acentuar.

Portanto, é prioritário reconhecermos a necessidade de resgatar a função social primeira da Comunicação como um instrumento de esclarecimento e conexão humana, de empoderamento, resistência e revolução, desafiando a dominação opressora e trabalhando ativamente para diminuir as disparidades sociais que afetam nossa sociedade.

Da mesma forma que precisamos repensar e trazer a ciência para o cotidiano, paras as autênticas necessidades, precisamos fazer com a educação e comunicação, com seus meios e instituições. Sem uma comunicação com esse viés não é possível pensar em uma sociedade emancipada, no fim das desigualdades e preconceitos. Sem uma educação decolonial não é possível comunicar as alternativas das fundamentais e necessárias transformações.

Urge o resgate da comunicação, das suas instituições no século XXI[15], para reverter o processo de disseminação das imagens e criação de narrativas que reforçam a ideologia dominante e mantêm os indivíduos passivos na sua alienação.

Essa sociedade moderna na sua ideologia dominante e alienante analisada por Debord (1997) é constituída nas suas condições de produção por uma acumulação de espetáculos, transformando toda existência em representações. A existência se

---

[15] Na realidade estamos atrasados nesta tarefa desde a Revolução Industrial, pensando com otimismo.

tornou realidade abstrata, fictícia, externalidades que ditam as regras do cotidiano de cada indivíduo.

Os espetáculos são imagens que possuem as suas significações deturpadas e que trabalham no cotidiano da sociedade, gerando uma desordem controlada por discurso da ordem em um pseudomundo, onde não se vive, somente se contempla. Uma sociedade de aparência coletiva enquanto se sobrevive em uma vida isolada dentro da massificação do consumo da ideologia capitalista. Ou seja, nos iludimos com uma falsa liberdade ao passo que estamos todos padronizados em torno do consumo, é a real planificação[16].

Sendo um dos nossos contraditórios intelectuais eurocêntricos, mas importante na reflexão crítica realizada, Debord (1997) argumenta que a sociedade moderna é caracterizada por uma espetacularização da vida, onde as relações sociais, a cultura e a política são mediadas e transformadas através de espetáculos, perdendo assim toda autenticidade do indivíduo ativo.

A descrição do espetáculo é dada como uma força que separa as pessoas da realidade e as mantém passivas, alienadas e consumistas. O espetáculo se manifesta através da proliferação de imagens, representações e símbolos que dominam a vida cotidiana.

Essa teoria da espetacularização argumenta que que a sociedade contemporânea, uma sociedade que pode ser definida por suas características particulares de consumo, cultura e comunicação de massa, o que transforma toda vida cotidiana em uma grande espetacularização. Transforma todo indivíduo em simples espectador do espetáculo.

Falamos aqui da representação da alienação, da subversão das realidades, com espectadores passivos com a própria existência, em um consumo de imagens e representações espetaculares, deixando de lado ou mesmo não percebendo as possibilidades de experiências que o seu tempo, espaço e contexto lhe proporcionam.

É a espetacularização de tudo que envolve a relação cultural e a forma como produzimos o nosso meio para a existência (considerando somente a sobrevivência), é a exploração total de cada indivíduo, ou seja, é a exploração de sua sobrevivência marginalizada. Onde tudo se torna mercadoria, até a própria alma nas encruzilhadas da vida.

---

[16] A Terra não é plana, esse é só mais um discurso estapafúrdio da espetacularização, contudo, enquanto o sistema atual for vigente, a certeza que a sociedade é plana, com medo do conhecimento que está além desta fictícia "borda", com medo de ultrapassar a fronteira entre a ignorância e o conhecimento, com medo da responsabilidade de sua própria liberdade.

O pensamento de Guy Debord é fruto e origem do próprio movimento situacionista que estava fervilhando na França nas primeiras décadas da segunda metade do século XX. Por isso que sua crítica ao espetáculo fala claramente da necessidade de uma revolução sociocultural para subverter as estruturas de poder através dos indivíduos que antes eram passivos e que devem tomar a frente, se tornando indivíduos ativos em relação a própria vida para participarem diretamente nas transformações da sociedade.

Este pensamento influenciou muitos movimentos de contracultura e teóricos contemporâneos, tanto no continente europeu quanto em nosso território colonizado que busca sua decolonialidade, a exemplo: da psicanalista Tânia Rivera , Cláudio Willer , Renato Rezende , Fernanda Sposito , Sônia Salzstein , Márcio Seligmann-Silva , Cláudia Calirman , Néstor García Canclini , Raúl Trejo Delarbre , Ana María Ochoa Gautier , Achille Mbembe , Néstor Perlongher , Kambale Musavuli, Beatriz Sarlo e Mara Rovida Martini .

Outro exemplo é a influência exercida no pensamento do intelectual brasileiro, Muniz Sodré (2006), que percebe em Debord a originalidade de apresentar uma visão da nova conjuntura histórica, em um esforço teórico para englobar a cultura, a racionalidade e as emoções em suas análises. Todavia, isso já era apontado por Benjamin (1994a; 1994b; 1994c; 2009), na sua conceitualização de representações *coisista*[17], ou seja, tornando os fatos históricos em coisas, em um amontoado de coisas – mesmo na consciência iluminada que possui um certo grau de compreensão da realidade.

A consequência desta compreensão coisista é que somos inseridos em um universo de fantasmagoria, que são os imaginários das exposições sociais sem valor de troca, ou seja, o fetichismo das relações sociais, uma simples espetacularização.

> Essa relação social é moldada por mesmo investimento afetivo das massas que as toma receptivas à velha propaganda política e à publicidade contemporânea. Debord concebe duas formas de espetáculo: o concentrado, típico do stalinismo e do nazismo, em que o Estado e o partido político dominante fazem um uso propagandístico dos meios de comunicação e das grandes manifestações públicas; o difuso, característico da sociedade de

---

[17] Encontramos o desenvolvimento do conceito de representações coisistas no ensaio "A Obra de Arte na Era de sua Reprodutibilidade Técnica" (1944). Em resumo, as representações coisistas, no desenvolvimento teórico de Walter Benjamin, se referem à transformação das obras de arte e objetos culturais em mercadorias reproduzíveis em massa, perdendo a aura e autenticidade que caracterizavam a experiência tradicional da arte. Esse conceito é parte de sua análise crítica das transformações culturais e tecnológicas na sociedade moderna. Benjamin também discute como a reprodutibilidade técnica pode ser usada para fins políticos e ideológicos, moldando a percepção pública e a compreensão da realidade.

massa contemporânea, em que o mercado usa publicitariamente a mídia para consolidar o fetichismo da mercadoria (SODRÉ, 2006, p. 80)

Aqui fica uma pergunta, que dentro da espetacularização da sociedade se torna inevitável ao universo da música e qualquer manifestação da arte, para todo resultado cultural, que abordaremos posteriormente com o blues na qualidade de objeto de estudo: dentro deste processo de serem coisificados, transformados em meras mercadorias, no fetichismo da mercadoria. - Qual seria a sua forma de espetacularização? Seria um híbrido? É realidade ou alienação? O que os artistas transmitem e significam em suas artes, é o próprio espetáculo ou a vida cotidiana? É alma ou mercadoria?

O fato é que o espetáculo não é apenas um fenômeno cultural, igualmente está enraizado nas estruturas econômicas e políticas da sociedade capitalista. Nessa lógica que ele se estende ao mundo do trabalho, onde as atividades humanas são cada vez mais conformadas para a produção de mercadorias e da busca por lucro, em detrimento da realização pessoal, da satisfação genuína, da fraternidade, do afeto, do amor incondicional.

Neste sistema e questionamentos desta sociedade que se apresenta na contemporaneidade encontramos uma tensão entre a realidade comum e a reconhecida. Tensão entre a verdade e a opinião, entre a ciência e senso comum, entre a vida massificada e a vida cotidiana. "Tensões que estão no centro da discussão epistemológica das mudanças paradigmáticas da ciência, necessárias e/ou em curso." (SCHIAN, 2020, p. 43).

O que nos lembra uma das ideias centrais de Debord (1997), o conceito de alienação espetacular, no qual o sujeito se torna estranho a si mesmo e à própria experiência cotidiana devido à prevalência do espetáculo apenas como um fenômeno externo, inerte, permanecendo em total estado de contemplação, ao mesmo tempo que sofre as consequências da dominação, da exploração do sistema.

É o espetáculo como mecanismo de controle social que distancia os indivíduos das questões políticas e sociais cotidianas, mantendo-os focados (presos) no consumismo sem sentido, em uma espécie de diversão (prazer) superficial e sem nenhuma significação autêntica.

Seria justamente a alienação espetacular que impede a percepção das contradições e explorações inerentes ao sistema capitalista que todos nós sofremos; de maneiras diferentes e desiguais (depende dos seus privilégios), alguns são mais explorados, tem os seus corpos mutilados, até seus túmulos são violados, mas em linhas gerais o sistema não perdoa ninguém, tudo é insumo ou mercadoria pronta a ser consumida e descartada.

Em síntese a argumentação é que a sociedade moderna ao se transformar em um espetáculo, toda e qualquer relação social, política e cultural, são sempre mediadas por representações que transformam tudo em mercadoria e todos os sujeitos se tornam passivos nesta relação impositiva e repressiva.

Onde a própria existência e as relações pessoais que as envolvem se tornam mercadorias que podem ser vendidos ou comprados a qualquer momento.

Essa é uma perda de autenticidade que tornou possível a colonização de vários lugares do planeta – que chega ao absurdo de querer colonizar outros planetas no cosmo – e que tornou possível a existência de Norte no Sul e Sul no Norte, ou seja, a desigualdade pode se encontrar e ser vista em um simples ato de abrir a janela de sua casa, do deixar de fora dos muros dos condomínios, seja para quando você olha para exploração ou quando a exploração de sua vida é mostrada aos outros e vendida como espetáculo.

O sofrimento humano e da natureza é uma fonte de lucro no sistema vigente.

Assistimos tudo isso passivamente por estarmos alienado da própria humanidade, nos tornamos estranhos entre si, em uma realidade espetacular onde somos influenciados por imagens e informações que nos mantém alheios as nossas próprias necessidades e desejos.

A realidade espetacular não tem lastro com nenhuma cultura, salvo o Capital a serviço do colonialismo, que cria, fabrica, manipula esses falsos eventos e experiências. E por não ter essência humana podemos afirmar que a espetacularização não é natural, por não falar aos nossos desejos e necessidades, é a pura representação da artificialidade de tudo que é desnecessário e que deve ser descartada pela sociedade justa, livre e fraterna.

É a fragmentação da experiência humana em experiências diárias e constantes sem nenhuma significação, tornando fantasiosa a experiência unificada e incoerente com um pensamento individual e libertador que o discurso do sistema vigente diz defender.

Nesta fantasia que trabalha principalmente substituindo a função da educação, da ideologia e se incorpora na experiência de vida, explica a própria Europa encontrando dificuldades de compreender as barbaridades que são demonstradas e exemplificadas diariamente. Eles não compreendem totalmente (ou fingem) as barbaridades que cometeram e cometem como colonizador, que são privilegiados de todo resultado exploratório de outros povos até hoje.

Ao que tudo indica, tanto os colonizados quanto os colonizadores são alienados por essa sociedade espetacular. A ignorância da alienação é como um desastre natural, ele afeta a todos, mas claramente nem todos sentem seus prejuízos da mesma forma. Os privilegiados reclamam dos recursos que precisam desprender, já os explorados choram por seus mortos e por um futuro sombrio para os seus.

Para o desenvolvimento da nossa metodologia definimos a espetacularização como a ideia de converter experiências vivas em representações e imagens abstratas sem significado para a diversidade da essência humana, distanciando as pessoas das realidades imediatas e promovendo uma relação alienante com o todo. O espetáculo como uma forma de percepção de mundo na ênfase da aparência, consumo e superficialidades com base em conceitos estranhos de padronização e normalidade, em detrimento de uma compreensão autêntica e crítica da existência.

A resposta pode estar na transformação paradigmática necessária para a sociedade como um todo, especialmente na forma como consumismo imagens. Como podemos ver na asserção de Belting (2014) ao explicar que não estamos mais atrás da verdadeira busca por significado de uma análise imagética, mas procuramos nelas o próprio mundo encenado e planejado por outro, por um ser alheio ao nosso cotidiano. E isso não significa que direcionamos o nosso olhar para as percepções artísticas, o que poderia ser uma justificativa deste olhar, mas fazemos isso por acreditar que este mundo imaginado externo e estranho ao individuo é a própria realidade da vida cotidiana.

As imagens claramente vão além das obras de artes tradicionais e que precisamos voltar o nosso olhar. É preciso incluir as imagens fotográficas, fílmicas, as imagens digitais, as imagens sonoras, e toda gama de mídias. O que nos lembra a necessidade de debruçar e ter um olhar crítico com as imagens realizadas com inteligência artificial que tambem podem possuir esse mesmo viés artístico crítico, reflexivo e libertador.

Belting (2014) está demonstrando a perspectiva de uma teoria da imagem antropológica, colocando as imagens como centrais e fundamentais no desenvolvimento cultural. Constitui as imagens como meios de comunicação e expressão influenciando a nossa percepção de mundo e identidade cultural. O que em uma análise dentro da iconologia, ou seja, em uma interpretação dos símbolos em um determinado contexto cultural e histórico, evidenciam a característica de que as imagens carregam significados culturais tradicionais e históricos, ao mesmo tempo que essas significações podem se alterar no decorrer do tempo.

Nesta busca por significações culturais vamos ao encontro da visibilidade, outro conceito central na cultura contemporânea, que ganhou ênfase com os avanços tecnológicos, principalmente no campo das mídias visuais e digitais, que é lembrado e questionado a todo momento.
Essa visibilidade, na sua imposição, pode nos causar um certo estranhamento com o outro e com a nossa própria essência. Por isso que precisamos ter a compreensão de como essa visibilidade e estranhamento moldam a nossa relação com as próprias imagens, e por consequência, com a sociedade.

Esse estranhamento com as imagens – que ao longo da história têm sido uma parte essencial da experiência humana, ligadas à nossa experiência corpórea e influenciando a compreensão de nós mesmos e dos outros – deve-se principalmente ao desenvolvimento dos aparatos tecnológicos e a relação destes dispositivos com as imagens, interferindo na sua produção, distribuição e recepção de imagens ao longo do tempo.

As mudanças tecnológicas, principalmente no século XX e XXI, influenciam e aceleraram a maneira alienante como as imagens são criadas e consumidas.

O impacto da tecnologia, dos meios de comunicação na produção e disseminação das imagens (BELTING, 2014) evidencia uma transformação radical das próprias imagens.

Este desenvolvimento tecnológico, que não meramente revoluciona os processos de criação imagética, também exercem um profundo impacto sobre nossa interação com as suas representações visuais, determinando o modo por qual interpretamos e conferimos significado as imagens e por consequência a todo Universo.

Portanto, é imperativo que seja realizada uma reflexão aprofundada sobre as implicações éticas das imagens na sociedade contemporânea. Isso envolve uma avaliação crítica da responsabilidade do espectador diante dessas imagens, uma análise atenta das dinâmicas de exploração visual e uma consideração detalhada sobre a própria produção imagética.

Essa reflexão se torna particularmente essencial diante dos desafios que enfrentamos nesta era de proliferação constante de imagens instantâneas e sua onipresença em nosso cotidiano.

A própria ciência moderna, não nas suas descobertas e desenvolvimentos essenciais para humanidade, mas sim na sua divisão desigual e unilateral do conhecimento contribui com para espetacularização que vivenciamos e ausência de uma reflexão ampla desta temática no interior da sociedade, na vida cotidiana.

2.1 A Ciência que almejamos

A busca do conhecimento que almejamos assume uma semelhança e aproximação com a ciência cosmológica. Na compreensão da cosmologia como subcampo da astronomia, tendo como objetivo a abrangência da origem, evolução, estrutura e trajetória do universo como uma entidade única. Na concepção da cosmologia como uma área dinâmica e combinando elementos da física, astronomia, matemática e filosofia para abordar algumas questões aprofundadas sobre a existência e a natureza do universo, na busca por respostas sobre o cosmos e nossa origem e lugar no universo.

Entretanto aqui estamos falando de uma ciência cosmológica humana, extrapolando a epistemologia dessa palavra, ou até mesmo, de uma forma mais abrangente, de uma ciência cosmológica da natureza e da consciência humana, na circunscrição de uma ciência decolonial.

Na compreensão de a cosmologia humana ser uma abordagem interdisciplinar que busca abranger a interação complexa entre as perspectivas científicas, culturais, filosóficas e humanas sobre o universo. Se trata de investigações das formas pelas quais as crenças, mitos, narrativas, visões de mundo e tantos outras práticas e saberes são relacionadas ao cosmos e têm influenciado e sido influenciadas pelas descobertas científicas, saberes, experiências e trajetórias históricas.

Uma análise que parte não só das questões quantitativas e objetivas, mas principalmente das questões qualitativas e subjetivas, ao dar ênfase nas raízes culturais e históricas, no diálogo com a ciência moderna - busca uma integração criativa entre as perspectivas científicas contemporâneas e as tradições culturais.

Com isso quero indagar como a diversidade de saberes pode impactar a sociedade e a identidade humana, ao mesmo tempo propondo um espaço aberto e sem hierarquias para as reflexões filosóficas, na busca da integralização das diversas disciplinas e saberes para buscar alternativas as diversas realidades existentes.

Desta forma podemos definir que essa ciência cosmológica humana é a busca pela ampliação da nossa compreensão do universo além dos limites da ciência tradicional, reconhecendo que nossa relação com o cosmos vai além dos dados observacionais. Com ênfase na importância das narrativas e interpretações culturais para formação da nossa visão de mundo e desenvolvimento da civilização.

Ao fomentar um diálogo entre a ciência e a cultura, a cosmologia humana enriquece nossa apreciação da diversidade de todos os seres e da complexidade do universo que habitamos.

Entretanto, como ciência cosmológica humana não é amplamente reconhecido na linguagem científica tradicional, vamos partir do termo já reconhecido, a ciência pós-abissal das epistemologias do Sul, proposta por diversos pesquisadores e que por muito tempo esteve nos domínios[18] acadêmicos do sociólogo português Boaventura de Sousa Santos.

Partimos deste temo com o objetivo de desenvolver o que estamos almejando como ciência, como conhecimento, para posteriormente lhe apresentar uma visão de ciência decolonial. Uma alternativa de conciliação com estes dois conceitos de ciências, ou seja, a ciência decolonial deve absorver de forma criteriosa os conceitos cosmológicos e pós-abissais.

Não é uma tarefa fácil, acostumamo-nos na comunicação eurocêntrica das universidades, falando principalmente das universidades brasileiras, com as definições de Santos (2019), que denomina de ciência pós-abissal como uma área do saber que vai trabalhar com a diversidade e pluralidade de todo o planeta sem recusar ou hierarquizar as diversas formas de conhecimento. Esse é o núcleo do discurso aparente da ciência pós-abissal.

Claramente essa definição bebeu de fontes de experiências e lutas contra o colonialismo e o eurocentrismo, de fontes de outros pesquisadores e intelectuais.

Parte desta crítica que levanto ao sociólogo lusitano e a comunicação da academia é uma das contribuições claras de Shiva (2003), ecofeminista e cientista social indiana, com grandes contribuições para a ciência decolonial, principalmente ao citarmos o conceito de monocultura da mente. Esse conceito fala que essa generalização cultural, sua massificação de pensamento e conhecimentos, afeta a nossa capacidade de perceber a diversidade, de perceber os outros saberes, experiências e modos de vida.

Fica claro os motivos para rompermos com essa monocultura da mente. O que poderia ser respondido através das ideias do repensar novas políticas e atitudes na proposta do escritor acadêmico queniano, Ngũgĩ wa Thiong'o (1987 *apud* RÓNAI, 2018), principalmente na defesa do uso de línguas africanas na educação como forma de decolonização da linguagem e educação.

Precisamos deixar o caminho livre e não sermos usurpadores, detentores da verdade, para que o outro ocupe o seu espaço de direito nesta cosmologia.

---

[18] Domínio que não faz nenhum sentido quando pensamos nas epistemologias do Sul e na ciência decolonial que floresce no Sul. Domínio que não faz sentido na crítica das relações de poder e na própria origem dos conhecimentos e saberes. Domínio neste sentido carrega o sentido de apropriação cultural.

Fato alertado por Cusicanqui (2010 *apud* LARA, 2013) – socióloga e ativista dos movimentos indígenas na Bolívia e na luta pela valorização dos saberes indígenas – , diz sobre a utilização da imagem e da escrita como controle colonial para acobertar as verdadeiras significações, para ofuscar as outras realidades possíveis além do colonialismo e do eurocentrismo.

Uma relação de poder que busca silenciar e exterminar diversas vozes e existências, que marginaliza tudo que está fora dos cânones de uma estranha normalidade social, que fragmenta e divide o indivíduo entre a sua vida pública e privada.

Fragmentação que pode ser encontrado nas entrelinhas dos projetos de ciência e universidade que adotamos no ocidente com foco em uma ciência de produção eurocêntrica, fato amplamente denunciado pela socióloga australiana Connell (2012).

Para a ciência pós-abissal ou pós-colonial ocorrer precisamos ter a coragem intelectual, política e cotidiana que demonstra a teórica pós-colonial e feminista indiana, Gayatri Chakravorty Spivak (ALMEIDA; FEITOSA, 2010), ao desafiar e confrontar a instituição acadêmica tradicional. Seu exemplo e conhecimento nos mostra a importância de desafiarmos as hierarquias de poder e as narrativas dominantes.

Fica evidente que a ciência pós-abissal somente pode emergir, sair do seu gueto, quando a própria ciência realizar uma autocrítica que deve ir além da imaginação sociológica, deve realizar a crítica no interior das próprias ciências sociais eurocêntricas.

Equivale a dizer que essa crítica não pode ser tão somente interna a ciência, presa aos seus conceitos, teorias e metodologias, ela deve ser sobretudo externa, utilizando de todas as experiências e conhecimentos dos diversos grupos sociais.

Nessas experiências e conhecimentos que encontramos o pressuposto da ecologia de saberes, a qual por sua vez deve se tornar a confluência de saberes na metodologia da Cartografia Imagética.

Foi através dessa perspectiva que Santos (2019) conseguiu realizar um copilado para a imaginação epistemológica voltada para a ciência pós-abissal (pós-colonial). A qual acrescento que deve estar liberta da espetacularização da sociedade moderna e a serviço da humanidade.

A imaginação epistemológica que retrata baseia-se em diversas premissas que estimulam a imaginação dos pesquisadores.

- A primeira premissa é uma comparação do conhecimento científico com outras formas de conhecimento, para compreender amplamente

62

verdadeiras funções e benefícios desse conhecimento. Neste contexto, procuramos estudar as interações, colaborações e rivalidades entre estas diferentes formas de conhecimento, examinando as suas potenciais sinergias e limitações. Esta premissa também leva a explorar o potencial de hibridização do conhecimento enquanto se experimentam alternativas de integração entre diferentes abordagens cognitivas.

- A segunda enfatiza a importância de usar a imaginação como ferramenta para explorar perspectivas que vão além do raciocínio tradicional e moderno. Esta abertura à imaginação pretende aclarar realidades que, embora ainda não visíveis, têm um potencial latente. Estas realidades são entidades autônomas e não devem ser vistas como parte de um todo unificado.

- A terceira premissa tenta validar a definição de imaginação e materializá-la em evidências tangíveis. O objetivo é mostrar como essas diferentes formas de conhecimento impactam no contexto específico das lutas sociais e culturais. Esta visão não se trata apenas da compreensão de um único pesquisador ou de um grupo de pesquisadores, mas da perspectiva de todos os atores envolvidos, incluindo o próprio objeto de estudo.

- A quarta premissa reconhece a necessidade de fundamentar a imaginação em eventos históricos específicos, fazendo conexões entre eventos aparentemente distantes ou díspares. Esta abordagem procura compreender as características e contradições que permeiam estes acontecimentos históricos, facilitando uma análise que transcende as aparentes desigualdades.

- A quinta premissa encontra-se no fortalecimento da imaginação, aliado a formas de aprendizagem e formas de libertação da aprendizagem – o conhecimento gerado não pode ser unilateral;

- A sexta premissa envolve repensar os sujeitos oprimidos e explorados pela ciência moderna e por colonialismo. A necessidade de imaginar fica evidente na ausência, quase que constante e forçadamente, desses sujeitos, que provê conhecimento sobre diversas formas de saberes e modos de vida que muitas vezes são negligenciadas. Esta ausência é o resultado de uma divisão profunda que atravessa uma linha abissal que suprimiu (ou melhor, alienou) os conflitos sociais e marginalizou as narrativas históricas. Esta separação da linha abissal surge como uma distinção edificada entre Norte e Sul, oeste e leste, subdesenvolvidos e desenvolvidos.

- A sétima premissa está diretamente relacionada a este projeto. Enfatiza a importância da criação de novos mapas dentro dos abismos criados

63

pelas linhas abissais, que definem limites fictícios causando divisão e desigualdade. É útil reconhecer que estes mapas de exclusão social, as linhas abissais, são frequentemente redesenhados, convertendo formas de exclusão que não eram inicialmente abissais em realidades profundamente segregadas, isto é, em novas linhas abissais, em novas fronteiras fictícias. Esta compreensão leva à constatação de que os próprios investigadores estão dentro destas fronteiras ilusórias e muitas vezes contribuem para o mapeamento e continuidade da dominação.

- Na oitava premissa, é fundamental apreender a distinção entre a esfera pessoal e a do investigador na sua atividade durante o processo de investigação. Para reduzir possíveis consequências negativas ou perturbações, é importante utilizar técnicas metodológicas de forma inventiva e desenvolver um método que respeite a individualidade do pesquisador. O pesquisador pós-abissal assume a responsabilidade de refletir constantemente sobre a perspectiva de saber "com" (sendo esse o modo correto) e de saber "sobre" (quando se exclui o que é dito pelo próprio objeto/ser), mantendo intactas sua própria identidade e trajetória, ao mesmo tempo em que adota a perspectiva de um pesquisador imerso no saber do outro.

- A nona premissa é o lembrete para imaginar que muitas questões de natureza civilizacional estão em constante fluxo dentro das sociedades, questões que permanecem sem solução e que até hoje não foram contempladas por julgamento da ciência moderna.

- A décima premissa é o esforço de imaginar e apresentar o desenvolvimento sustentável como uma defesa eficaz contra todas as formas de exploração humana.

- Na décima primeira premissa somos alertados sobre a ideia de que a ausência de certas tarefas fogem à explanação tradicional das sociologias das ausências, seja por restrições ou procedimentos de investigação. Essas ausências muitas vezes carregam não apenas emergências, mas também potenciais de transformação, mesmo que não se manifestam e se tornem visíveis em análises superficiais. Embora sejam em si vestígios de ruínas, são potenciais fragmentos de um passado que nos obrigam a refletir, conectar-se e agir para uma transformação efetiva. Ou seja, precisamos criar novos "mecanismos" na ciência para realmente compreender essas ausências, a ciência atual não se basta.

Proponho uma 12ª premissa como uma combinação de poema e música em "12 compassos de blues". A 12ª premissa em uma apreciação construtiva que irei realizar ao incluir uma crítica à hierarquia e à superioridade da ciência ocidental, para substituir e/ou complementar por outras formas de conhecimento. É essencial que os investigadores pós-coloniais reconheçam que todos têm plena capacidade para analisar e tomar medidas em relação a quaisquer objetivos de estudo. Isto implica o reconhecimento da igualdade das inteligências como princípio fundamental. Torna-se, portanto, necessário desconstruir a hierarquia e o domínio da ciência ocidental, além do próprio investigador que a representa.

A inspiração entre tantas experiências, leituras e figuras que me circunda para essa 12ª premissa pode ser especialmente dedicada a Gloria Anzaldúa (1981 *apud* MARCO; COSTA; SCHMID, 2000), que mesmo direcionando suas palavras de carinho e aguerridas as mulheres escritoras do terceiro mundo, acertou em cheio o meu espírito, os meus anseios. Especialmente quando fala para jogar fora as abstrações e as normatizações acadêmicas ainda presas a concepções positivistas, eurocêntricas e capitalistas. Que é para nos guiarmos com nossas próprias experiências, paixões e necessidades. Que devemos sair deste idealismo que é imposto pela sociedade e consequentemente na ciência moderna ocidental.

Suas palavras é a memória viva e latente do que importa e precisa ser falado, que são as realidades imaginadas das pessoas, e não as realidades imaginadas para as pessoas. Deve ser falado e celebrado as autenticidades.

Realidades que não são construções ideológicas determinadas e determinantes, mas que são fruto das lutas cotidianas.

Logo essa 12ª Premissa é a pedra que colocamos como marco ao pensamento deste livro, lugar que sempre devemos retornar quando estivermos perdidos nos motivos e objetivos de nossa empreitada. É a memória do porquê estamos refletindo sobre uma metodologia da Cartografia Imagética e tanto vamos enfatizar a Terceira Realidade.

Com Anzaldúa nos inspirando de maneira crítica e incisiva, a outra base desta concepção se torna o conceito de "mestre ignorante" explanado por Rancière (2002). Esse conceito enfatiza a igualdade das inteligências na esperança de fechar a lacuna de conhecimento entre professor e aluno, e torná-los iguais na produção de conhecimento e em suas aptidões.

O conhecimento próprio de cada envolvido é igualmente importante neste processo. Esta abordagem elimina divisões abissais entre diferentes culturas e lutas sociais, promovendo uma situação de igualdade e cooperação.

Que não nos enganemos ou tenhamos a pretensão de deter todo conhecimento, isso é algo humanamente impossível para um único indivíduo. Como mestres devemos sempre reconhecer a nossa ignorância e como alunos lembrarmos de toda potencialidade que carregamos conosco.

A relação da produção do conhecimento deve ser realizada sem hierarquias limitantes, não somos senhores do conhecimento e muito menos receptores passivos.

Somos seres ativos e em uma relação social aberta e democrática podemos alcançar a emancipação intelectual. Essa deve ser a relação da educação e da comunicação na ciência decolonial, uma abordagem igualitária e participativa, onde a ação de todos é reconhecida e valorizada.

A valorização de todos os conhecimentos e experiências vai confluir na Arena JAM que iremos expor e por consequência no pensamento de uma ciência decolonial. O que lembra de outros conceitos essenciais na filosofia de Rancière (2002, 2009, 2012) para essa reflexão, os conceito de "partilha do sensível" e "espectador emancipado".

A "partilha do sensível" em sua filosofia tem como objetivo a compreensão da estética e da política. Referência de como a sociedade distribui e organiza a percepção sensível fundamental para a organização da vida política e social. Essa percepção sensível abarca as experiências sensoriais e estéticas que são compartilhadas na comunidade, em uma relação direta entre a política e a arte para tornar visível, audível e perceptível o que está sendo considerado por um determinado grupo como relevante.

Isso não quer dizer que essa partilha seja neutra ou até mesmo natural, se trata de uma construção social e que acarreta uma distribuição desigual, seja do espaço, tempo ou das próprias ações práticas. E isso ocorre porque essa distribuição se baseia em hierarquias sociais, ideológicas e políticas, as quais determinam quem e o que pode ser visto e ouvido; quem deve ser silenciado, excluído e eliminado.

Nesta concepção a importância da arte entra como fator preponderante para realizar os questionamentos a essas hierarquias, potencializando novas formas de percepção e experiências estéticas aparentemente autênticas.

A arte assumindo seu papel social como aparato de resistência e transformação política no rompimento com as ideias pré-estabelecidas na tentativa de reconfigurar o que está sendo percebido e por algum motivo aceito como possível e aceitável pela esfera pública. O objetivo da arte reside então, ao questionar as estruturas de poder e controle, na redefinição das fronteiras do visível e do invisível, do audível e do inaudível.

As resistências e transformações somente são possíveis ao encontrar o espectador emancipado que ao apreciar a arte contemporânea não se coloca na condição de passividade, contrariando uma ideia tradicional de controle e poder que posiciona o indivíduo e o público como meros contempladores.

Rancière (2012) está propondo que os espectadores assumam seus papeis de maneira ativa e crítica, participativa na experiência estética que estão inseridos. Que o espectador se sinta convidado através arte para ser um coautor e ressignifique a própria arte.

Não basta apenas observar uma arte, um contexto, um objeto, é preciso interpretar, questionar e atribuir significados com a própria experiência e conhecimento. Ser emancipado então é estar ativo na construção destes significados, é desafiar as normas e hierarquias.

Retornamos ao conceito de "mestre ignorante" e na sua destacada importância da igualdade das inteligências que se configura na igualdade da apreciação da arte

Neste posicionamento do "mestre ignorante", na igualdade das inteligências e do espectador emancipado, que posiciono o cientista pós-abissal que virá a ser o cientista decolonial. Sua tarefa é aprofundar-se na ciência cosmológica humana e utilizar as metodologias como o músico utiliza seus instrumentos e técnicas.

Já falando ao cientista e ser existencial decolonial que deve estar florescendo em você, não se deve reproduzir os movimentos contínuos e mecânicos que cada estudo lhe permite ou solicita fazer; como copiar frases musicais que são encontradas em outras melodias, mas de forma criativa sempre deve procurar criar novas melodias, novos sons, novos artefatos, conhecimentos, expressando seus sentimentos e expressividade - sua habilidade está na busca por novas alternativas e não na execução monótona do que já foi realizado sem questionar suas reais intenções e significações.

Ao trazermos esses conceitos para o debate e teoria decolonial, estamos ponderando sobre as dinâmicas de poder e da própria decolonização do conhecimento. Em um jogo de palavras poderíamos falar do Mestre Ignorante Decolonial, visando o reconhecimento dos conhecimentos e saberes tradicionais de culturas colonizadas que foram desvalorizados, ignorados e marginalizados na ciência moderna ocidental, pincipalmente através da disseminação do conhecimento hegemônico eurocêntrico.

É uma das características que imputamos ao Agrimensor-Flâneur (que abordaremos mais a frente), na sua disposição constante de aprender e propor alternativas com as epistemologias e tradições locais. Um posicionamento de humildade perante a educação ao enfatizar que o conhecimento é construído através de uma comunicação aberta e colaborativa, sem hierarquias verticalizadas e limitantes.

No conceito do Agrimensor-Flâneur como ator ativo em pró da confluência de saberes, com olhar apurado nas diversas escalas e realidades, com compartilhamento e afetividade para com todos, é o que poderia ser denominado de Partilha do Sensível Decolonial.

Chamo nesse sentido a reflexão dos processos e consequências das relações coloniais que foram impostas a tantas culturas. Um olhar para a distribuição desigual das percepções e representações, para romper com as hierarquias coloniais que marginalizam e tentam silenciar as culturas e outros modos de vida que não são ocidentais.

Logo a partilha do sensível decolonial se torna o ato de reconfigurar as relações de poder, amplificando a visibilidade das experiências e culturas que historicamente foram e continuam sendo oprimidas. É o próprio processo de decolonização do sensível, no reconhecimento que ele próprio tem influências eurocêntricas, coloniais. Posição crítica para salvaguarda da diversidade e equidade cultural.

Cabe aqui uma observação importante, esse personagem que está adentrando ao palco, o Agrimensor-Flâneur, não deve nunca ser visto como um ator particular de uma determinada ciência, fabricado aos moldes das normas acadêmicas.

No reconhecimento da igualdade das inteligências esse é um ator que pode ser incorporado, construído e desconstruído por todos os seres pensantes, criativos e imaginativos.

A única "exigência" é ser um Espectador Emancipado Decolonial, que não está somente emancipado das estruturas de poder tradicionais, mas de toda herança colonial e das epistemologias eurocêntricas que insistem com a manutenção de hierarquias, explorações e preconceitos. Ou seja, um indivíduo emancipado que tenha no seu horizonte a ciência decolonial, a confluência de saberes.

O espectador emancipado decolonial vai questionar todas as representações coloniais, vai desafiar as narrativas hegemônicas e buscar na confluência de saberes por novas alternativas e percepções. Deve abraçar a diversidade cultural e as múltiplas tradições estéticas.

Reconhecer estas ferramentas e técnicas é igualmente importante para a sua criatividade, irá ajudá-lo a compreender o passado e a não repetir equívocos ou simplesmente confirmar coisas que já foram pensadas – mesmo que tenha sempre de questionar tudo, inclusive aquilo que parece não ser questionável, como a sua própria existência.

Esse conhecimento deve servir para gerar novas alternativas que devem ser analisadas não apenas subjetivamente por um determinado pesquisador e/ou área, mas com todos os envolvidos no processo estudado ou que são afetados por ele.

Na igualdade da inteligência todos se tornam investigadores/pesquisadores.

Pensando na problemática relação entre o próprio pesquisador e objeto dentro da criatividade metodológica, Santos (2019) descreveu quatro orientações que nos parecem interessante neste momento:

- O investigador pós-abissal deve ser humilde, não deve ter como objetivo a originalidade – o orgulho da autoria –, já que ele visa conhecer com e não conhecer sobre, deve ter claro que nunca é o único autor (superautor) de uma determinada pesquisa. Sem que isso lhe retire o respeito que deve ter pelas metodologias e técnicas, todavia essas devem servir exclusivamente para sua curiosidade e criatividade inicial;

- A personificação e utilização criativa das técnicas e metodologias não deve ser vista como anarquia metodológica. Ela deve simplesmente significar o compromisso do pesquisador com o seu trabalho, o respeito para com o objeto e para com a sociedade. É o respeito a individualidade dos seres, dos acontecimentos, dos saberes.

- A importância e significado dos objetos, da problemática, não devem ser determinados por posicionamento que ocupam dentro das diversas áreas da ciência, do conhecimento acadêmico. Eles devem ser determinados por seu próprio espaço e tempo, ou seja, onde eles se encontram ou poderão se encontrar.

- As metodologias existentes podem e encontram, por muitas vezes, limitações, que não são resolvidas com a criatividade e conhecimento do pesquisador pós-abissal, e por este motivo não conseguem dar respostas satisfatória a problemática abordada. Para isso a epistemologias do Sul pressupõe a liberdade de buscar novas orientações metodológicas dentro do que a teoria de Boaventura define como ecologia de saberes.

Essa imaginação do pesquisador e visão metodológica não pode gerar o domínio de uma única forma de pensamento, ela deve se guiar através da pluralidade, diversidade, subjetividade e individualidade. Não pode ser uma mudança estética a própria ciência ou ao sistema, deve ser uma mudança real de pensamento, deve ser uma mudança epistemológica.

Ideia igualmente fundamentada com o sociólogo porto-riquenho Grosfoguel (2008). Em suas críticas a influência e imposição do eurocentrismo na produção do conhecimento, parte do pressuposto que a linguagem crítica que deve ser adotada para a descolonização vai demandar uma certa universalidade, entretanto essa universalidade não pode ser respaldada na dicotomia do pensamento ocidental.

A manutenção dessa dicotomia ocorre através da persuasão alienante da comunicação ou através da força, com ações de barbaridades e exploração, em nome de um determinado progresso, ordem ou do que intitulam como civilização.

O conceito de universalidade é definido por Grosfoguel (2008) com a definição do termo diversalidade anticapitalista descolonial universal e radical, o qual não visa a aniquilação das diversidades, mas tão somente uma concepção de pensamento que unifique a luta decolonial.

Nessa luta decolonial lembramos do alerta de Sodré (2006) ao refletir sobre as mudanças estéticas, na análise dos discursos nazistas em uma perspectiva kantiana, contrapondo a extravagância a razão, na tentativa de ocultar a própria ignorância com a retórica e estética caminhando juntas. Neste caminhar adjacente se apresenta uma forma de tentar persuadir através da emoção o interlocutor em um discurso utilizado e aperfeiçoado na publicidade e/ou marketing. Discurso que ao ser utilizado na mídia é capaz não só de propagar uma realidade especifica com a consequência de exclusão das diferenças, como agora consegue no seu extremo, criar uma determinada realidade.

> A diferença para com o passado é que, agora, sob a égide da mídia, o sismógrafo também produz o abalo "sísmico", ou seja, a mídia não se define como mero instrumento de registro de uma realidade, e sim como dispositivo de produção de um certo tipo de realidade, espetacularizada, isto, é primordialmente produzida para a excitação e gozo dos sentidos. Com a mídia, o sismógrafo e o sismo são a mesma coisa [...] esta identificação produz um novo tipo de realidade, que já não mais se presta ao tipo de julgamento ético-político [...] O "artifício" da publicidade e da mídia, com todas as suas ambiguidades no plano dos valores, converte-se numa espécie de "terceira natureza" do homem, progressivamente aceita como plenamente social e em estreita ligação com a estética. (SODRÉ, 2006, p.79)

São estratégias articuladas que explorando os aspectos emocionais, afetivos e subjetivos da comunicação, tanto na mídia quanto na política, são usadas como estratégias de influência e mobilização. Que através de afeto e emoção, na figura de ferramentas de alienação e exploração, criam conexões emocionais com o público, influenciam atitudes e moldam percepções.

Fatos que ao serem investigados evidencia a comunicação de massa no desempenho seu papel sistêmico e de dominação na construção da opinião pública, na formação de discursos políticos e na participação dos indivíduos.

Precisamos ter essa preocupação com a estética da comunicação, nos seus elementos visuais, sonoros e sensoriais desempenhando um papel fundamental na formação da cultura, da sociedade.

A mídia, seja ela na característica de esfera social ou instituição social, evidentemente tem o poder de moldar percepções e influenciar comportamentos, afetando diretamente a dinâmica política e social. O que nos leva a ter uma maior atenção em como essas estratégias de viés colonial estão entrelaçadas com a construção de identidades culturais e sociais.

Na construção de identidades, tangenciando a teoria da sociedade do espetáculo e do esteticismo, a emancipação na modernidade perdeu seu espaço para a regulação, renunciamos à nossa subsistência, do nosso espaço e tempo, trocamos a nossa liberdade por uma falsa segurança regulatória.

A ciência e toda forma de conhecimento deixa de ser um fator de liberdade para se tornar um fator de aprisionamento através de leis e lógicas que não são permitidas ser questionadas.

Nesta lógica nos tornamos sujeitos regulados, perdemos a nossa autonomia para leis, normas e tradições que não devem ser questionadas. A ideia de absorção da emancipação pela regulação sugere o processo de que os esforços de emancipação ou de libertação social podem ser cooptados ou incorporados por sistema de regulação ou pela ideologia dominante, resultando em uma acomodação dentro das estruturas existentes, dificultando a ocorrência de mudanças sociais.

Essa ideia reflete uma preocupação crítica sobre como movimentos sociais ou esforços de transformação podem ser assimilados ou neutralizados por poder estabelecido ou pela estrutura regulatória, em vez de efetivamente trazerem mudanças substanciais na sociedade visando a emancipação.

É um processo gradual e histórico que ocorreu através da colonização das diferentes formas da racionalidade da emancipação em detrimento de uma racionalidade cognitivo-instrumental da ciência, acarretando a concentração dos esforços emancipatórios na ciência e na técnica, que por sua vez foram alienados no mercado.

Uma alternativa possível para escapar destas amarras da regulação é determinada com o antropólogo colombiano Escobar (1988) em seus estudos pós-desenvolvimento e da ecologia política para refletir a construção de uma ecologia de saberes. Seu posicionamento teórico aponta que as comunidades locais podem entrar em contato com a modernidade sem que necessitem abdicar das suas culturas, sem modificar a forma como produzem e reproduzem as suas vidas, ou seja, sem que sejam aprisionadas por essa regulação. Todavia isso somente é possível com o pensamento crítico, questionando o desenvolvimento industrial e consumo que estão sendo impostos massivamente, cujo objetivo é a eliminação de tudo que é diferente a uma determinada normalização.

Desenvolvimento normativo massivo que Debord (1997) em uma análise materialista, histórico e dialética já apontava como sendo a espetacularização, que sempre foi um fato histórico presente em outros momentos da sociedade.

A diferença histórica na contemporaneidade, se ela realmente pode ser uma distinção plausível, é a industrialização e a possibilidade de produzir e gerar consumo em massa em uma escala acelerada nunca vista e vendido o seus resíduos, seus restos, seus lixos para uma parcela do planeta cada vez mais pobre, explorada e desamparada.

Como já foi abordado na Escola de Frankfurt, dentro de uma administração/gestão que se pretende ser totalizante, o espetáculo se configura na materialização e manutenção da relação de poder, de dominação. É a conversão da pluralidade de fenômenos em aparente coesão social para parecer que vivemos em uma sociedade livre e solidária. Onde na verdade tudo o que temos é uma padronização de consumo, exploração e ausência de sujeitos críticos, de sujeitos livres.

A relação entre a Escola de Frankfurt e a espetacularização não será desenvolvida com detalhes, no máximo exploramos as contribuições de Walter Benjamin que podem se ligar nesta linha de raciocínio. Todavia essa ideia pode ser analisada em um outro trabalho futuro deste autor ou de outro que pense essas questões na ótica da ciência decolonial, principalmente através do conceito de indústria cultural, desenvolvido por teóricos frankfurtianos como Theodor Adorno e Max Horkheimer.

O que nos importa agora é a compreensão de que a indústria cultural se refere à produção em massa de produtos culturais (como filmes, música, televisão etc.) que são projetados para atender ao gosto do público de forma massificada, muitas vezes seguindo fórmulas previsíveis e simplificadas, e que infelizmente ainda são fórmulas eficientes de dominação. Essa produção em massa frequentemente leva à padronização, à superficialidade e à conformidade cultural.

Fica aqui o questionamento de como utilizar deste mesmo mecanismo para enfrentar a dominação colonial e eurocêntrica. Como transformar esse mecanismo como aparato de resistência e transformação, sem que isso represente privar ninguém da sua liberdade de consciência, privar de seu potencial de autoemancipação.

Logo a importância é a compreensão do que já definimos como espetacularização, que esse processo está relacionado à transformação de eventos, informações e experiências em espetáculos ou formas de entretenimento para o simples consumo de indivíduos alienados.

Esse processo pode ocorrer através dos meios de comunicação de massa, como televisão, cinema, redes sociais e outras plataformas. A sua consequência direta é a falsa sensação de simplificação da vida, a aparente redução da complexidade e a manipulação da realidade para atrair a atenção do público, para a sua colonização.

Nesta perspectiva é o mesmo que afirmar que quase ou toda a sociedade se encontra colonizada – é o Sul Global – e não estaríamos correndo o risco de estar generalizando. Estamos experenciando uma colonização que afetou e afeta todas as esferas sociais em todos os cantos do planeta pela sua voracidade de poder e por seu espírito imperialista, é o colonialismo vigente utilizando da sua ferramenta principal, o capitalismo; é o colonialismo e seu planejamento imperialista de colocar no centro de tudo o seu único senhor, imperador, ditador, o Capital.

Colonialismo que explora não só os nossos corpos, explora a nossa essência e tenta nos retirar quase todas as formas de significações que encontramos durante a nossa existência.

A filosofa, teórica e ativista argentina Lugones (2014), amplamente reconhecida por suas abordagens, ao que citamos dos corpos em oposição, principalmente para analisar a exploração das complexidades das identidades, realiza uma crítica contundente contra essa massificação que tenta organizar o mundo ontologicamente através de categorias homogêneas e hierarquizadas.

Novamente somos alertados da necessidade de ir além das dicotomias, ao ponto que poderíamos dizer que não existe uma realidade certa e outra errada, existem múltiplas realidades em um mesmo espaço e tempo. Não existe o certo e errado, o bem e o mal, existem alternativas que precisam ser debatidas.

A dicotomia é algo que serve tão comente ao colonialismo e ao capitalismo. Duas faces do mesmo processo de exploração que ocorreu no interior da ciência moderna, restringindo o desenvolvimento de um conhecimento que podemos denominar como latino, das minorias ou Sul, para dar ênfase ao conhecimento, cultura e cotidiano eurocêntrico, do Norte, ou seja, o eurocentrismo.

E como iremos afirmar e demonstrar mais à frente, o colonialismo é a realidade ideológica do capitalismo, e por sua vez esse é a sua ferramenta de exploração. Seu utopismo é a homogeneidade da globalização imperial, e esta é uma utopia que temos a obrigação de tornar impossível, pois ela decretaria o fim da nossa própria existência, no mínimo da nossa existência enquanto seres livres e autênticos.

Precisa ficar claro que é impossível ocorrer o imperialismo global através da unificação de todos os processos de globalizações enquanto existirem resistências, enquanto existirem seres pensantes e pulsando a vontade de serem livres.

Para tanto definiremos o eurocentrismo na sua forma mais pura e simplificada de utilização e descrição. A perspectiva simplificada coloca a Europa, a sua cultura iluminista, positivista e contraditoriamente colonial, no centro do planeta, considerando-a superior, avançada ou mais importante do que outras culturas que compõe o globo; o que lhe confere esse estranho direito de subjugar.

Essa atitude resulta na interpretação da história, da cultura e do conhecimento predominantemente a partir de uma vista única, minimizando ou ignorando as contribuições e perspectivas de outros saberes, culturas e modos de vida. Levando à marginalização, desvalorização ou destruição das contribuições culturais e intelectuais de grupos étnicos e regiões fora da suposta racionalidade europeia.

Tal concentração em uma determinada e única racionalidade – a racionalidade ocidental eurocêntrica embasada na ciência moderna – na estranha vontade de hipercientificização, torna a racionalidade científica a única e possível racionalidade humana. Ao ponto que depositamos todas as nossas esperanças, e ainda é possível ver esse sentimento por aí, que a hipercientificização é o melhor caminho para a emancipação, principalmente nos moldes acadêmicos.

Não podemos cometer o suicídio de descartar os avanços da ciência, todavia sejamos conscientes e críticos para não cometermos o suicídio ou aprisionamento na ciência. Mesmo tendo gerado algumas inovações importantes e benéficas a sociedade, o seu contrário também ocorreu, agravou outros problemas que inicialmente era proposto solucionar através do desenvolvimento da ciência moderna. Muitos destes problemas são consequência desta massificação de tudo que não nos permite questionar no cotidiano a quem foi favorável esse progresso.

Infelizmente a ciência nestes moldes não se tornou as asas da liberdade, se tornou a jaula de ferro que nos aprisionou. Resultado da mercantilização da nossa liberdade, que nada mais é que a mercantilização de nossa consciência e conhecimento.

O eurocentrismo se esconde atrás dos discursos desta superioridade da racionalidade científica, é a sua maior propaganda. Uma extensão do positivismo ou do cientificismo, onde a busca por respostas e soluções é vista principalmente através de métodos científicos, desconsiderando outras perspectivas, valores culturais ou formas de conhecimento e saberes.

Visão reducionista do mundo, onde apenas o que pode ser medido, testado e quantificado é considerado válido ou legitimado através da ciência moderna ocidental, da ciência eurocêntrica.

Não descarto a importância da ciência para a sociedade (no conjunto de sua diversidade, de suas comunidades) na sua contribuição para os avanços tecnológicos, na saúde, ambientais etc. Todavia o problema é que essa hipercientificização negligência por muitas vezes as dimensões humanas, sociais, éticas e culturais, ou quando outras formas de conhecimento e compreensão são marginalizadas em favor de uma abordagem estritamente científica, por não responderem a sua racionalidade.

A própria ciência neste processo se tornou responsável direta pelas catástrofes ambientais, e isso se deve a um dos seus objetivos de dominação da natureza, para uma utilização utilitarista por parte sociedade, deixando de lado suas responsabilidades para com o planeta. Uma lógica antinatural que transformou o próprio corpo humano em mercadoria, através de uma promessa de segurança e harmonia realizada por intermédio do comércio, do mercado embasados na racionalização científica. Logo, essa mesma lógica, contribui para justificar o indefensável para nós e normas/normalidade do sistema, falo dos preconceitos, discriminações, modelos de escravidão modernos, marginalizações etc.

Não só o corpo se transformou em mercadoria como toda a natureza e tudo que está ao alcance do Capital, nada mais no Universo escapa a sua lógica, seja o céu ao infinito do espaço, ou o céu considerado sagrado, tudo já foi colonizado e transformado propriedade privada.

Nesta lógica nada deve escapar a mercantilização de seres que nem conseguimos ver com os olhos nus até supra-humanos. Nesta encruzilhada até os deuses e os demônios são precificados e consumidos. Para barganhar sua alma na encruzilhada você vai precisar antes pagar por sua entrada – nascer, viver, morrer virou uma questão econômica. Uma questão que não é humana ou natural, tão absurda que você não paga só para continuar existindo, você paga para ter o direito de existir (nascer) e para deixar de existir (morrer)[19].

O real extremismo é a racionalização científica levada às últimas consequências, com todo seu desenvolvimento tecnológico, deflagrando o verdadeiro potencial destrutivo – a destruição de tudo que representa o ser humano. E isso ocorreu em uma de suas espetacularizações que é reprisada constantemente, da promessa de uma sociedade de justiça social e ambiental, livre, e com criação de riquezas ilimitadas para todos. Onde a própria ciência se converteu em força produtiva – a sua derrocada.

As consequências são danosas, como o aumento das desigualdades e intensificação de dominação de um seleto grupo de dominadores, os verdadeiros bárbaros e terroristas da modernidade.

---

[19] E ainda existem os discursos retrógrados, conservadores e ignorantes daqueles que se acham no direito de se colocarem em oposição ao direito do aborto e da eutanásia, sendo que o sistema vigente não consegue nem lhe garantir a dignidade de nascer e morrer.

A absorção da emancipação pela regulação, na hipercientificização da emancipação e da hipermercadorização da regulação, a jaula de ferro weberiana, levou a um caos de aparência controlada da sociedade. Não seria isso a própria sociedade de aparências? Não seria alienação e à perda do sentido real da vida, uma vez que as pessoas passam a viver através das lentes das imagens e dos símbolos, em vez de se envolverem diretamente com o mundo ao seu redor?

Nossa essência já não fala aquilo que realmente somos e nossas leis pouco dizem da realidade cotidiana da maioria da população, tudo parece e está a serviço da proteção de um sistema.

A crise da sociedade é a própria crise da ciência, e só poderia ser desta forma, ambas são criações humanas. Nada vai modificar esse caos se não voltarmos ao cotidiano, as realidades dos indivíduos. Não vai existir uma reposta e uma transformação se não voltamos para os seres viventes e suas experiências.

Sem isso o espetáculo vai continuar se constituindo como uma relação social (DEBORD, 1997) que se objetiva nas imagens-espaculares e que substitui a essência de cada indivíduo. A essência individual, a sua própria existência, se tornando uma mercadoria a ser consumida e publicizada. É a vida social sendo controlada não pelas vontades humanas e naturais, mas por forças econômicas e mercadológicas que se transvestem em questões sociais e políticas, nos levando a acreditar que isso é o desenvolvimento cultural e suas expressões.

Precisamos retornar a natureza e a experiência direta que temos com ela. Um retorno que se torna urgente, especialmente na complexidade que se coloca diante de nós com os avanços da inteligência artificial e de todos os aparatos tecnológicos. Uma questão que já era levantada por Donna Haraway (KUNZRU; HARAWAY; SILVA, 2000), relevante teórica feminista e filósofa da ciência, reconhecida por suas contribuições inovadoras na interseção entre gênero, tecnologia e teoria pós-humanista.

No seu ensaio "Manifesto Ciborgue" (KUNZRU; HARAWAY; SILVA, 2000), elucida as fronteiras convencionais entre humanos, animais e máquinas, argumentando que essas distinções estão se tornando cada vez mais difusas em um mundo marcado por avanço tecnológico. Na proposta da figura do ciborgue como um ponto de partida para repensar o que significa ser humano, especialmente no contexto das mudanças sociais e tecnológicas.

Uma figura, que segundo a autora, é uma entidade híbrida que combina elementos orgânicos e tecnológicos, desafiando as noções tradicionais de identidade, gênero e corpo. Desta forma explora como as tecnologias de comunicação e a biotecnologia estão transformando nossas percepções do corpo e do senso comum, permitindo formas de ser e de se relacionar que antes eram inimagináveis.

Neste ensaio também verificamos que a relação entre corpo, gênero e senso comum, em um contexto de avanços tecnológicos, nos coloca em uma posição crítica sobre a ideia se realmente existe um corpo natural adotado por uma consciência normatizadora, se realmente existe uma identidade de gênero essencial.

A argumentação desta reflexão reside que essas noções são construídas culturalmente e influenciadas na própria tecnologia, que através do senso comum e sob sua perspectiva, muitas vezes adere a narrativas binárias de gênero e identidade que podem ser desafiadas e questionadas por meio das possibilidades apresentadas pela figura do ciborgue.

Concepção que permite refletir outras questões, a exemplo da política, economia e da ecologia. Que nos leva a perceber que a interconexão entre humanos, tecnologia e natureza exige uma abordagem mais ética e responsável para lidar com os desafios globais. Neste sentido frisamos com o pensamento de Haraway (KUNZRU, HARAWAY; SILVA, 2000) a ideia de uma política do conhecimento situado, na qual diferentes perspectivas, incluindo as de mulheres, minorias e comunidades marginalizadas, são levadas em consideração na construção do conhecimento e na formulação de políticas. Uma das esferas que tanto a ecologia de saberes e a concepção de confluência de saberes devem trabalhar.

É necessário revisitar os conceitos da ciência moderna para tentar encontrar neles questionamentos a crise que vivemos e dos avanços, ou supostos avanços, que estamos inseridos. Precisamos questionar o paradigma da ciência além da própria ciência, questionando as pretensões epistemológicas da ciência moderna que nos guiou até aqui.

Uma revisão e questionamento dentro de uma sociedade que tenha como central os seus valores culturais mediados por afeto (SODRÉ, 2006), possibilitando não somente alternativas, mas alternativas sensíveis, afetivas, verdadeiramente inclusivas. É inserir a problemática em todas as esferas do universo humano, principalmente na esfera da comunicação com a ecologia de saberes ou confluência de saberes, dentro de uma epistemologia compreensiva que é a própria epistemologia do Sul, visando a emancipação humana – principalmente dos grilhões do mercado e de toda forma imperialista, de hegemonias –, promovendo uma rede de seres compartilhantes.

Se faz imprescindível abrir o conhecimento para o campo do sensório, dos nossos sentimentos, e não somente da racionalização técnica. Papel que estamos atribuindo as imagens, de ser esse elo neste rito de passagem de uma sociedade colonial para uma sociedade decolonial/cosmológica, principalmente por sua potencialidade sensorial-afetiva-memorialísticas.

Vamos tomar como ponto de partida a seguinte reflexão de Perniola: 'Parece que é justamente no plano do sentir que a nossa época exerceu o seu poder. Talvez, por isso ela possa ser definida como uma época estética: não por ter uma relação privilegiada e direta com as artes, mas essencialmente porque o seu campo estratégico não é o cognitivo, nem o prático, mas o do sentir, o da aisthesis'. E nossa questão inicial [...] a possibilidade de existência de uma potência emancipatória na dimensão do sensível, do afetivo [...] para além [...] dos cânones limitativos da razão instrumental [...] para nos perguntarmos em seguida sobre a viabilidade de uma ação dessa ordem no interior de uma realidade específica, a da sociedade dita da comunicação e da informação, sobre a qual pesam as muitas suspeitas intelectuais de não ser muito mais do que uma estrutura voltada para interesses econômico-corporativos imediatos, sem a idealidade de formas originais ou sem a perspectiva de fins ético-políticos. (SODRÉ, p. 17-18)

Tem que ficar claro até aqui que a ciência almejada não nasce do pensamento de Boaventura de Sousa Santos (2019) e do vocábulo presumivelmente por ele cunhado, ciência pós-abissal, que também faz parte da sua reflexão crítica sobre a natureza e os paradigmas da ciência moderna no que diz respeito às suas implicações na produção de conhecimento e na relação entre diferentes formas de conhecimento.

Essa abordagem pós-abissal faz parte do pensamento crítico dos povos marginalizados e colonizados, baseia-se na ideia de que os estudos convencionais e hegemônicos são muitas vezes limitados em perspectiva, marginalizando outras formas de conhecimento e ignorando as vozes, comunidades e culturas historicamente oprimidas e excluídas.

A expressão pós-abissal é relevante porque se refere ao abismo entre diferentes formas de conhecimento, que são as linhas abissais, sendo o abismo uma metáfora para as profundas desigualdades epistemológicos, culturais e sociais que caracterizam a relação entre o conhecimento que domina no Ocidente e outros locais, indígenas, tradicionais, quilombolas etc. Portanto, esta visão da ciência busca superar essa separação e promover maior inclusão e diálogo entre diferentes formas de conhecimento.

Tem em seu significado o reconhecimento e importância de diversificar a produção de conhecimento, incluindo perspectivas historicamente marginalizadas, e de procurar respostas mais eficazes aos desafios globais através da colaboração intercultural e interdisciplinar.

Colaboração essencial que trazemos aqui reafirmada pelo sociólogo peruano Anibal Quijano (2005), um dos teóricos da teoria da colonialidade do poder ao realizar a análise crítica da colonialidade na América Latina.

A crítica da colonialidade deve levar o projeto revolucionário da redistribuição de poder através da descolonização, o que infelizmente ainda não aconteceu. Somente conseguimos tatear alguns destes focos de resistência. Focos que são as nossas verdadeiras imagens e não a cilada da imagem eurocêntrica que tentaram imputar na latinidade, na África, nas comunidades colonizadas e não ocidentais.

Esta é uma ideia que nos interessa, pois sublinha a necessidade de uma mudança profunda na prática e na percepção científica ao abordar problemas complexos e inter-relacionados do mundo de hoje de uma forma mais abrangente e holística.

Defendo uma ciência aberta baseada na vida cotidiana e em conceitos abrangentes e não excludentes. Isso nos deixa ir além com pensamentos inovadores e com intencionalidades revolucionárias, que por vezes são colocados em oposição a defesa do conservadorismo, como podemos ver em Antônio Bispo dos Santos.

Na abordagem deste autor (SANTOS, 2023) ao falar da cosmologia, dos diversais, biointeração, dos seres compartilhantes e das confluências de saberes que abordaremos e adotaremos mais a frente – inclusive falando da importância deste mestre – relata que estes são pensamentos que se pretendem ir além dos limites impostos pelo ocidente, um pensamento que explora as fronteiras ao transitar por elas sem necessariamente pertencer àquele lugar.

São conceitos, ideias e abordagens contrários a um cenário polarizado, é a busca pela constante intersecção, circularidade, ainda que mantendo as separações/fronteiras entre as diversas culturas, o que contradiz um pouco a configuração de ser uma visão realmente flexível e aberta.

Ao passo que aqui a nossa ciência pós-abissal, ou melhor, o que definiremos como ciência decolonial apenas reconhece as individualidades e o seu espaço, sem que essas fronteiras se tornem empecilhos, sejam elas fronteiras imaginárias e concretas que impedem o livre trânsito/circulação entre todos os seres.

Seja no copilado do eurocêntrico, patriarcal e colonialista Boaventura de Sousa Santos, em Muniz Sodré, Guy Debord, David Harvey, Walter Benjamin, bell hooks, Antônio Bispo dos Santos, e entre tantos outros pensadores contemporâneos, é evidente que devemos modificar a forma como olhamos para a sociedade – devemos olhar de uma forma livre, apaixonada, crítica e racional.

É a emancipação do olhar, a sua descolonização, na contracolonização, não sendo submetidos as visões unilaterais e alienante do sistema atual, do patriarcado e de tantas outras formas de aprisionamento e exclusão.

2.2 Senso comum e conhecimento científico – uma confluência para emancipação

Ao trabalhar o senso comum neste contexto, referimo-nos a ir além da simples definição do próprio conhecimento empírico que está atrelado a ele, ou seja, conhecimento adquirido através da experiência diária, da observação casual e da intuição; conhecimento que não segue um método de pesquisa rigoroso e muitas vezes é baseado em crenças populares e tradições culturais. Como esse saber se baseia em percepções subjetivas, crenças populares e opiniões individuais, sua maior potencialidade se encontra em situações cotidianas e que é possuem a necessidade de decisões rápidas.

Na proposta metodológica da cartografia imagética o senso comum ultrapassa as linhas que tentam lhe impor as características de simples crenças. São experiências concretas onde essas decisões rápidas podem se constituir em alternativas possíveis de transformação social autêntica, humana e cosmológica.

O conceito de senso comum realiza uma síntese da confluência de saberes ao incluir todas as outras formas de conhecimento, como: filosófico, religioso, esotérico, artístico, estético, tecnológico, intuitivo, histórico e conhecimento implícito.

Essa gama de conhecimentos que vão estar vinculados ao conhecimento científico, deve ser obtida por meio de um processo sistemático de investigações, pesquisas e análises rigorosas, baseadas em evidências empíricas, relatos de todas as realidades envolvidas, experimentos e métodos controlados – com uma "regulamentação" realizada com a participação de todos envolvidos, uma regulamentação que deve ser especifica ao que está sendo estudado naquele espaço e tempo, sem nenhuma pretensão de criar alguma generalização.

Todos os conhecimentos têm pontos fortes e fracos, o que determina essa potencialidade é o próprio "objeto" e não a teoria e metodologia empregada. São igualmente importantes na constatação de que muitas vezes interagem de maneira complexa e conjuntas no decorrer da vida de cada ser e nas decisões diárias.

Reafirmamos que não se trata de suprimir a ciência ou o senso comum, mas é a transformação do conhecimento humano na fusão de saberes diversos para a materialização da imaginação humana, ou para a forma criativa como descreve todo o Universo – é a produção do conhecimento.

Nesta perspectiva do conhecimento pretendemos também ir além da forma como abordamos o conhecimento holístico, combinando-o. Logo falo do conhecimento em que todas as formas de conhecimento conversam sem hierarquia, misturam seus estilos.

A proposta de construção de novos saberes e alternativas, na valorização dos saberes existentes, é mister o reconhecimento da interconexão e coexistência de diferentes tipos de conhecimento e saberes, incorporando todas as experiências e modos de vida.

Se trata de uma forma de agir com flexibilidade e sustentabilidade, de aprendizagem contínua através de soluções e alternativas contextualizadas, de colaboração, com inovação e criatividade e, acima de tudo, de ligação direta com a natureza.

Assim, quando falarmos das epistemologias do Sul, na unificação, ou melhor, na reunião cooperativa de diferentes formas de saberes, não pode jamais deixar de lado as diferenças culturais, e ainda assim essas diferenças não podem interferir na investigação, mas devem servir de base e critério de compreensão das interpretações e do ponto de vista do pesquisador.

No livro "A Vida de Laboratório: A Produção dos Fatos Científicos", Latour e Woolgar (1997), explorando a natureza da prática científica e como os fatos científicos são produzidos em um ambiente de laboratório expõe que os fatos científicos não são simplesmente elucidados, mas são construídos e adaptados através de uma série de interações sociais, processos técnicos, negociações e mediações. Os autores demonstram como as práticas laboratoriais, as redes sociais que envolvem esse processo, as decisões políticas e as questões de hierarquias de poder influenciam na forma como os resultados científicos são estabelecidos e aceitos como fatos.

Ideia que desafia a visão convencional da ciência como um processo neutro e objetivo, na afirmativa que as atividades científicas são influenciadas por uma série de fatores sociais, políticos e culturais. O pensamento crítico que se desenvolve nessa concepção contribui para uma compreensão mais intrincada da natureza da ciência e dos processos subjacentes à formação do conhecimento científico, como poderia ser posicionado o senso comum.

Embora o senso comum não seja o foco principal do livro de Latour e Woolgar (1997), a abordagem dos autores pode ter implicações indiretas para esse entendimento em relação à produção do conhecimento científico. O que pode ser destacado na influência de fatores sociais, políticos e culturais na formação dos fatos científicos ao sugerir que o processo científico também está sujeito a interpretações negociações e hipóteses, que podem estar conectadas de alguma forma ao senso comum e outros conhecimentos.

A forma como olhamos para os conhecimentos podem determinar as suas conexões.

Refletindo as diferentes formas de se olhar para um saber ou objeto, Santos (2019), fala sobre o desenvolvimento de uma perspectiva da sociedade em relação à natureza, a como produzimos o nosso meio, gerando a distinção, do que denomina de olhares desiguais e olhares diferentes.

81

Os olhares estariam subordinados e caracterizados pela dominação global contemporânea. Um olhar em grande escala para representar um pequeno objetivo muito específico visando tão somente a sobrevivência imediata; e para os investigadores que estão determinados a compreender o todo, concentrando-se numa escala menor, emerge a visão oposta.

Um alerta aqui, demandar ao objeto de estudo (neste caso as comunidades) que reconstrua a sua natureza de acordo com os pressupostos impostos pela ciência pode levar ao declínio de certas comunidades, por exemplo, privando-as de meios de subsistência gerando catástrofes sem precedentes.

A ciência em hipótese alguma pode ser uma ideia generalizante e detentora de toda a verdade ao se constituir como uma única realidade.

É importante lembrar que a mudança social, que muitas vezes é necessária, não é instantânea, não é um processo simples e requer tempo e cautela para ser implementada de forma eficaz. As alternativas devem ser bem analisadas e implantadas pela própria comunidade.

As instituições acadêmicas precisam demolir os seus muros e se deixarem transitar e confluir na comunidade. E não a prática que encontramos na contemporaneidade, que tenta isolar em laboratórios toda a existência humana.

Neste caso compete ao pesquisador decolonial não apenas elucidar algo, mas também educar, enquanto é de responsabilidade da sociedade determinar o ritmo de sua vontade de implementar as alternativas que vão surgindo através deste diálogo aberto e sem hierarquias. É muito importante adotar uma abordagem ampla.

No entanto, isto requer uma análise crítica a fim de provocar mudanças realmente significativas não só para a subsistência humana, é preciso criar mecanismos e possibilidades para o desenvolvimento de toda potencialidade humana.

Obviamente um espaço e tempo ampliado que contemplem todos, sem restringir com falsas fronteiras a liberdade.

As mudanças que devem ocorrer fazem parte de uma desobediência epistêmica e opção decolonial, defendida por Mignolo (2008), utilizando do senso comum como forma de libertação ao mesmo tempo que permanecemos críticos a ele. Na compreensão que o senso comum também pode ser uma ferramenta para limitar e aprisionar, principalmente quando são validados no sistema dominante com o objetivo de perpetuar e reforçar algumas visões estranhas, ou seja, colonialistas e eurocêntricas.

A visão profunda que vai se construindo e poderia ser intitulado de visão do amor incondicional, nestas mudanças de escala, que ora querem ver o todo, ora querem ver um determinado detalhe, se constitui como um ponto de partida de comunicação entre o investigador e o objeto, um diálogo de mão dupla. Processo que era objetivo, mas não se completou com o desenvolvimento da ciência moderna.

A atenção deste objetivo deve ser redobrada ao pesquisador decolonial na autocritica ao próprio pensamento, na lembrança de que o senso comum e outras formas de saberes são frequentemente moldadas pelas estruturas de poder e por discursos hegemônicos, influenciando diretamente a nossa percepção de mundo e podendo ofuscar as diversas realidades que compõe um mesmo espaço, tempo e contexto, podendo ofuscar as injustiças sociais que estamos causando ou não percebendo.

Fraser (2007) argumenta que a injustiça social não é apenas o resultado de estruturas econômicas ou políticas, mas sobrevive e reproduz-se através de práticas culturais, discursos e normas sociais. Isso quer dizer que o senso comum pode ser internalizado e naturalizado através dessas normas injustas e para sua própria manutenção, o que ajuda a manter essa normalidade estranha do progresso e ordem que foram enraizados na sociedade com o positivismo.

Este reforço do senso comum contra a liberdade e existência das diferenças, pode ser moldado por discursos hegemônicos que desvalorizam ou marginalizam determinados grupos, reforçando a injustiça.

Outro alerta, agora para maior consciência e senso crítico quando se trata da diversidade de conhecimentos, aptidões e experiências. Devemos redobrar a nossa atenção em todos os discursos e culturas que estão por trás dos ideais de igualdade, tolerância e justiça. Podemos estar replicando as injustiças que eram cometidas para um determinado grupo, somente alterando o grupo explorador e explorado.

Há também a necessidade de desafiar noções aceitas como senso comum e encorajar a mudança através do envolvimento social e da reconfiguração de narrativas culturais.

Esse entendimento também é compartilhado por Harding (2019), filósofa da ciência e teórica feminista, conhecida por suas contribuições para a epistemologia feminista e a crítica da objetividade nas ciências. Na perspectiva da ciência feminista argumenta que a ciência, historicamente, tem sido fortemente influenciada por pontos de vista masculinos e muitas vezes perpetua estruturas de poder desiguais.

A solução contra esse poder desigual se encontra na inclusão e participação de grupos marginalizados, subalternos ou historicamente excluídos na produção de conhecimento científico. Envolve a colaboração com comunidades locais, indígenas ou outros grupos não tradicionalmente representados nas pesquisas científicas.

Harding (2019) ao trabalhar com o conceito de objetividade forte visa desafiar a visão tradicional de objetividade na ciência. Deixando em evidência a contradição da ciência ocidental ao assumir o conhecimento objetivo como neutro, imparcial e independente de influências sociais ou culturais. Já a objetividade forte reconhece que todas as perspectivas científicas são moldadas por contextos culturais, históricos e políticos, e defende a inclusão de múltiplas vozes e perspectivas na produção de conhecimento com objetividade complexa.

A autora defende que essa objetividade não implica abandonar a busca pela verdade ou por próprio rigor científico, mas sim reconhecer e enfrentar abertamente as limitações e preconceitos inerentes à produção do conhecimento.

Considerar a colaboração com grupos marginalizados e a incorporação de suas perspectivas podem enriquecer a objetividade da ciência, tornando-a mais sensível às complexidades do mundo real.

A ciência no mínimo ficaria um pouco mais humana.

Devemos nos atentar que foi o próprio desenvolvimento do conhecimento científico que permitiu perceber a fragilidade das suas bases, é o conhecimento e crítica saindo das universidades. Foi e é impulsionado na necessidade da reflexão aprofundada da filosofia (em oposição ao positivismo), da busca pelo ele perdido do significado da vida, em conjunto com as análises das condições sociais.

É o núcleo duro da reflexão epistemológica em todos os seus momentos históricos.

Por isso que o destaque dado por Mignolo (2008) sobre a desobediência epistêmica parece ser um lembrete a ser fixado como um quadro esperando um olhar para significar e ressignificar; como uma obra de arte que pode ter várias significações, como uma música que pode falar em vários momentos. É a lembrança da potência do senso comum tanto para a produção quanto para a validação do conhecimento; tanto para a emancipação quanto para o aprisionamento alienante da sociedade moderna.

É a memória que nos movimenta a buscar por espaço de ampliação das possibilidades de compreensão e valorização das diversas formas de saber que estão além dos domínios das estruturas de poder vigentes.

Santos (2002) descreve esse momento e memória de crise paradigmática da ciência, do nascimento de um novo paradigma emergente, de maneira especulativa (que segundo o autor é a única forma de descrever hoje o paradigma que ainda pouco compreendemos).

> Uma especulação fundada nos sinais que a crise do paradigma atual emite, mas nunca por eles determinada [...] ao falarmos do futuro [...] o que dele dissermos é sempre o produto de uma síntese pessoal embebida da imaginação [...] (SANTOS, 2002, p. 74).

Enquanto estou querendo falar e/ou conceituar uma terceira realidade para uma ciência cosmológica humana decolonial, inserida em uma concepção de cartografia imagética, Boaventura de Sousa Santos, está propondo o seu clichê da mudança paradigmática através de um conhecimento prudente para uma vida decente, o paradigma da ciência nas epistemologias do Sul (SANTOS, 2002).

O paradigma da ciência das epistemologias do Sul que vai se desenhando nesses ideais de prudência e decência, apesar de um discurso com aparência transgressora, parece não visar a superação da ciência, mas a sua manutenção como conhecimento totalizante.

Claramente estamos igualmente aqui tateando uma revolução paradigmática da ciência que ocorre no próprio interior de uma sociedade transformada pela própria ciência. Por isso a revolução vista no horizonte não pode ser puramente científica, é uma mudança de paradigma de todas as esferas que compõem a vida humana, principalmente de todas as esferas que conseguimos racionalizar.

Veja a forma de exemplificação de Sodré (2006) ao destacar a esfera sensível e afetiva, elementos que são considerados fundamentais e de suma importância para a nossa análise e forma de pensar[20]. O autor realça a necessidade de uma transformação no âmbito das ciências humanas, mais especificamente na disciplina da linguística, rumo a um paradigma estético, através de uma abordagem fenomenológica que transcende as amarras do racionalismo absoluto.

É a relação harmônica em uma espécie de dança improvisada ao ritmo da oscilação da ênfase entre a racionalidade e a sensibilidade.

Nesse contexto só podemos compreender que a sociedade é intrinsecamente heterogênea e orgânica – logo ativa e inconstante –, não pode ser capturada por uma estrutura rígida, mas sim por uma interconexão entre seus indivíduos que se manifesta no campo estético, na expressão artística, nas diversidades e pluralidades.

Na tensão, diálogo e complexa rede de relações de uma sociedade heterogênea e orgânica que podemos encontrar a raiz da sociabilidade.

Raiz de sociabilidade que as epistemologias do Sul, o paradigma estético e toda teoria decolonial dialogam e contribuem para se pensar a terceira realidade – a ciência cosmológica humana para a visão das múltiplas realidades, para as múltiplas vivências de utopias possíveis.

A vida não é uma verdade dada e fechada em si mesma, é o resultado de alternativas e exercícios de criatividade imaginativa para se pensar e executar as autênticas e necessárias mudanças sociais. Para se pensar do indivíduo para a sociedade, da sociedade para o indivíduo.

> Qual a alternativa? Na perspectiva de Parret [...] será preciso evitar a tendência histórica de conceber a sociedade segundo uma teoria de jogos finitos, cuja razão - apoiada no cálculo e na representação - termina sempre por ratificar uma suposta "natureza" economicista e bélica do homem [...] Ao invés da sociedade definida exclusivamente pela otimização econômica, emerge a ideia do "ser em com um", mais centrado no afeto ou na sensibilidade do que em qualquer

---

[20] Que por uma mera formalidade chamamos de metodologia ou método, quando no final defendemos o pensamento imaginativo, criativo, livre, afetuoso e responsável para com todos.

fundamento de caráter ético-racionalista. No lugar, portanto, de uma comunidade argumentativa e consensual, produtora de normas e sentido num contexto intersubjetivo de livre discussão, emerge uma comunidade afetiva, de base estética, onde a paixão dos sujeitos mobiliza a discursividade das interações. (SODRÉ, 2006, p. 66)

A revolução paradigmática em que estamos situando nossos conceitos nos direciona na compreensão do paradigma emergente como uma mudança fundamental na forma como olhamos, imaginamos e criamos o mundo. Tarefa que envolve a convergência de diferentes tipos de conhecimento e ação, reconhecendo que os desafios contemporâneos exigem uma abordagem integrada que vá além das fronteiras tradicionais entre disciplinas, culturas e sistemas de crenças.

O que Mignolo (2008) defendeu como o paradigma emergente ao abraçar as perspectivas não ocidentais, ao valorizar as epistemologias que foram marginalizadas no processo de colonialismo e eurocentrismo.

É o lembrete fixado e que retomamos com outras palavras: a arte sendo ressignificada, a música soando em diversos contextos fala, lembra e relembra o reconhecimento da diversidade de saberes e experiências.

Reconhecimento que leva a ruptura com a lógica colonial assentada na exploração, desigualdade, extermínios. Fatos sustentados por ideais práticos tradicionais e normalizadas por um sistema estranho ao cotidiano.

A substituição deste sistema estranho emerge a urgência de pensar em alternativas de paradigmas inclusivos, que não eliminem as diferenças, que seja de convivência pacífica e comunitária, até mesmo com outros paradigmas. É a celebração da diversidade na pluralidade de conhecimentos e existências.

A mudança de paradigma ocorre na desobediência epistêmica ao confrontar a hegemonia do conhecimento ocidental e suas estruturas de poder. É um espaço de esperança (HARVEY, 2006), um oásis de fraternidade (MORIN, 2019), a cosmovisão cooperativa (SANTOS, 2023) amplificando a convivência com outras epistemologias e modos de compreender o Universo.

Espaço de ênfase à importância da integração multidisciplinar, unindo conhecimentos científicos, saberes culturais, intuição, criatividade e experiência prática. Espaço de promoção e colaboração entre diferentes áreas de estudo para enfrentar problemas complexos, uma visão sistêmica ao reconhecer que o mundo é interconectado e interdependente. O que deve ser considerado nas relações e interações entre partes e sistemas maiores em busca de soluções/alternativas que levem em consideração os impactos a longo prazo. É a valorização tanto da transformação do indivíduo quanto social.

O pensamento decolonial, o conhecimento livre, reconhece que a mudança positiva na sociedade muitas vezes começa com mudanças individuais, para depois se tornarem coletivas nas perspectivas e comportamentos da comunidade. O que nos faz adotar no processo de adaptação a qualquer mudança o movimento de natureza dinâmica e evolutiva da realidade (isso não quer dizer que seja linear).

As respostas aos problemas emergentes exigem ajustes constantes, inclusão à diversidade - valorização da diversidade de conhecimentos, experiências e perspectivas, incluindo saberes marginalizados e o reconhecimento das diversas formas de conhecimento que compõe a pluralidade de modos de vida; sustentabilidade e bem-estar – mantendo sempre o foco na sustentabilidade ambiental, social e econômica, buscando proporcionar alternativas que beneficiem tanto as gerações presentes quanto futuras.

O aprendizado é cíclico, portanto, de contínuo, com o conhecimento em constante transformação. Postulando a obrigação de estimular a busca contínua por novos entendimentos e percepções, fomentando uma mentalidade de aprendizado ao longo de toda trajetória.

O paradigma emergente ao qual os pesquisadores decoloniais[21] se dedicam, e com o qual concordamos, busca ativamente evitar soluções simplistas, afastando-se do pessimismo reacionário e do voluntarismo irresponsável. Em vez disso, esse paradigma adota representações mais fluidas, abertas, incompletas e em constante transformação.

Ao transcender a própria modernidade através do paradigma emergente encontramos um diálogo construtivo com as comunidades, e é através dessas comunidades que podemos conjecturar percursos que nos conduzem para além das soluções imediatas e parciais que a modernidade ofereceu, abordando tanto seus excessos quanto suas lacunas.

Refletir as comunidades dentro desta representação e adoção dos conhecimentos capazes de pôr fim às linhas abissais, realiza o destaque das apropriações contra-hegemônicas (SANTOS, 2019). A definição das apropriações contra-hegemônicas é a de conceito filosófico e prático utilizado por um determinado grupo dominante para reproduzir a sua dominação e opressão. Todavia, esses grupos sociais oprimidos devem se apropriar destas ferramentas as ressignificando, modificando e transformando-as em instrumento de luta contra a opressão, contra toda forma de dominação.

A apropriação contra-hegemônica é exemplificada por Boaventura com o Direitos Humanos e a própria concepção de Democracia, que em uma perspectiva eurocêntrica e colonialista (como é o meio deste sociólogo), pode tanto se tornar uma arma contra a exploração quanto uma armadilha para aprisionar cada vez mais a sociedade.

As apropriações contra-hegemônicas (MIGNOLO, 2008) envolvem a valorização e reivindicação dos saberes, perspectivas e epistemologias para ampliar o repertório de saberes para

---

[21] Citando as contribuições em agradecimento a todo trabalho e empenho de Paulo Freire, Djamila Ribeiro, Sueli Carneiro, Lélia Gonzalez, Abdias Nascimento, Milton Santos, Conceição Evaristo, Guerreiro Ramos, Preta Ferreira, Deise Benedito, Vilma Reis, Ailton Krenak, Eliane Potiguara, Anderson França, Nubia Regina Moreira, Muniz Sodré, Frantz Fanon, bell Hooks, Gloria Anzaldúa, Edward Said, Ngũgĩ wa Thiong'o, Chela Sandoval, Aníbal Quijano, Audre Lorde, Vandana Shiva, Malcolm X, Nelson Mandela, Che Guevara, Rigoberta Menchú, César Chávez, Subcomandante Marcos, Amílcar Cabral, Angela Davis, Kwame Nkrumah, Silvia Rivera Cusicanqui, Sônia Guajajara, Nubia Regina Moreira, e entre tantos outros nomes igualmente que aqui não foram citados.

a promoção da diversidade epistêmica e para as emergências que se colocam ao construirmos comunitariamente as alternativas.

Ao propor as apropriações a devemos encarar como instrumento de resistência cultural, intelectual e política dos grupos marginalizados que estão reivindicando suas próprias narrativas e contribuições para a produção do conhecimento.

Conhecimento que serve para descontruirmos o modelo global de dominação hegemônica, que na sua racionalidade científica apresenta e se configura na modernidade como modelo totalitário ao barrar as outras formas de conhecimento que não estão baseados em seus princípios epistemológicos e por suas regras metodológicas.

Característica fundamental de um sistema de dominação hegemônico e que se encontra presente no discurso positivista de um único conhecimento verdadeiro. Ou seja, uma ciência que se manteve dogmática e autoritária, que realizando uma distinção e um profundo abismo entre o conhecimento científico e o conhecimento do senso comum, entre natureza e ser humano.

Uma ciência que sempre desconfiou das próprias experiências dos indivíduos.

Cada comunidade e/ou cultura têm enfrentado impactos neste processo de colonização de uma determinada forma, existem resistências.

São esses locais de resistência os pontos de esperança para se refletir as alternativas para as terceiras realidades.

Só esse motivo já seria o suficiente para defender a ideia do combate ao desperdício das experiências quando abordamos a questão do "cancelamento" e aproximação da ciência com as comunidades. Contra o desperdício das experiências não para ensinar ou somente aprender algo novo, mas para dialogar e construir conjuntamente alternativas de conhecimentos.

É o ato de levar a ciência de volta ao seu devido lugar, no cotidiano, e não escondida e ilhada por muros das universidades.

Os desperdícios das experiências ocorrem nos modelos epistemológicos, culturais e políticos eurocêntricos, e em outros casos, em modelos onde os próprios participantes dessas experiências e realidades não se dão conta de sua validade ou, por desejarem salvaguardar sua própria experiência como um aspecto de proteção de suas identidades – receio de serem amputados culturalmente pelo sistema ao ficarem em evidência.

Na sexta e última parte desta coletânea de pensamento, que vai ser publicada com o título "Manifesto da Encruzilhada", propomos que cada indivíduo, e depois dialogando com a sua comunidade, criem cada o seu próprio manifesto, falem das suas próprias encruzilhadas. Que em seu conjunto pode vir a se tornar não uma, mas várias manifestações de diferentes perspectivas e realidades. É a liberdade da consciência que defende a metodologia da Cartografia Imagética.

Liberdade que já era debatida por Debord (1997), o qual seguindo as premissas da "A Questão Judaica" de Karl Marx (2000), percebe que a autoemancipação somente é possível com a emancipação das bases materiais que constituem a sociedade do espetáculo, ou seja, através da força de trabalho. A autoemancipação que visa resolver a problemática da realidade que se encontra invertida e mediada por imagens sem significações, são somente imagens esperando para serem consumidas e depois descartada.

Crítica dentro da concepção marxista de que a sociedade capitalista é caracterizada pela exploração da classe trabalhadora pela classe burguesa dominante, e essa exploração é dissimulada através da disseminação de senso comum igualmente construído para validar essas imagens vazias, que normalizam e justificam as desigualdades existentes.

O senso comum na influência da ideologia dominante levam os indivíduos a aceitarem a lógica do mercado acreditando que as desigualdades são naturais ou inevitáveis (justificadas), não tendo espaço para questionar as estruturas de poder. Ou através do conceito de fetichismo da mercadoria, que é a tendência do sistema capitalista de obscurecer as verdadeiras relações sociais entre os indivíduos ao atribuir valor às mercadorias como se fossem entidades autônomas, fora das relações sociais.

São argumentações de senso comum válidas ao sistema e incompletas para a emancipação. Argumentação ideológica que distorce nossa percepção das relações reais de poder e exploração.

Conceitos e percepções que serviram de base para o desenvolvimento teórico de Antonio Gramsci (GRUPPI, 2000) ao desenvolver o seu conceito de hegemonia. Que se trata da crítica para entender como as classes dominantes mantêm seu poder e influência sobre a sociedade, afirmando que o senso comum desempenha um papel fundamental da construção da hegemonia cultural e da manutenção da sociedade capitalista.

Gramsci (*apud* GRUPPI, 2000) estava interessado em explicar como as classes dominantes conseguem perpetuar sua dominação não apenas por meio da coerção direta, mas também por meio da aceitação voluntária da classe trabalhadora. Seu argumento está ancorado na ideia que a hegemonia cultural é uma forma sutil e eficiente de controle, onde a classe dominante molda a cultura, os valores e as normas sociais de tal forma que esses elementos são internalizados por proletariado como parte de seu senso comum.

Logo, para esse intelectual marxista, o senso comum não é algo inato ou universal, mas sim moldado pela cultura e pelas relações de poder. O senso comum visto como um conjunto de ideias e crenças que se enraízam na mente das pessoas e que refletem os interesses das classes dominantes por estarem alienados da própria condição.

Isso acontece porque a classe dominante tem o domínio e o controle das instituições educacionais, meios de comunicação e outras esferas da cultura. E ao moldar o senso comum, as classes dominantes podem influenciar a maneira como as pessoas percebem as suas realidades, relações sociais e suas próprias posições na sociedade – diminuindo a resistência dos dominados.

O que nos leva a reflexão de que dentro deste sistema de dominação, as normas, valores e crenças que são internalizados como senso comum, podem servir para legitimar a ordem social existente e desencorajar a resistência ou questionamentos acerca das estruturas de poder como já foi mencionado.

Mas é justamente por não serem inatas ou universais, por se tratar de experiências, de diversidade cultural e de saberes, e que por creditarmos que a única liberdade possível em sua plenitude é a liberdade de nossa consciência, por sermos igualmente responsáveis sobre nós e com o universo, é que o senso comum se torna uma arma revolucionária.

A primeira tarefa nesse percurso deve sempre ser a busca pela autoemancipação. É o indivíduo que se liberta e não outro que realiza essa tarefa por ele, caso contrário o sistema de dominação se perpetua em uma nova hierarquia e conjuntura política.

É tão somente através do senso comum e sua relação com outros saberes, no cotidiano e na diversidade, que se torna possível pensar na hipótese de uma luta contra-hegemônica, ou seja, a criação de alternativas culturais e políticas pelas classes marginalizadas para desafiar e contestar a hegemonia existente, para contestar o colonialismo, o eurocentrismo.

Reside nesta afirmação uma das urgências e objetivos emancipatórios quando abordamos as concepções de epistemologias do Sul com base em um diálogo aberto entre a diversidade, na confluência de saberes.

A urgência de perceber que a sociedade do espetáculo se constitui em um retrocesso do século XX, em um tempo semelhante ao que ainda não tínhamos nos emancipados da religião, onde o capital se coloca na figura de uma divindade, em uma visão de mundo objetivada e através da utilização da força para manutenção da exploração e domínio, seja ela física ou psicológica.

Uma alienação que arranca a própria vida cotidiana de sua realidade experenciada, transformando tudo em mercadoria, em mercadorias espetaculares, quantificadas, vazias e massificadas.

É a vivência no mundo espetacularizado com uma falsa percepção de individualidade e de diversidade, em uma temporalidade efêmera próprio do consumismo, que é comunicada e não consciente. Dentro de um espaço também produzido e unificado por sistema capitalista em processos de vulgarização do cotidiano, sem limites temporais e espaciais, somente consumos espetaculares, consumos vazios e imediatos.

A mudança paradigmática que estamos buscando responder, agita essa crise da ciência e sociedade moderna com objetivo de responder a promessa de emancipação que não se concretizou com todos os avanços tecnológicos e desenvolvimento do conhecimento. Ou seja, almejamos a existência de ser para conferir significações a própria vida e não simplesmente reproduzir um processo de subsistência economicista e antinatural.

A ciência decolonial deve assumir para si a pedagogia da libertação freiriana e de bell hooks, ao possibilitar, pavimentar e apontar com mapas os caminhos para a autoemancipação e alternativas de utopias possíveis.

São os caminhos abertos por uma ciência-pensamento-racionalidade-imaginação cosmológica humana, para a metodologia da Cartografia Imagética e para vislumbrar uma ciência decolonial.

Nesta ciência decolonial é necessário escutar outros filósofos de diferentes formas de pensar e que não fazem parte da racionalidade científica moderna, colonial e eurocêntrica, que estão marginalizados, invisibilizados e aprisionados na colonização do Sul para debater, por exemplo, com Emmanuel Kant. Sem que este em nenhum momento seja considerado superior, são iguais exatamente por não existir uma hierarquia de conhecimento, não esquecendo de realizar a crítica as suas contribuições pelo fato de ser europeu e favorecido nas explorações coloniais.

É claro que devemos reconhecer a contribuição deste filósofo, especialmente aqui para nós na "Crítica da Razão Pura" (KANT, 2009), quando expõe como o conhecimento se torna possível e como nossa mente processa informações para formar conceitos sobre o ambiente em que somos inseridos. É o reconhecimento e importância atribuída ao senso comum como ponto de partida fundamental para a compreensão do ambiente e lugar de diálogo entre a sua filosofia e outros saberes. Na prerrogativa kantiana de que o senso comum fornece experiências sensoriais brutas que são mentalmente organizadas e estruturadas através de categorias e padrões inerentes às nossas capacitâncias cognitivas.

Entretanto, para a metodologia e a ciência que aspiramos, para a construção de alternativas, o senso comum ao contrário da proposta de Kant, não é apenas o ponto de partida para a formação de conceitos mais complexos e abstratos, ele está presente no início, no meio e no fim.
Nossos sentidos constituem parte deste senso comum e nos fornecem mais do que informações sensoriais básicas. São eles que organizam nossas mentes e não o contrário, são eles que estruturaram e organizam o conhecimento. Consequentemente, o senso comum é fundamental como base perceptiva, imaginativa e criativa sobre a qual produzimos nossa compreensão do mundo.

O senso comum é uma forma cíclica de constituir saberes, sem começo ou fim determinado.

Esse senso comum que encontramos nesse Sul explorado por toda colonialidade global, deve desafiar a epistemologia dominante, consentindo o conhecimento fora do domínio da ciência, mas sempre analisando-o criticamente. Se vai ser chamado de epistemologias do Sul, Cosmologia ou qualquer outra coisa, pouco importa desde que impulsione a autoemancipação de todos.

Os pesquisadores, todos os seres pensantes da ciência decolonial, devem estar conscientes de seus saberes e de outras formas de conhecimento, mas também devem estar conscientes de que a crítica de Kant (2009) é igualmente válida – mais uma vez contra o desperdício das experiências.

E frisando a contribuição de Kant neste caso específico, principalmente quando aponta as limitações deste saber, enfatizando que nossos sentimentos podem nos enganar, e por isso não podemos confiar totalmente nesses sentimentos, nesses saberes. Uma afirmação que posiciona a mente humana como ativa na interpretação de informações sensoriais, ou seja, natural e factível a erros, o que pode levar a distorções e equívocos de percepção.

É preciso ter um posicionamento crítico com tudo o que é analisado e investigado no que tange as construções humanas. Consequentemente, enfatizamos o nosso dever de aplicar a mesma crítica à ciência que é essencialmente um projeto humano.

Ao considerar essa diversidade do conhecimento dentro de um pensamento crítico, não mais preso a uma área ou persona, na investigação do olhar profundo transformamos sujeitos ausentes em sujeitos presentes e ativos para verdadeira libertação, para a liberdade e para o desenvolvimento do potencial humano.

Mais do que uma atividade prática, o conhecimento que emana dessas relações surgem como uma atividade política ao romper com relações de poder desiguais que levam à dominação e à subjugação.

Esses sujeitos que constituem essas relações, sejam eles individuais ou coletivos, autores ou intérpretes, tornam-se o principal meio para apreender a relação social entre o conhecimento – aquele que conhece, que sabe – e o próprio objeto do conhecimento para compreender suas técnicos e culturas, como articulam suas formas de resistência. Sem ela, estaríamos simulando formas simultâneas de dominação e criando novas linhas abissais.

Nesta defesa que fazemos das epistemologias do Sul ou da própria ciência decolonial, pode dar a entender que se deseja eliminar e substituir tudo o que representa as epistemologias do Norte, contudo não se trata disso. Concordando com o sociólogo lusitano, o objetivo nesta empreitada de lutas sociais e resistência é "ultrapassar a dicotomia hierárquica entre Norte e Sul[22]" (SANTOS, 2019, p. 26). Não se trata de configurar o Sul como vítima ou se esconder em um processo de vitimização, figura significativa que o Norte os rotulou, e sim colocando o Sul como agente histórico, responsável pela sua própria existência, com plena capacidade para ir além deste dualismo ocidental.

Uma luta e resistência que vai ocorrer através do conhecimento de cada comunidade, respeitando as suas individualidades e práticas culturais.

---

[22] Aqui podemos ver em seu pensamento como uma defesa prévia dos ataques que sofreria, tanto por sua origem, acusações, como por crimes e explorações que tenha exercido, e que ainda estão sendo investigados.

2.3 As vozes da nossa ciência

A visão profunda que nos leva aos olhares desiguais, diferentes devem despertar e ser a memória constante da recusa do desperdício das experiências. Ela nos leva a perceber que estamos desperdiçando o nosso próprio conhecimento proveniente do Sul em nome de um conhecimento opressor e que tenta nos alienar nos ventos gelados do Norte.

É primordial compreender que ao nos referimos sobre as outras formas de conhecimento, muitas com base no senso comum, estamos falando do nosso próprio conhecimento, da nossa própria forma de fazer ciência, de produzir conhecimento, reter e compartilhar saberes.

Como o próprio Boaventura de Sousa Santos demonstrou ao longo de suas pesquisas, publicações e aulas de forma teórica e também com suas práticas acadêmicas repudiáveis, é incoerente falar de epistemologia do Sul num argumento predominantemente eurocêntrico, tal como expresso por pensadores acadêmicos do Norte. Centrando-nos nos intelectuais do Sul, convidando-os a participar neste debate e, o mais importante, lembrando-nos de ouvir ativamente e apreciar verdadeiras vozes da resistência e da libertação.

Convidamos agora aqueles que colocam em palco a magia do nosso blues. O nosso samba é vocalizado nessa ciência. Vozes que sempre nos alertaram sobre a importância da educação para garantir a nossa liberdade, para engrandecimento do nosso conhecimento, da nossa cultura, identidade e autonomia.

Inicialmente já falamos sobre muitos teóricos desta constelação cosmológica decolonial que são parte de nossas vozes, mas aqui reforçamos a ideia de nos voltarmos a eles como base sólida. Reafirmando o nosso compromisso na desobediência epistêmica e nas apropriações contra-hegemônicas.

Nesta desobediência, "educação" parece ser a palavra-chave como ferramenta de autoconhecimento e valorização de nossas raízes para começamos a refletir sobre uma epistemologia do Sul e sobre a comunicação como estratégia para acumular saberes, nos tornando participantes ativos da produção de conhecimento e experiências autênticas.

Uma notável participante desta produção de conhecimento e experiências é bell hooks, reconhecida autora estado-unidense, teórica feminista e ativista social antirracista, cujo trabalho influenciou profundamente a conjectura feminista, os estudos culturais e as questões raciais.

Em seu livro "Ensinando a Transgredir: A Educação como Prática da Liberdade" (2017), hooks discute uma série de conceitos e ideias relacionadas à educação transformadora e ao exercício da liberdade. Publicado originalmente em 1994, este livro desafia as normas educacionais tradicionais, oferecendo uma abordagem holística, transformadora e centrada na liberdade. Através de uma abordagem teórica, de reflexão pessoal e exemplos práticos, oferece uma visão apaixonada e crítica de como a educação pode ser um veículo de emancipação individual e coletiva.

Argumenta que a educação verdadeiramente significativa ocorre quando os professores se tornam facilitadores da aprendizagem incentivando os alunos a participar ativamente na construção do conhecimento. hooks incentiva os professores a ir além do currículo padrão e mergulhar nas diversas perspectivas, experiências e identidades de nossos alunos.

Um dos pontos centrais deste livro (hooks, 2017) é que a aprendizagem deve ser uma atividade inclusiva na qual os alunos possam se sentir valorizados, desafiados e capacitados. Defendendo ambientes de sala de aula que incentivem o diálogo aberto, a escuta atenta e a participação ativa. Como consequência a relação entre professor e aluno é transformada em uma parceria colaborativa, de crescimento mútuo.

Existe nessa abordagem uma crítica contundente direcionada as estruturas de poder que causam desigualdade social, o que gera a grande contribuição e importância da educação na decifração destas normas coloniais repressivas. Uma educação que consiga valorizar e colocar em foco toda a diversidade, que consiga transmitir de forma crítica e ponderada questões de raça, gênero e classe. A consequência são alunos preparados para assumirem com responsabilidade e consciência o seu papel de cidadão e agente ativo de transformações, mudanças e revoluções.

A educação torna-se aquilo que nunca deveria deixar de ser, uma força de resistência e instrumento das movimentações sociais e culturais. Sua potencialidade é condicionada na relação aberta e livre entre professores e alunos que procuram desafiar as normas de opressão ao participarem de ações conjuntas para edificar uma sociedade mais justa.

O objetivo não poderia estar mais claro sobre a responsabilidade dos educadores: preparar os alunos para se tornarem cidadãos ativos e críticos, capazes de desafiar as estruturas de poder e trabalhar por uma sociedade justa e equitativa.

Essa abordagem não deveria ser estranha na terra Tupiniquim, na nossa latinidade, pois nos lembra um dos nossos maiores intelectuais, não só na terra do Pau-Brasil, mas também no mundo quando falamos de educação, dispensando apresentações, no palco e iluminado se encontra Paulo Freire.

No seu livro "Pedagogia do Oprimido" (1987), publicado pela primeira vez em 1970, influente na educação e na pedagogia crítica, Freire explora a importância dos oprimidos, especialmente aqueles marginalizados e desfavorecidos na sociedade.

Grifamos a ideia principal presente nesta obra, o conceito de educação problematizadora, em que professores e alunos colaboraram para analisar criticamente as realidades sociais, políticas e econômicas em que estão inseridos. Freire utiliza do argumento que a educação tradicional muitas vezes mantém as pessoas oprimidas porque as ensina a aceitar passivamente o conhecimento em vez de encorajá-las a questionar, refletir e agir em prol das mudanças que consideram necessários.

A pedagogia proposta por Freire (1987) centra-se na conscientização e na libertação, tendo em vista que os educadores devem trabalhar com os alunos para identificar e superar obstáculos que os impedem de atingir seu pleno potencial. Um processo que envolve diálogo, reflexão e ação.

Um processo que os alunos se tornam ativos na construção do seu próprio conhecimento e na transformação da sua vida cotidiana e das suas comunidades. Sublinhando a importância da aprendizagem contextualizada em que o conteúdo do estudo é relevante para a experiência de vida do aluno.

Em outro lembrete a ser fixado, a educação deve estar enraizada na realidade dos alunos para que esses possam aplicar o que aprenderam de forma significativa em suas vidas (natural) e modos de vida (sociocultural).

É o lembrete da proposta pragmática de uma libertadora educação semelhante àquela que bell hooks levantou como bandeira para o cidadão conscencioso, é a voz de Freire ao criticar a educação bancária, cujo conhecimento é deixado passivamente aos alunos, enquanto estes deviam na realidade estar ativamente envolvidos no processo de aprendizagem e encorajados a questionar, analisar e mudar a realidade.

É clara a importância do amor incondicional, de uma relação afetuosa entre professores e alunos, mas esta relação não se trata apenas de carinho e dedicação, trata-se de criar um ambiente de respeito mútuo onde o diálogo crítico, o diálogo de puro afeto, possa florescer.

Nessa esperança e pioneirismo, Freire (1987) critica a ideia de que os professores devem ser detentores absolutos do conhecimento, o que Rancière vai nos apresentar depois com o mestre ignorante. O pioneirismo do diálogo colaborativo entres conhecimentos, onde o saber prévio dos alunos é avaliado, criticado e incorporado ao processo de aprendizagem.

São críticas às estruturas de opressão existentes na sociedade que contextualizamos e oferecem visões alternativas na educação como exercício de resistência e liberdade. Trata-se principalmente de colocar a educação na missão central de desenvolvimento da autoconsciência de si e do meio, da participação conjunta de todos os seres envolvidos em ações transformadoras. Torando todos os sujeitos, sem nenhuma discriminação, agentes ativos da própria história, pensadores e construtores de um mundo justo e fraterno.

Nesta leitura podemos absorver alguns conceitos importantes para a metodologia utópica e possível que estamos construindo, são eles: a educação como consciência das estruturas opressivas e das injustiças, da transgressão das relações de poder, das condições de vida e das possibilidades de mudança, a desconstrução do conhecimento, o conceito de diálogo entre professores e alunos de forma respeitosa e aberta como meio de construção de conhecimento e aprendizagem para todos; educação problematizadora, participando na investigação e reflexão crítica sobre questões sociais e pessoais, promovendo o pensamento crítico, questionando, analisando e problematizando a sua realidade; a educação como instrumento de libertação individual e coletiva, de empoderamento, tornando os indivíduos autônomos e responsáveis pela sua própria existência ao mesmo tempo em que são responsáveis pela sociedade; alfabetização cultural baseada na experiência e no ambiente em que está inserida, valorizando os conhecimentos prévios dos próprios alunos, valorizando a liberdade de criação e; a importância da educação como um processo contínuo.

Tudo isso pode ser abreviado no amor demonstrado a tudo e a todos, do amor incondicional. Para essa questão fundamental iremos abordar outra obra de hooks (2021) "Tudo sobre o amor - novas perspectivas", que apresenta as complexidades do amor levantando questões como confiança, comunicação e compromisso. Explora como o amor está interligado com questões sociais, culturais e políticas.

Com essas constatações nos deleitamos numa perspectiva mais crítica sobre o conceito de afeto.

Isso acontece quando a autora descreve o amor como um compromisso ativo, uma escolha e uma ação contínua, e não apenas um estado emocional momentâneo. Sobre o cuidado e a autenticidade que temos para ter esse sentimento, que não é sobre estar com o outro por medo da solidão. Devemos nos concentrar na necessidade de uma comunicação aberta e honesta, uma escuta ativa e, compartilhar pensamentos e sentimentos para tentar evitar, minimizar ou eliminar mal-entendidos e conflitos.

O amor enquanto ideia em um paralelo com afeto enquanto ação, deve ser uma experiência espiritual que transcende as limitações materiais, sendo bandeira na luta por justiça social, tornando-se fonte de energia para as movimentações, por seguro para paz, e consolo nos infortúnios.

O amor deve ser um sentimento de mente aberta, sem preconceitos ou de desejos de ganhos imediatos, ou até mesmo desta expectativa de algum ganho, deve desafiar a realidade para não eliminar ou invisibilizar as outras realidades.

Sem esquecer das condições essenciais para ocorrer o amor incondicional que hooks (2021) nos alerta: devemos primeiro ter a ciência do amor-próprio se realmente desejamos ter um relacionamento verdadeiramente saudável com o outro.

Através do amor e da compaixão[23], também podemos desafiar preconceitos sobre gênero e estereótipos que causam tantas violências físicas e psicológicas na sociedade.

Os preconceitos falam mais sobre os nossos próprios sentimentos que a ignorância que carregamos em nosso ser, é um fato indiscutível. Ele fala mais sobre as nossas origens, e se revelam em um determinado presente como força de ódio e destruição, principalmente em momentos de

---

[23] Compaixão que nos faz aceitar que nem todo amor tem a mesma intensidade ou tem a reciprocidade que se espera. Compreender que todos tem falhas, que são diferentes, e que não cabe a nós o julgamento rápido e vazio, mas a ação e desejo de mudança para crescimento de todos.

crises e conflitos, ofuscando um futuro minimamente humano, quando não eliminando e impedindo monstruosamente o futuro acontecer.

O crescimento do ódio que estamos vivenciando na contemporaneidade, caso não cesse, pode tornar o próprio futuro um artefato museológico. A triste e última lembrança da humanidade.

Este amor (hooks, 2021) influência e é influenciado pela educação e comunicação que desempenham papel fundamental na forma como entendemos e praticamos o amor. As mensagens culturais e sociais moldam a nossa perspectiva sobre o amor, nesta perspectiva a educação crítica na comunicação aberta pode ajudar a redefinir a existência de cada ser.

A vulnerabilidade diante desse sentimento nos coloca em condições de estabelecer uma conexão autêntica e intrincada na igualdade, onde ninguém é superior ou inferior. É uma relação entre autoconsciência, gratidão, perdão, intimidade, aceitação e empatia. É a relação de afeto do reconhecimento da potencialidade das igualdades.

O amor também se configura na fórmula ideal para criticar a nossa busca insana por bens materiais e a forma como usamos a tecnologia. Além de ser força de resistência aos sistemas de opressão e injustiça, o amor promove sentido de pertencimento na comunidade.

É através deste sentimento de vulnerabilidade que ultrapassamos todos os limites e obstáculos, que percebemos a importância de nos relacionarmos diretamente com outros seres sem intermediários ou trocas materiais.

O ato de afeto que precisa ser incorporado na metodologia da cartografia imagética é exatamente essa definição de amor. Isto não significa que estaremos livres de conflitos e crises, mas a forma como gerimos esses conflitos e crises é que se torna necessária, principal.

As alternativas que vão surgindo nessas relações, na confluência de saberes, devem sempre ser pensadas e aplicadas através do afeto.

Os conflitos dificilmente deixaram de existir no cotidiano, podem ser gerados por conceitos, costumes e tradições profundamente enraizados na sociedade, mesmo que a sua existência não tenha fundamento lógico, cultural e histórico. Contudo devemos ser imbatíveis ao procurar eliminar todo gatilho de conflito que tem como objetivo a preservação do poder de determinado grupo sobre o outro, como o racismo, o sexismo e o patriarcado.

Muitas vezes, a continuidade deste ciclo de desequilíbrios de poder escapa à atenção daqueles que são afetados por ele, e por vezes a própria classe dominante ou aqueles que beneficiam de formas de opressão física e psicológica já não têm consciência destas práticas. Bento (2022), reconhecida ativista e pesquisadora brasileira, focou suas pesquisas na análise de questões de raça, desigualdade e discriminação no contexto brasileiro, bem como na manutenção desse poder, e introduziu o conceito de pacto da branquitude contra a forma de exclusão racial que encontramos normalizado na sociedade.

O conceito de Pacto da Branquitude vai falar diretamente a essa alienação generalizada do sistema atual, principalmente na questão racial. Refere-se a um conjunto de valores, crenças e práticas que mantêm a supremacia branca perpetuando o racismo na sociedade brasileira e em todo o globo[24]. É um conceito que enfatiza e explica como a ideia de branquitude é construída, como se enquadra na normalidade social e enfatiza o seu privilégio. Além de realçar como planeja e edifica estruturas sociais para apoiar mais alguns grupos do que outros.

O Pacto da Branquitude está presente em muitas áreas da sociedade, incluindo instituições, políticas públicas, educação e cultura. Bento (2022) defende a necessidade de reconhecer e abordar estas estruturas para promover uma sociedade mais justa e igualitária, onde o racismo e a discriminação já não tenham lugar e voz. Não se trata apenas de adotar uma postura discursiva que contraria esta realidade, mas é necessário, urgente e necessário colocar em prática os significados e transformá-los em ações concretas que se oponham a todas as formas de preconceitos enraizados na sociedade.

Nestas ações concretas encontramos Djamila Ribeiro (2019), escritora, filósofo, feminista e ativista brasileira, que enriquece esse debate e prática sobre o combate ao racismo e o conceito de pacto da branquitude, com destaque para seu livro 'Pequeno manual antirracista". Contribuindo na compreensão das intersecções entre o amor, o afeto e a resolução de conflitos raciais, principalmente no interior das relações de poder.

Seu livro apresenta experiências de vida de pessoas negras, explorando como questões raciais podem ser resolvidas com amor e/ou afeto, ao mesmo tempo em que mostra como essas dimensões podem ser afetadas na luta contra o racismo. Por isso os cuidados que devemos ter para manter esses sentimentos pulsando. É a importância de reconhecer, incorporar emoções e relações humanas complexas em diálogos que abordam o racismo e outras formas de preconceito e segregação, na busca pela igualdade, pela convivência fraternal.

O racismo afeta as relações interpessoais, a família e a formação da identidade. Ribeiro (2019) aborda a importância deste afeto nas alianças entre grupos étnicos, e destaca como os vínculos pessoais que ali são construídos, ou são transmitidos, podem ser uma forma de promover a empatia[25].

A autora reconhece que o amor desempenha um papel central e fundamental na construção de uma sociedade justa, antirracista. A inclusão destes elementos e sentimentos, nas suas análises e exemplificações demonstra como os aspectos emocionais estão indissociavelmente ligados ao combate à discriminação racial e à promoção da igualdade.

Outro destaque (RIBEIRO, 2021) é a sua conceitualização da interseccionalidade na esfera do racismo ao explorar a interconexão entre raça, gênero e outras formas de opressão. Sintetiza a ideia

---

[24] Nos parece um absurdo quando escutamos que não existe racismo na sociedade brasileira, que os outros preconceitos são vitimizações dos discursos da esquerda. São afirmações estranhas em qualquer realidade, mas ao que tudo indica, são informações válidas na realidade da Terra Plana que não deseja eliminar as relações de poder e exploratórias, pelo contrário, procuram fortalecer.

[25] Empatia que é o ponto de partida, meio e fim de toda ação de afeto, de todo o pensamento do amor incondicional.

de que esses aspectos se combinam e influenciam as experiências dos indivíduos. O que reafirma a ideia do pacto da branquitude e a necessidade de autoconhecimento racial, da identidade racial, incentivando os indivíduos a examinarem suas próprias atitudes e preconceitos.

Nesta reflexão deve ser considerada a exploração dos estereótipos raciais, apropriação cultural e a quase ausente representação adequada na mídia. Característica essencial para compreensão do espaço como palco da representação diversificada e autêntica para desconstruir preconceitos enraizados ao desafiar as narrativas dominantes.

Para resolver essa problemática a proposta ocorre através da promoção da igualdade racial no cotidiano, com alianças fraternas entre grupos raciais e o papel fundamental da educação antirracista em todas as esferas visando a transformação social. O que converge para o conceito de Arena JAM no decorrer deste trabalho.

Centrando esforços na educação antirracista como determinação de desconstruir ideia de mitos e noções equivocadas relacionadas ao racismo, é possível desafiar estereótipos arraigados e questionando a normalidade apresentada pela ideologia dominante. Sempre levando em conta as experiências dos indivíduos racializados, do objetivo de proporcionar empatia e compreensão entre todos.

Se trata do lugar de fala, que em um contexto antirracista como mencionado, envolve não criar barreiras ao espaço, promovendo a valorização dos indivíduos, escutando atentamente as vozes que vivenciam e sofrem com o racismo.

É a ideia que podemos extrair da obra de Freire (1996), "Pedagogia da Autonomia", quando este pensador destaca a conexão entre ensino e aprendizagem em um movimento de afeto. A ideia é ponderar que ensinar e aprender não são processos separados, mas sim um movimento conjunto que envolve a troca de conhecimentos e emoções.

Trata-se dos educadores genuinamente preocupados com os alunos, de reconhecimento de suas identidades individuais ao estabelecer uma relação de respeito e empatia. Uma missão gratificante e de extrema importância para o futuro ao criar um ambiente no qual os alunos se sentem amados, valorizados e encorajados a se expressarem plenamente.

Neste espaço o afeto se coloca na qualidade de conexão entre educação e esperança. A educação como prática que deve alimentar a esperança em um futuro melhor e mais justo, ao desafiar as estruturas de poder e ao promover o pensamento crítico. Como consequência a educação igualmente contribui ao capacitar os indivíduos a superarem desafios e motivando a trabalharem coletivamente para transformar a realidade que estão inseridos.

Superar desafios e trabalho coletivo para transformar a sociedade é o que aprendemos em "Os Condenados da Terra", uma notável contribuição literária do psiquiatra e filósofo franco-argelino Frantz Fanon (2022). Originalmente publicado em francês como "Les Damnés de la Terre" em 1961, esta obra se constitui como um marco no campo da teoria pós-colonial, explorando profundamente as ramificações psicológicas e sociais do colonialismo e, da luta pela emancipação.

Embora sua ênfase esteja voltada para as complexidades do colonialismo, as batalhas pela emancipação, as dinâmicas de violência, identidade e descolonização; o tema afeto não é explicitamente trabalhado, mas atravessa toda obra.

Verificamos esse fato nas exposições de conhecimentos apreendidos das experiências humanas em um contexto de opressão e luta pela liberdade. Essas revelações podem de forma indireta aclarar as relações interpessoais e emocionais que surgem nos cenários coloniais e racistas.

Desta forma, a obra "Os Condenados da Terra" (FANON, 2022) não apenas contribui nosso entendimento das implicações do colonialismo, mas também proporciona uma perspectiva sutil e valiosa sobre as dimensões humanas em situações de adversidade e busca por autonomia.

Principalmente ao abordar a psicologia dos colonizados e como o colonialismo afeta profundamente sua autoestima, identidade e relações interpessoais. Expondo a maneira como os colonizados internalizam a visão negativa que os colonizadores têm deles, o que pode influenciar a forma como eles próprios se percebem e interagem com os outros. São considerações e implicações complexas que ocorrem nas relações humanas em um contexto de opressão e que moldam um ser, as vezes dificultando seu processo de libertação e favorecendo o seu aprisionamento.

Essa reflexão abre caminhos para a necessidade de superar as divisões criadas no colonialismo e buscar uma humanidade compartilhada entre colonizados e colonizadores, entre oprimidos e opressores – desde que estes aceitem reverem seus conceitos e modos de vida dentro de uma educação decolonial.

Essa superação do conflito requer uma transformação das relações humanas e dos próprios indivíduos. É o sacrifício, a troca na encruzilhada, que nos cobra o amor incondicional

A problemática superação dos conflitos pode ser resolvida por viés da educação como ferramenta de liberdade e decolonização, de transformação social, empoderamento dos oprimidos e construção de identidades autênticas, que deve estar sempre sendo comunicada e debatida com a diversidade.

Na apropriação contra-hegemônica da educação, que sempre se prestou ao serviço de instrumento de dominação no cenário colonial (com raras exceções), transmitindo ideologias e valores que perpetuavam a superioridade dos colonizadores e a inferioridade dos colonizados.

A dinâmica da educação colonial alienando os povos colonizados, impondo uma percepção distorcida da realidade e destruindo sua autoestima, sua identidade, pode ainda ser revertida em uma das mais poderosas ferramentas de resistência e libertação.

Uma educação verdadeiramente libertadora, como defendida por Fanon (2022), vai além da mera transmissão de informações. Envolve o desenvolvimento do pensamento crítico, da consciência histórica e de classes na capacidade de questionar as estruturas de poder. Envolve o saber sendo aplicado nas ações cotidianas.

Ao rejeitar as narrativas coloniais, a educação contribui efetivamente na reconstrução das identidades culturais e a revigorar línguas e tradições que foram negligenciadas e abafadas no colonialismo.

É a educação como resistência ao promover a transgressão ativa da opressão e manipulação, construindo uma consciência coletiva e solidária. À medida que as nações colonizadas buscam por essa independência e autonomia com princípios coletivos e solidários, a educação desempenha um papel fundamental capacitando os cidadãos a participarem ativamente na construção de suas sociedades, compreendendo os desafios políticos, econômicos e sociais que devem enfrentar.

Sem esquecer do importante papel da educação ao criar líderes conscientes e comprometidos, capazes de guiar suas nações rumo a um futuro de igualdade e prosperidade, sem necessitarem das relações de poder desiguais, de exploração. A educação é muito mais do que a aquisição de conhecimento, é uma força dinâmica que pode impulsionar a transformação social, restaurar a dignidade humana e desafiar as estruturas opressivas, ou seja, é a base de toda sociedade livre.

Ao refletirmos sobre as lições de Fanon (2022) e dos outros pensadores até aqui apresentados, somos convidados a reconhecer o poder da educação como um veículo de liberdade, descolonização e construção de um mundo inclusivo e equitativo.

Fica evidente que o projeto decolonial se inicia com a reconstrução e ressignificação da educação, consequentemente da ciência, principalmente para romper com todas as formas de preconceitos, e desta forma não replicarmos as estruturas de exploração, desigualdade, de poder que vigoram na sociedade contemporânea – colonialista, patriarcal, eurocêntrica e capitalista.

Apesar da perspectiva do afeto e da educação que demonstramos e buscamos, Fanon (2022) vai afirmar que em alguns momentos precisamos pensar na questão da violência como prática e ferramenta de libertação. A argumentação desta defesa reside no fato do colonialismo não apenas explorar recursos econômicos, mas causa danos psicológicos e físicos profundos às pessoas colonizadas. O autor examina como a opressão leva à internalização de ideias e valores do colonizador, resultando em uma sensação de inferioridade e auto aversão entre os colonizados, dificultando a própria união entre eles e identificação.

A violência nesta lógica é discutida como uma resposta à desumanização como instrumento de afirmação da dignidade. Por isso a ideia (FANON, 2022) que a luta deve ser ao mesmo tempo política e armada, para que ocorra a transmutação cultural, com finalidade de construir uma nova identidade nacional após a independência. É a ênfase a rejeição do legado do colonialismo e, necessidade de desenvolver uma identidade autêntica e inclusiva.

É a violência como meio de resistência não destrutivo vista como um ato de asserção da humanidade e de luta pela igualdade. Violência no contexto de uma resposta ao pavor das práticas colonialistas.

A violência como uma alternativa possível para quebrar as cadeias da opressão e restaurar a dignidade quando a educação não consegue comunicar, libertar e gerar consenso.

Especialmente porque a luta pela independência não se resume apenas nas fronteiras geográficas, mas também à rejeição de narrativas forçadas fisicamente e psicologicamente (poder político e de polícia), com o intuito da restauração das raízes culturais e à criação de um futuro autêntico e sustentável.

No cenário colonial que nos encontramos, a manutenção das estruturas de poder na comunicação é constantemente manipulada esteticamente para manter o domínio e prevenir revoltas populares.

Levantamos a denúncia do uso da mídia por colonizadores como instrumento de alienação para impor narrativas distorcidas e como meio de reforçar a visão de mundo da ideologia dominante dos opressores. No entanto, amplifica a possibilidade de comunicação libertadora quando utilizada para empoderar os oprimidos.

A comunicação autêntica e libertadora é uma arma contra a alienação que pode mitigar o "inevitável" conflito físico intenso. Vai além da simples transmissão de informações e permite ao colonizado questionar-se, refletir e denunciar os abusos que sofreu. Recusando-se espalhar a mensagem das colônias, a comunicação torna-se assim um meio de reviver identidades culturais, línguas e costumes que foram suprimidos por domínio colonial.

Na desobediência epistêmica nas apropriações contra-hegemônicas, infelizmente não ocorrem sempre no campo das ideias, em um debate democrático. Existem muitas armas de opressão física e psicológica utilizada por uma classe dominante para a manutenção do seu poder. Nestas práticas a eliminação não fica no extermínio de práticas culturais, ocorre igualmente o extermínio de corpos. Precisamos nos resguardar quanto a esse fato, precisamos nos levantar e lutar, mesmo que isso exija um sacrifício de nossos corpos.

2.4 Decolonial, descolonial ou contracolonialismo?

N estas significações e confrontos os termos descolonial, decolonial ou contracolonialismo são frequentemente usados de forma equivalente, em um amplo aspecto de fato são equivalentes, possuindo a mesma origem em discussões acadêmicas e políticas sobre a luta e superação do colonialismo. No entanto, esses termos têm particularidades que os diferem dependendo do contexto e das abordagens teóricas que estão inseridos.

Entre os principais pensadores associados à esses conceitos destacamos o sociólogo peruano Aníbal Quijano (considerado um dos fundadores destas ideias/conceitos), o semiólogo argentino Walter Mignolo, a escritora e ativista chicana Gloria Anzaldúa, o psiquiatra e filósofo martinicano Frantz Fanon, o professor, crítico literário e ativista político palestino-estadunidense Edward Said, a professora de estudos chicanos e feminista Chela Sandoval, o sociólogo porto-riquenho Ramón Grosfoguel, o filósofo-porto riquenho Nelson Maldonado-Torres, a professora, feminista, artista e ativista antirracista estadunidense bell hooks, o filósofo argentino Enrique Dussel, a feminista e acadêmica indo-americana Chandra Talpade Mohanty, a filósofa argentina María Lugones, a intelectual e ativista boliviana de origem Aimará - Silvia Rivera Cusicanqui, a ativista, intelectual e uma das principais vozes do feminismo negro no Brasil - Lélia Gonzalez, o sociólogo venezuelano Edgardo Lander, o líder indígena e pensador Ailton Krenak, o antropólogo brasileiro Eduardo Viveiros de Castro, a feminista negra e fundadora do Geledés Instituto da Mulher Negra, Sueli Carneiro, a filósofa brasileira Márcia Tiburi e o mestre quilombola brasileiro Antônio Bispo dos Santos.

Quijano (2005), utilizando do termo conceitual colonialidade do saber, reconhece que o colonialismo não se limita apenas à exploração econômica e política, mas também se estende à esfera do conhecimento. Isso implica nas ideias, teorias, nos métodos de pesquisa e as formas como o saber são produzidos na sociedade colonizadora muitas vezes são considerados como superior e universal, enquanto os conhecimentos locais, indígenas, não ocidentais etc., são desvalorizados, marginalizados ou subalternizados.

A colonialidade do saber destaca como os padrões eurocêntricos de pensamento e conhecimento continuam a influenciar as estruturas acadêmicas e intelectuais nas sociedades pós-coloniais. Isso pode se manifestar em currículos educacionais que priorizam o conhecimento ocidental em detrimento das perspectivas locais, na valorização de idiomas e formas de expressão associados ao colonialismo, e na multiplicação e manutenção de narrativas históricas que reforçam visões eurocêntricas.

Os teóricos decoloniais, como é o caso de Quijano, argumentam que a descolonização do saber é fundamental para a superação das estruturas de poder e opressão. Isso envolve reconhecer e valorizar os conhecimentos locais promovendo a diversidade epistêmica e desafiando a hegemonia das perspectivas eurocêntricas. Em essência, a luta contra a colonialidade do saber é parte integrante da busca por uma transformação ampla e profunda das raízes das estruturas sociais, culturais e políticas nas sociedades pós-coloniais.

Ao utilizar o termo colonialidade do poder em seu artigo "Colonialidade do poder, eurocentrismo e América Latina", Quijano (2005) se refere à maneira pela qual as estruturas de poder e dominação colonial continuam a influenciar e moldar as sociedades latino-americanas mesmo após o fim do domínio colonial formal, ou seja, sustentado pelas monarquias. Quijano argumenta que a colonialidade não é apenas uma questão histórica, mas também uma estrutura contínua que permeia várias dimensões da vida social, política, econômica e cultural na América Latina – motivos que exercem domínio até os dias atuais.

Uma das contribuições centrais no desenvolvimento teórico do pensamento de Quijano para os embates contra o colonialismo, é sua análise das categorias raciais e sua influência persistente na América Latina. Nessa análise enfatiza que as categorias raciais introduzidas durante o período colonial, como branco, índio e negro, não apenas foram utilizadas para justificar a exploração e a opressão, mas também forjaram as identidades e as relações sociais ao longo do tempo. Argumenta que a superação da colonialidade do poder requer uma desestruturação dessas categorias, reavaliação das identidades e relações sociais em termos não coloniais.

Categorias desestruturadas que Freire (1987), ao abordar a descolonização do conhecimento, do saber, colocou para o enfrentamento na promoção de perspectivas não eurocêntricas na educação. Dando destaque a cultura e a experiência local no centro do processo educacional. Abordagem que contribui para uma compreensão ampla e diversificada para os indivíduos alfabetizados para a emancipação.

O que vai ser reafirmado por hooks (2017) ao reconhecer que a educação frequentemente reproduz ideias e valores coloniais, e que para ocorrer a descolonização do conhecimento os educadores devem procurar descolonizar o próprio currículo levado em sala de aula.

Esses novos currículos devem incorporar perspectivas e indivíduos marginalizados pelo conhecimento da ciência moderna ocidental, ampliando desta forma a compreensão e a diversidade do conhecimento.

Na mesma toada, Ribeiro (2021), ao abordar a decolonialidade, percebe neste conceito um movimento intelectual e político que busca desafiar e desmantelar as influências coloniais e eurocêntricas nas sociedades nas suas formas de produzir conhecimento. Destaque que Fanon (2022) salienta na importante tarefa de rejeitar as narrativas coloniais impostas por opressores, argumentando que os colonizados precisam desconstruir as representações negativas que foram forjadas sobre eles e reconstruir suas próprias histórias e identidades.

Uma parte essencial desse entendimento de descolonialismo é o processo de conscientização e despertar das massas colonizadas, que a população no geral precisa compreender a visualizar a(s) realidade(s) da(s) opressão(ões) a fim de se unir em torno da luta pela emancipação.

O descolonialismo implica desafiar com todos os meios possíveis e existentes as estruturas de poder estabelecidas pelo colonialismo. Não somente vislumbrando a independência política, mas também a reconstrução das instituições e relações sociais de maneira a garantir a igualdade e a justiça.

Dito isso, o processo da descolonização vai além do aspecto político e econômico; também envolve a descolonização da mente e da cultura que devem ser avaliados, e até mesmo rejeitados pelos colonizados os valores e normas culturais impostas na ideologia dominante que se encontrava, ou melhor, ainda se encontra no poder, com a finalidade de recuperar a autonomia cultural.

Essa reavaliação das normas é um esforço coletivo que pode ser planejado e executado dentro de um contexto de rede ou uma outra forma de comunicação afetiva entre os povos colonizados, entre os povos do Sul; espaço que novamente vai ser encontrado no que definimos em nossa metodologia como Arena JAM (que iremos voltar a abordar com maior ênfase em outro momento deste livro).

Partindo do ideal da autonomia cultural, Fanon (2022), trabalha a concepção da solidariedade internacional ao destacar a importância da solidariedade entre as nações colonizadas na busca por descolonialismo. Que os movimentos de libertação devem se unir em torno do ideal da autonomia, compartilhando experiências e apoiar-se mutuamente.

Um pensamento local que se amplia para uma comunicação global dos oprimidos como exigência de uma nova identidade pós-colonial. Uma identidade que não seja definida pelo colonizador, mas que seja forjada com as aspirações e valores dos próprios colonizados.

A desobediência epistêmica é o mote encontrado no artigo "Desobediência epistêmica: a opção decolonial e o significado de identidade em política" escrito por Mignolo (2008). O vocábulo desobediência epistêmica, como já enfatizamos anteriormente, refere-se a uma forma de resistência intelectual que procura desafiar e perturbar os paradigmas de conhecimento impostos no colonialismo e/ou no eurocentrismo.

A cultura e o conhecimento não europeus foram, e ainda são, ridicularizados e excluídos nos sistemas coloniais, em grande parte da ciência moderna ocidental. A resistência intelectual e cultural decolonial é uma resposta a este processo e inclui uma recusa em aceitar estes padrões de pensamento estabelecidos.

Rompendo as amarras do pensamento dominante e abrindo-se para ampla gama de conhecimentos, podemos contribuir para um mundo mais justo e inclusivo, onde a voz de todos é valorizada e todos são respeitados.

Ao avaliar esta diversidade e respeito pela identidade, no artigo de Anzaldúa (2000), "Falando em Línguas: Uma Carta para as Mulheres Escritoras do Terceiro Mundo", a renomada teórica cultural, escritora e ativista Chicana cita questões relacionadas à identidade, cultura e escrita sobre meninas do Terceiro Mundo. Explora como essas escritoras conseguiram encontrar e expressar suas vozes únicas em dinâmicas culturais, linguísticas e sociais complexos.

O debate que se realiza neste artigo afirma que estas escritoras muitas vezes têm de confluir a sua própria essência entre diferentes identidades culturais e linguísticas, o que influencia a sua escrita e a sua habilidade de comunicar com um público mais vasto.

Anzaldúa (2000) procura encorajar estas mulheres a abraçar as suas identidades híbridas e usar a escrita como forma de resistência, fortalecimento e expressão criativa para batalhar contra os limites impostos no colonialismo e contra todos os mecanismos repressivos herdados de outros períodos históricos semelhantes e opressores.

O surgimento de uma metodologia voltada para a compreensão dessas questões parece óbvia e obrigatória. Exige grandes esforços intelectuais, a exemplo do livro Methodology of the Oppressed" (tradução "Metodologia do Oprimido") de Sandoval (2000). A obra explora interseccionalidade, políticas de identidade, feminismo pós-colonial.

A "Metodologia do Oprimido", Sandoval (2000), visa desenvolver uma nova estrutura de compreensão para combater os sistemas de opressão. Sua abordagem é baseada em uma perspectiva da teoria crítica da raça e pensamento feminista, incluindo a teoria pós-colonial. Ressalta a seriedade de reconhecer a complexidade da identidade e as formas como os diferentes tipos de opressão dividem e interagem.

Um dos conceitos-chave da metodologia desta autora é a ideia de consciência diferencial. Este conceito sugere que os indivíduos marginalizados e oprimidos desenvolvem formas únicas de pensar e aperceber-se o mundo como resultado das suas experiências. Estas formas de conhecimento e compreensão podem ser absorvidas como fontes de resistência e empoderamento.

Para realizar e responder a complexidade da absorção, introduz o conceito de consciência opositora. O que se trata de uma tentativa consciente por parte dos oprimidos de resistir e desafiar as estruturas dos poderes dominantes. Que pode ser exemplificado através das produções na esfera das artes, literatura e todo tipo de produção cultural que são idealizadas como ferramentas para desenvolver e expressar a consciência conflitante.

O feminismo descolonial desafia as estruturas de poder enraizadas no eurocentrismo e promove uma abordagem inclusiva e equitativa para compreender as experiências das mulheres em diversos contextos culturais e históricos. Lugones (2014) grifa a gravidade de não reconhecer essa multiplicidade de identidades e experiências. Uma visão crítica valiosa para refletir a tendência desastrosa de impor uma visão monolítica do feminismo a partir de perspectivas eurocêntricas.

O argumento desse desastre interpretativo e de identificação reside na incompreensão das especificidades culturais e históricas das diferentes realidades das mulheres em todo o mundo.

Incompreensão que ofusca a construção e contribuição do feminismo para as práticas inclusivas e decoloniais.

A importância de refletir sobre o feminismo decolonial é evidente para todo contexto, com atenção especial a luta contra o patriarcado. Somente temos a ganhar escutando e aprendendo com as experiências das mulheres em diferentes contextos, na forma como desafiam as estruturas de poder enraizadas no colonialismo e no seu projeto de justiça social que reconhece e valoriza a diversidade das vozes, não só femininas, mas de todos.

O feminismo é inclusivo por ter como base o amor incondicional em sua essência.

Essas evidências são utilizadas por Gonzalez (1984) ao abordar o racismo e o sexismo na cultura brasileira no conjunto de sua obra. Principalmente quando falamos em interseccionalidade e enfatizando a importância de compreender as intersecções de raça, gênero e classe social. É a consciência de que a opressão não ocorre de forma isolada, mas sim interligada, principalmente quando se trata de mulheres negras, seja através do patriarcado ou por outras opressões sociais.

Ao explorar como as estruturas de poder coloniais influenciaram a construção de hierarquias raciais e de gênero, bem como as relações culturais e sociais na sociedade brasileira, examinamos os problemas dos estereótipos raciais e de gênero.

Apreendemos que estamos contribuindo para o desenvolvimento da sociedade brasileira ao refletir a cultura imposta e as culturas de resistência, seja através das mídias, das imagens criadas e sustentadas na sociedade.

Na marginalização da população negra, o resultado é o bizarro movimento de branqueamento da sociedade e tentativas de diluir a identidade das pessoas negras através de mal-entendidos, que estão sempre em busca de padrões de beleza eurocêntricos.

Uma abordagem apresentada na "A Crítica da Razão Negra", do filósofo camaronês Mbembe (2014), aborda questões relacionadas à raça, colonialismo, política e identidade negra, ao explorar como a negritude foi criada, desafiada e redefinida ao longo da história.

Destacamos as ideias de raça que foram instrumentalizadas para justificar a exploração, escravização e opressão dos povos africanos e dos seus descendentes.

O impacto político e social das ideias de negritude levanta a questão de como estas opiniões descabidas e sem lastros com as realidades continuam a influenciar as relações raciais e as estruturas de poder contemporâneos.

Abordando (MBEMBE, 2014) questões como a diáspora africana, a descolonização, a violência e a resistência, o autor discute as formas pelas quais a negritude pode ser a verdadeira força para a transmutação social e política que estamos almejando aqui neste trabalho.

A ação de transformar os modos de vida tradicionais, em questionar tudo e todos, e buscar uma abordagem crítica que leve em conta a complexidade das experiências e identidades dos povos africanos e de todos os outros povos colonizados e influenciados pelo eurocentrismo.

A estrutura histórica e social deste conceito de negritude explora como as ideias sobre raça e identidade negra evoluíram ao longo do tempo e, como estes conceitos são usados para justificar a exploração e a opressão na contradição própria do sistema vigente.

Sobre o impacto do colonialismo na identidade e nas relações raciais, políticas e económicos que ainda podem ser ouvidas e sentidas hoje, Mbembe (2014), propõe o enfrentamento ao colonialismo através de um processo de decolonização que visa o fim da biopolítica.

A biopolítica faz referência às formas como o poder político e as instituições governamentais exercem controle sobre os corpos e vidas dos indivíduos, quando analisados com estruturas de poder que operam de forma racista, afetando diretamente as populações negras.

É por isso que verificamos que tanto o camaronês como outros pensadores, quanto à ideia de um decolonialismo, enfatizam a ideia ou necessidade de uma decolonização não só pela sua estrutura política e econômica, mas pela sua independência, principalmente a decolonização do pensamento e conhecimento.

É essencial repensar a ideia original, a padronização do conhecimento e suas conjecturas. Desafiando as perspectivas eurocêntricas e abrindo espaço para conhecimentos e estilos de vida diversos.

Voltemos à nossa atenção para refletir sobre o conceito de Diáspora Africana, examinando as experiências das comunidades negras deslocadas à força em todo o mundo devido à ignorância da escravidão. É essencial compreender que a experiência da diáspora africana influi a formação da identidade e da cultura do povo negro em diversos contextos, ao mesmo tempo que a identidade e cultura africana vai influenciar todos os lugares que estiver inserida.

São reflexões desenvolvidas no livro "Pele Negra, Máscaras Brancas", Frantz Fanon (2020), no qual examina os efeitos psicológicos e sociopolíticos do colonialismo e do racismo sobre os negros num mundo dominado por brancos; o impacto do colonialismo na psique negra, abordando questões de identidade, autoconsciência, alienação cultural e racismo internalizado.

Fanon (2020) argumenta que as experiências coloniais obrigaram negros a se adaptarem e aceitar as normas culturais e sociais coloniais. Isso muitas vezes afeta negativamente a identidade e mina a vontade de alguém em ser autêntico.

Utiliza da metáfora da "pele negra" e das "máscaras brancas" para descrever como negros às vezes se sentem obrigados a imitar a cultura e o comportamento branco, a fim de obter aceitação e superar a discriminação através deste mecanismo de fuga.

Isto gera uma dupla consciência que os indivíduos negros enfrentam quando afirmam que devem ver-se através da sua própria perspectiva cultural, ao mesmo tempo que precisam se ver através das lentes da cultura branca dominante. Consequências invisíveis que se materializam no acúmulo da riqueza pelo grupo dominante, ao desenvolver nesses indivíduos um complexo de inferioridade e, na dupla negativa, se tornando igualmente um opressor, podendo criar um sentimento de superioridade em resposta a esses abusos.

São efeitos igualmente prejudiciais e, no último caso, podem levar alguns indivíduos a rejeitar suas raízes culturais e adotar uma atitude de superioridade sobre outros na sua própria comunidade, nas suas práticas cotidianas.

Por outras palavras, este colonialismo branco mostra que alguns negros podem procurar aceitação e igualdade recusando a sua negritude e distanciando-se das suas raízes culturais. É a pior das explorações, a psicológica, minando as chances de libertação, de emancipação. São corpos sem significados que se mantém em movimento somente para serem explorados e perpetuarem todas as formas de opressão.

É a presença e lembrança de Paulo Freire sobre a necessidade de consciência do oprimido para não correr o risco de se tornar um opressor.

A solução a essa problemática deve ser por meio da educação e desenvolvimento das práticas culturais através do incentivo da autoafirmação, autovalorização e a construção de uma autoestima positiva como resposta à marginalização e à opressão; a importância da preservação e celebração das culturas ancestrais como forma de resistência ao colonialismo. Na rejeição ao conceito de branquitude pretensiosamente superior que somente gera indivíduos desumanizados e contribui integralmente, e tão somente, para a perpetuação do sistema opressivo.

A obra "Discurso sobre o Colonialismo" de Aimé Césaire (2020) é outra denúncia assertiva a essa forma de exploração, opressão e desumanização que caracterizaram o colonialismo. Confronta a ideia de superioridade europeia e desmascara a hipocrisia das nações colonizadoras que disseminavam valores de liberdade e igualdade, mas ao mesmo tempo subjugavam e exploravam populações inteiras.

Práticas de brutalidade colonial que ocorria desde a exploração econômica até a repressão cultural. Uma afirmativa que demonstra e fundamenta que o colonialismo é um crime contra a humanidade, um crime que ainda ocorre e foi naturalizado.

Na mesma concepção de Fanon (2020), Césaire (2020) confere importância da cultura como forma de resistência e empoderamento. Instigando as nações colonizadas a se reconectarem com suas identidades culturais, suas raízes, rejeitando a imposição de valores externos e defendendo a solidariedade global entre os oprimidos e colonizados, para se unirem na luta contra a opressão, contra a colonização, seja ela qual for.

O que está em jogo é o impacto psicológico do colonialismo, das narrativas coloniais afetando a autoestima e percepção de identidade das populações colonizadas. Tornando imperativo uma reavaliação da história para destacar as realizações das civilizações não europeias que foram marginalizadas por registros históricos eurocêntricos.

É a máxima marxista que a história é escrita por vencedores, ou seja, por opressores, e por isso deve ser reavaliada.

O que nos faz definir ao analisar a decolonialidade como uma abordagem teórica e política que procura desafiar as estruturas coloniais de poder, questionando as narrativas dominantes e recuperando o espaço de vozes silenciadas e as perspectivas culturais dos povos colonizados.

Antonio Bispo dos Santos (SANTOS, 2023), um pensador que atravessou e modificou esse trabalho, como iremos abordar nos próximos capítulos, observa que o atual debate central sobre as marginalizações, desigualdades e diversidades gira em torno da perspectiva decolonial, o qual interpreta como a desvinculação das consequências do colonialismo, em um discurso para a própria defesa deste sistema ao tentar apagar e/ou ofuscar as marcas opressoras da humanidade.

A afirmativa desta linha de raciocínio reside na construção conceitual que ao se alinhar ao prefixo "de" como um indicativo de desapego, como se o colonialismo estivesse doente, com depressão: em um processo de desvanecimento, desintegração, desassociação, decomposição.

Um discurso que o autor (SANTOS, 2023) não vê ocorrer dentro de comunidades quilombolas, de comunidades tradicionais, ou pelo menos não deveria fazer parte. Neste sentido posiciona o conceito decolonial como algo intrinsicamente urbano, construído por saberes próximos do próprio sistema colonial e capitalista que estaria no centro e causando essa problemática.

Por esse motivo o mestre quilombola afirma que o compromisso em torno deste debate deva ser simplesmente que as pessoas decoloniais, independentemente de sua localização, tem a incumbência de instruir a próxima geração de modo a evitar que perpetue conflitos com a próxima geração destas comunidades tradicionais, ou cosmológicas (SANTOS, 2023). Ou seja, para este autor, a única função desta ideia conceitual ou discurso decolonial é cumprir essa missão, o que deveria acarretar um ato imperativo para o convívio harmonioso de ambos os lados.

Sua alegação se encontra que o termo correto deveria ser contracolonialistas, o que abarcaria uma visão próxima do que está defendendo e que adotamos em nossa reflexão metodológica. A missão e base da responsabilidade dos contracolonialistas é a motivação da próxima geração a continuarem se defendendo, tanto de atitudes de grupos decoloniais como de grupos colonialistas. Uma prática contracolonialista que deve ocorrer pela autodefesa, sem a necessidade de uma ofensiva, sem a necessidade da completa erradicação dos colonialistas.

A erradicação não deve ser um dos objetivos dos contracolonialistas, visto que devem procurar sempre uma convivência pacífica, desde que cada parte viva sob sua própria luz, sem usurpar o espaço um do outro.

Uma eliminação que não deve ocorrer mesmo ao compreender que o colonialismo é algo perverso a qualquer tipo de harmonia ou ideia de igualdade, que perpetue muito dos preconceitos, e que, ao olhar deste mestre quilombola, tanto para o processo colonialista quanto o processo decolonial seja resultante da mesma origem, a humanidade (na compreensão ocidental, da sociedade industrial, da ciência moderna). Portanto colonialista e decolonialistas tem modos de vida semelhantes, contudo totalmente diferente do modo de vida contracolonialista, ou seja, dos povos que foram colonizados e escravizados.

Como então seria possível a harmonia entre o colonialismo, decolonialismo e a cosmologia dos povos tradicionais e as margens do ocidente?

Neste saber o conceito decolonial acaba conflitando com o pensamento cosmológico. A alternativa apresentada por Bispo dos Santos, na sua lógica, dialoga na concepção que o mundo é grande o suficiente, com espaço para todos, conseguindo abarcar até essas diversidades conflitantes e que podem se tornar excludentes em algum momento histórico:

Não precisamos destruir os colonialistas. Deixemos que vivam, desde que vivam com o sol deles e não venham roubar o nosso sol ou o nosso vento [...] O mundo é grande e tem lugar para todo mundo. O mundo é redondo exatamente para as pessoas não se atropelarem. (SANTOS, 2023, p. 54)

Concordamos com quase todos os conceitos apresentados no raciocínio deste intelectual da cosmologia quilombola, mas aqui reside nosso principal ponto de embate. Não é possível, em nenhuma hipótese, manter o colonialismo e, o decolonialismo não é igual e muito menos o contrário de colonialismo, é um ideal de valorização das diversidades em defesa da plena liberdade.

Não compreendemos como conviver com esse sistema, principalmente ao perceber o quanto é prejudicial o colonialismo. Ainda mais quando afirma que nas aldeias, nos quilombos existem caminhos que não são largos e que por esses espaços é possível passar toda a natureza, que todos os seres ali residem e coexistem sem conflitos, são compartilhantes. Ao passo que os colonizadores precisam construir estradas largas e nestas estradas a única coisa que é permitido passar são os automóveis. Destruindo os espaços das pessoas e de toda natureza.

Até aqui concordamos o desenvolvimento colonial e capitalista causam grandes prejuízos a natureza e a sociedade. Mas em momento algum o movimento e resistência decolonial defende esse produtivismo e modernismo, que já foi amplamente debatido e condenado por outras teses e teorias críticas.

A convivência harmônica entre os povos cosmológicos e colonialistas parece ainda mais absurdo quando continua sua linha de raciocínio demonstrando que tais fatos de exploração não ocorrem nos quilombos ou aldeias porque estes são seres que habitam através de um sistema de cosmologia de natureza politeísta, uma existência baseada na cosmovisão e não centrada no indivíduo, no ser humano. Sendo neste contexto que os portugueses aportaram com suas concepções humanísticas, buscando aplicá-las às cosmologias dos povos nativos. Uma assimilação cultural que não se concretizou por completo e desse choque emergiu o movimento contracolonial.

Novamente voltamos a concordar, o choque cultural e a não completa destruição das culturas é que torna as comunidade uma das principais forças contra esse poder dominante do colonialista e eurocêntrico.

Contudo podemos definir que o contracolonialismo, em sua essência, se resume à resistência, que é uma das características do decolonialismo e/ou descolonialismo. É uma representação de recusa de submissão à colonização proposta por outrem, uma defesa contra qualquer tipo de imposição externa. E Santos (2023) ainda afirma que o contracolonialismo transcende o paradigma da colonização moderna estabelecendo um estilo de vida fundamentado na autodeterminação e na proteção das raízes culturais.

Como mencionamos, encontramos aqui o nosso embate com este pensamento. O primeiro ponto é o exagero ao vincular o conceito de humanidade aos conceitos e práticas do colonialismo. Na verdade, a compreensão deve se voltar para o quanto o sistema colonial se disfarçou de

111

humanista para assumir a racionalidade distorcida da própria ciência moderna ocidental com objetivo de dominação.

Para a metodologia cartográfica imagética, para o pensamento crítico que estamos trabalhando, a afirmação de que tanto o colonialismo como o decolonialismo, igualmente, são perigosos para as comunidades tradicionais, parece um mal-entendido ou um tensionamento desnecessário e arriscado para o desenvolvimento de um pensamento realmente cosmológico.

Uma prática semelhante àquele que utiliza da comparação sem lastro entre socialismo e nazismo para defender os aspectos negativos do capitalismo. Este tipo de análise ignora o fato de que ao tratar o colonialismo e a decoloniais como alegadas criações da humanidade com o mesmo objetivo e essência, na verdade, reforça a exploração e a desigualdade em curso. Além do tradicionalismo da nostalgia com uma vida passada que não é mais possível, ou que gerariam mais problemas ao planeta e a sociedade do que soluções.

O cerne deste conflito é que esta abordagem não parece levar em conta a realidade geográfica da vida em um planeta finito, onde as fronteiras que atravessam a natureza nos mapas não existem, são criações humanos. Não leva em conta que o capitalismo impede o surgimento de outras formas de vida além de suas artificialidades aceitas mediante sanções físicas, econômicas e psicológicas.

Portanto, acreditar na viabilidade dessa resistência sem buscar mudar o sistema, seja do eurocentrismo, capitalismo ou colonialismo, equivale ao enredamento na alienação alimentada pela sociedade da espetacularização.

Todavia, é justo, necessário e consciente afirmar que compreendo as ideias de Antônio Bispo dos Santos (2023) sobre as armadilhas que eles e os seus antepassados enfrentaram na sociedade e nas comunidades sob falsas bandeiras humanistas o guiaram nessa direção de pensamento.

Que o seu pensamento tem as melhores intenções ao abordar a prática contracolonial profundamente enraizada na cultura africana como um modo de vida que nunca foi nomeado ou validado pela ciência moderna, ou seja, pela humanidade, pelo ocidente. Consequentemente, é uma defesa afirmar que as críticas que partem desta suposta humanidade não terá qualquer efeito de transformação efetiva, que são palavras vagas soando mais estrangeiras do que revolucionários e, que não abaterão o colonialismo.

Concordamos que o vocábulo contracolonialismo atingiu o seu objetivo, o enfraquecimento das forças do colonialismo em questão, entretanto, o conceito é semelhante ou igual ao decolonialismo e/ou descolonialismo. Poderia até ser uma palavra mais forte e combativa, uma vez que o seu significado pode ser vestido na própria escrita. Mas como não compreendemos o humanismo como um igual neste processo, e como somos a favor do aniquilamento total, imediato e urgente do poder colonial, decidimos não adotar este termo, ou seja, não utilizaremos a terminologia contracolonialismo.

Independentemente da posição assumida neste jogo de palavras e conceitos, qualquer forma de oposição ao colonialismo que vise a emancipação de todos é muito mais do que apenas retórica

112

crítica; deve ser uma ação, uma reflexão profunda e uma ferramenta para a transformação social. É o brado de liberdade por justiça, igualdade e fraternidade, não só para as nações, comunidades e culturas colonizadas, mas para todos os seres. Este é um caminho de esperança e consciência na nossa busca contínua por um mundo mais justo e equitativo.

A leitura desses pensadores nos dá informações e definições importantes para avaliar os termos e conceitos que vamos utilizar. Como já estabelecemos o nosso conceito e posição ao termo contracolonial, vamos definir os termos descolonização e decolonialismo.

Descolonização, ou o processo de descolonização, é uma abordagem importante na procura de estimular e superar as estruturas de poder, conhecimento e domínio colonial que persistem na sociedade moderna. Esta visão crítica a hegemonia do pensamento eurocêntrico e procura apreciar o conhecimento; a perspectiva das culturas marginalizadas e coloniais do passado.

O vocábulo "decolonial" é frequentemente utilizado para descrever ações ou processos que procuram descontruir completamente as estruturas, instituições e sistemas de poder estabelecidos durante o período colonial. Pode referir-se a práticas e atividades políticas destinadas a alcançar a independência e o domínio político, econômico e cultural de nações ou grupos colonizados. Na procura de romper com a dependência econômica e cultural das chamadas potências coloniais e estabelecer as suas próprias identidades nacionais ou culturais. Isto pode incluir esforços para restaurar as línguas costumes e práticas culturais nativas que foram suprimidas durante o colonialismo. Utilizado no contexto teórico mais amplo para se referir a críticas às estruturas de poder coloniais e examinar as maneiras pelas quais o colonialismo continua a influenciar a sociedade moderna, dando origem a uma nova forma de dominação. Inclui uma análise das ideias do conhecimento, da cultura e as estruturas sociais são criadas pela colonização; e como essas influências persistem nas dinâmicas contemporâneos.

Contexto decolonial pode ser aplicada a muitos campos, incluindo teoria política, epistemologia, filosofia, estudos culturais e educação. Pode abarcar a significação de atitudes descentralizadas valorizando o conhecimento e a experiência da cultura colonizada.

Tanto descolonialidade, deconialidade ou contracolonialismo é um campo de pensamento e ação que possui muitas particularidades, um campo que ainda tem muito para crescer enquanto identidade e ética de convivência global. Um campo de muitos debates e controvérsias envolvendo muitos pensadores, pesquisadores e ativistas.

A palavra quase se perde uma na outra, e neste trabalho é possível ver ela escrita das duas formas.

Contudo ao que esboçamos até aqui, parece correto dizer que o conceito decolonial envolve frequentemente ações e práticas concretas para desmantelar as estruturas coloniais. Embora o termo "descolonial" se refira frequentemente à crítica das consequências mais amplas do colonialismo e ao desenvolvimento de perspectivas alternativas para compreender e transformar a sociedade.

Os três termos estão ligados pela luta contra os efeitos a longo prazo do colonialismo e procura promover a justiça social, a igualdade e a autodeterminação. Mas como se trata de uma mudança de pensamento através de conhecimentos e experiências de toda a diversidade, de uma mudança epistemológica, na construção de uma metodologia que se quer inovadora e transgressora, e embora estes conceitos se tornem em síntese quase que o mesmo posicionamento e significado, vamos adotar o conceito decolonial.

Adoto o conceito decolonial para enfatizar o que compreendo nesta luta de construção de uma sociedade verdadeiramente justa e que promova o pleno desenvolvimento das potencialidades de todos. Atribuo na essência do termo decolonial a coragem de questionar o eurocentrismo enraizado que domina ainda produção de conhecimento. Este conceito lembra-nos que as realidades têm múltiplas e diferentes características, e que o julgamento de seu valor na maioria das vezes depende tão somente da própria comunidade envolvida. Que diferentes perspectivas culturais merecem a atenção e o respeito que a narrativa dominante rejeita.

No centro desta jornada decolonial está a compreensão das tradições ancestrais e do conhecimento local que foram marginalizadas à medida que uma visão distorcida do progresso foi disseminada.

Você particularmente pode chamar de descolonialismo ou contracolonialismo, se unir ao meu pensamento decolonial e realizar a sua própria critica; realmente não importa o termo que utilize, desde que seu ideal seja a plena liberdade de todos com todas as condições necessárias para o desenvolvimento da potencialidade de cada ser. O que importa é a valorização da vida através do amor incondicional para com o Universo.

A eliminação das hierarquias de poder é o pilar do decolonialismo.

Isto nos obriga a questionar a quem serve o sistema atual e a procurar justiça para os historicamente oprimidos. Com esta importante abordagem compreendemos como as estruturas coloniais sobrevivem aumentando as desigualdades criando falsas fronteiras e abismos, seja através de conceitos rasos e falhos sobre raça, gênero, classe social etc.

Revela o desejo de uma sociedade mais justa e livre, encoraja-nos a ser ousados e críticos em relação ao colonialismo adotando ferramentas interdisciplinares para decifrar as raízes da opressão.

Nosso caminho metodológico, seja em direção à ideia decolonial ou de descolonização ou contracolonização, tem como perspectiva primeira encontrar justiça na fusão de conhecimentos. É a asserção de que toda a vida deve ser valorizada, que sua origem é importante não materialmente, mas espiritualmente/culturalmente.

É uma celebração da diversidade de perspectivas e, uma rejeição da uniformidade e massificação imposta no colonialismo.

Um caminho desafiador para uma ciência edificada com todo os saberes e diversidades que não são uteis, mas necessários. Relembrando a declaração provocativa e filosófica do líder indígena

114

brasileiro, pensador, escritor e ativista, membro da etnia Krenak, Ailton Krenak, que dará título a uma de suas obras, "A vida não é útil" (2020), que se refere à reflexão sobre os valores e prioridades da sociedade contemporânea.

A afirmativa não deve ser interpretada literalmente, mas antes como um convite ao questionamento da mentalidade utilitarista que muitas vezes leva a uma visão reducionista da vida na qual apenas o que é produtivo ou "útil" é valorizado. É a importância de reconhecer a riqueza essencial da vida independentemente da sua utilidade prática, e de repensar as nossas relações com o meio ambiente, a sociedade e outras formas de vida.

Para contrastar a perspectiva utilitarista com uma visão de necessidade e para dialogar sobre as epistemologia do Sul e outras teorias que investigamos inicialmente, com uma maior contaminação eurocêntrica, além de incidir principalmente de figuras masculinos brancas. Voltamos a frisar a obrigação que temos em escutar as vozes do Sul, de amplificarmos as vozes do decolonialismo.

Na medida que o debate se expande, que a diversidade é celebrada, se torna ainda mais importante a influência inspiradora de Antônio Bispo dos Santos para o centro do nosso palco, através do seu mais recente trabalho, "A Terra Dá, A Terra Quer" (2023).

As análises críticas e as divergências com que nos deparamos com o pensador ao definir o conceito de "contracolonialismo" em nada diminuem a sua significativa contribuição. Na verdade, este autor é um dos encontros e fontes de crescimento mais notáveis nesta jornada de encruzilhada intelectual. O "Nego Bispo" (como era carinhosamente conhecido) atua como um bálsamo, agindo como uma tocha brilhante na encruzilhada mais sombria dos debates sobre cancelamento que falamos inicialmente.

2.5 Por uma ciência decolonial: uma comunicação decolonial

Voltando à questão do que é útil e necessário, Santos (2023) descreve um contraste marcante: enquanto os habitantes das cidades estavam envolvidos no sentido da perspectiva da importância, ele, por sua vez, sentia-se intrinsecamente indispensável, trata-se de ser necessário. Mas para os indivíduos urbanos, a sua presença, e de qualquer outro, não era vista como uma necessidade, era uma coisa útil, importante para um fim e que logo pode ser descartada.

Sua pessoa é usada como um servidor, um prestador de serviços. Embora o seu valor possa ter sido reconhecido em algum momento, ocorre somente a percepção e reconhecimento da sua utilidade. A sua substituição era uma possibilidade constante, visto que não era considerado imprescindível.

Neste aspecto, a conclusão é que os indivíduos que se determinam urbanos cultivam conexões baseadas na utilidade e na importância, não vinculados por relações de necessidade.

Enquanto, no contexto quilombola, de uma comunidade, o indivíduo considerado importante por si só não tem um grande valor. A ênfase recai sobre a pessoa "necessária", aquela que desempenha um papel essencial e vital. O mestre quilombola (SANTOS, 2023) afirma que as pessoas que se percebem como importantes frequentemente adotam a visão de que os demais existem para atender às suas necessidades, e aqui que se inicia a exploração e afastamento do sentido de comunidade.

Em contrapartida, as pessoas necessárias são marcantes; são aquelas cuja ausência é rapidamente percebida, deixando um vazio perceptível. São indivíduos cuja presença é essencial e por quem se empreende esforços para encontrar, reencontrar e relembrar.

Essa ideia é exemplificada por nosso mestre quilombola ao relatar o caso que seus mestres e mestras da tradição oral foram subestimados pelo sistema capitalista e eurocêntrico. Tentaram substituí-los por mestres da escrita, ou seja, por mestres da ciência moderna ocidental. Motivo que o fez se ausentar das atividades de sua comunidade por um determinado tempo e buscar soluções a essa problemática de possível invisibilidade absorvendo o conhecimento na escola ocidental, na escola colonizada, no meio urbano. Seu objetivo era entender o que se desenvolvia e aprendia neste universo distinto do seu, do mundo das letras que se estendia além das fronteiras de sua comunidade com foco na oralidade.

Frequentou a escola com um único propósito: não para se tornar importante, mas para ser necessário, alguém capaz de contribuir para a sua comunidade e não deixar que esse processo de invisibilidade de seus mestres quilombolas fosse realizado no projeto de globalizações capitalistas e eurocêntricas.

Propósito que se fortaleceu com sua experiência na própria vivência na cidade, ao constatar empiricamente que apenas o que pode ser transformado em mercadoria é valorizado.

Um exemplo desta inversão de valores da mercantilização de tudo e todos são as narrativas orais que são frequentemente escritas como exigência do mercado, transformando a arte de contar histórias em uma profissão. Enquanto no contexto da comunidade em que vive e nasceu, compartilhar histórias é uma prática que não demanda pagamento. As histórias são contadas com o propósito de enriquecer a jornada da própria comunidade, não monetariamente, mas emocionalmente.

O que Santos (2023) está nos relatando é justamente as consequências da separação entre o sujeito e objeto realizada como regra geral na ciência moderna. Onde o objeto mercantilizado é deificado e o sujeito que lhe confere significação pode ser facilmente substituído por outro, principalmente quando julgado na lógica dicotômica, demonizado, cancelado. Portanto, é somente útil em uma relação social determinada economicamente, mas não é necessário.

Esquecem que todas as vidas são necessárias e que a relação com o outro é a prática de uma relação orgânica com a própria natureza e essência (sentido da vida). Na relação social mercantilizada ocorre a total exclusão do afeto, do amor incondicional.

A distinção entre sujeito e objeto na ciência moderna é uma separação teórica com consequências concretas, ao retirar de tudo e todos aquilo que lhe confere sua autêntica existência; enquanto a separação que ocorreu entre natureza e a sociedade é uma aparente distinção da realidade, que acarreta consequências epistemológicas nas teorizações e conceituações – uma categorização sem fundamentação lógica, somente tem serventia nas relações de poder e dominação. Transformando tudo, através do desenvolvimento tecnológico em artefatos tecnológicos, até a própria cultura e natureza são arrancadas da consciência humana para serem colocadas em prateleiras de algum mercado.

Foram criadas fronteiras semelhantes às da geográfica política, e acirrando o dualismo entre natureza e cultura, cidade e natureza, ser e conhecimento, abstrato e concreto, ser e objeto/corpo/meio.

Essa dicotomia é um discurso de dominação e poder que respinga no discurso do sexismo, por colocar a figura do dominante como masculino e do dominado na figura do feminino. O masculino se transforma em uma abstração universal, fora da natureza, e o feminino em particularismo, vinculações naturais que devem ser dominadas, consumidas e descartadas. Motivo do cuidado e senso crítico que devemos ter com os ciclos sociais e históricos de retorno a natureza no sentido do discurso de dominação escondendo a real intenção de domínio do corpo e representação do feminino para manutenção do patriarcado.

Não podemos nos relacionar com a natureza na perspectiva de dominação, visto que é uma relação com nossa própria essência, é a extensão da nossa própria existência.

A relação que devemos ter com a natureza é ensinada pelo mestre quilombola (SANTOS, 2023) ao relembrar acontecimentos e lembranças da sua infância. Fase que era orientado pelos mais velhos da sua comunidade que deveria estar atento e escutar os cantos dos pássaros, os sons da mata. O ambiente que circunda cada indivíduo que vai guiar a sua trajetória, que vai informar como será o dia e como a vida vai ser construída.

Todos os seres da natureza estão conectados e comunicam algo, é preciso nos colocar na condição de ouvintes atentos para entender as suas mensagens.

No reconhecimento da natureza que forma o todo e da comunidade que estamos inseridos que configuram os significados da vida material e imaterial, objetiva e subjetiva.

A própria ideia de moradia, de arquitetura, deve seguir esses preceitos para uma harmonia não só com a natureza, mas também para com a cultura. A preocupação deve ser tanto física (material, objetiva) quanto psicológica (espiritual, subjetiva).

Tarefa que demanda um conhecimento complexo, que é construído na confluência de saberes, na aproximação das ciências naturais com as ciências humanas, na revalorização da humanidade, na racionalidade estético-expressiva. Ou seja, das artes e da literatura, que junto do princípio de comunidade, podem ir além da representação dominante da modernidade.

Outra ideia ou tarefa a ser fixada: romper com a dicotomia ciências naturais e ciências sociais para reconstruir o conhecimento emancipação, na luta decolonial pelo fim de todas as hierarquias verticalizadas de poder.

Não estamos aqui advogando contra a ciência moderna, que essa travou uma batalha benéfica contra os monopólios da interpretação e representação, a exemplo da Religião, Estado, família, partido etc. Existem resultados positivos desta luta e indispensáveis para o conhecimento que visa a emancipação, principalmente para ultrapassar a própria modernidade, ou o que se denomina de pós-moderno. Entretanto a colonização das outras formas de racionalização causaram um desequilíbrio, a emancipação deixa de ser objetivo quando se constrói uma dificuldade de movimentação livre através de regulamentações.

São criadas prisões para grande parte da população com a finalidade de garantir uma suposta liberdade para uma minoria, para a classe dominante.

O benefício de romper com os monopólios da interpretação deu lugar a uma nova problemática, que é a própria renúncia da interpretação, uma causalidade própria do utopismo automático da tecnologia e do consumismo, na crença de que estaríamos salvos dentro das concepções do progresso. Somente esquecemos de questionar a quem servia este progresso.

O conhecimento emancipatório pós-moderno enfrenta desde o início das suas formulações os monopólios de interpretação e a renuncia à interpretação livre. Para combater isso precisamos ter como estratégia o fortalecimento e propagação de comunidades interpretativas. Que são comunidades políticas, subjetivas e solidárias, para ir contra o colonialismo. As comunidades decoloniais.

Na perspectiva positiva de algumas batalhas travadas pela ciência moderna dentro do colonialismo é que encontramos o principal embate entre Boaventura e Bispo dos Santos.

O mestre quilombola (SANTOS, 2023) apresenta uma analogia interessante sobre suas responsabilidades na comunidade, comparando uma tarefa que exercia no adestramento de bois à ação de colonização. Nessa comparação ilustra como ambos os processos – o adestramento e a colonização – compartilham essencialmente o mesmo propósito. Tanto o adestrador quanto o colonizador iniciam seus esforços através da desterritorialização, buscando eliminar a identidade do indivíduo ou grupo, afastando-os de sua cosmologia e do que consideram sagrado, impondo um modo de vida distinto do que estava acostumado. Esse processo é acompanhado até mesmo pela atribuição de um novo nome, um ato que o autor descreve como o esforço final para apagar a memória existente, permitindo a sua substituição forçada por uma nova.

No contexto da nomeação e avaliação dos monopólios interpretativos, o pensador quilombola explorar técnicas de adestramento para manipular habilmente a sociedade colonial, para reverter o seu domínio. O combate desta dominação, das interpretações coloniais da ciência e do discurso político devem ser utilizadas como armas contra os opressores que procuram subjugar diferentes formas de pensar e estilos de vida.

Para superar esta realidade, o autor sugere que as comunidades e culturas oprimidas, domesticadas e colonizadas redefinam as nomenclaturas e conceitualizações de acordo com as suas próprias cosmologias.

Isso significa afinar conceitos científicos e repensá-los com base em conhecimentos ancestrais, transformando em ferramentas contra o colonialismo. Santos (2023) chama esse processo de "guerra das denominações", um jogo concebido para contradizer as palavras dos colonizadores até que estes percam a capacidade de exercer o seu domínio.

> Certa vez, fui questionado por um pesquisador por um pesquisador de Cabo Verde: "Como podemos contracolonizar falando a língua do inimigo?". E respondi: "Vamos pegar as palavras do inimigo que estão potentes e vamos enfraquecê-las. E vamos pegar as nossas palavras que estão enfraquecidas e vamos potencializá-las. Por exemplo, se o inimigo adora dizer desenvolvimento, nós vamos dizer que o desenvolvimento desconecta, que o desenvolvimento é uma variante da cosmofobia. Vamos dizer que a cosmofobia é um vírus pandêmico e botar para ferrar a palavra desenvolvimento. Porque a palavra boa é envolvimento. (SANTOS, 2023, p.13-14)

O autor exemplifica com outras interpretações e substituições de termos consagrados no ocidente, exemplo: troca de desenvolvimento sustentável por biointeração, coincidência por confluência, saber sintético por saber orgânico, transporte por transfluência, dinheiro ou troca por compartilhamento, e colonização por contracolonização. Uma ferramenta literária e discursiva que ele compara aos recursos usados em outras comunidades e favelas, ao usarem gírias para melhorar sua comunicação e para que seus colonizadores não as entendem.

> Um rio não deixa de ser um rio porque conflui com outro rio, ao contrário, ele passa a ser ele mesmo e outros rios, ele se fortalece. Quando a gente confluência, a gente não deixa de ser a gente, a gente passa a ser a gente e outra gente – a gente rende. A confluência é uma força que rende, que aumenta, que amplia. (SANTOS, 2023, p.15)

A confluência de saberes é sem dúvida uma das definições conceituais proposta que pode substituir o conceito de ruínas-sementes que iremos explorar e adensar em nossa cartografia imagética. Sublinhando inclusive a importância das epistemologias Sul ao nos proporcionar esses conhecimentos quando nos permitimos enriquecer com a perspectiva do outro.

É a ruptura que necessitamos na luta decolonial para levar ao máximo a concepção de contrariedade do desperdício das experiências, para avançar com o próprio pensamento e desenvolvimento de todos os teóricos das epistemologias do Sul.

Nas epistemologias do Sul precisamos sempre reconhecer, identificar, classificar, desconstruir e denunciar essas linhas abissais que nos impendem em adentrar a esses novos territórios e saberes. Sem isso não é imaginável decolonizar o conhecimento, romper com os ideais do patriarcado.

Não se trata somente de ir além no campo da política, no campo discursivo, mas principalmente no campo epistemológico promovendo um novo conhecimento, ou melhor, alternativas ao conhecimento que sejam aplicadas em ações concretas de transformações.

Ir além é o esforço de romper com a ciência moderna para uma ciência pós-abissal que vai estar assentada na diversidade de saberes, seja na copresença de suas diferenças, de suas confrontações, afinidades, divergências, contradições, complementaridades e validades.

É utilizar do conhecimento que emana destas comunidades para romper com a dominação ao desenvolver a capacidade autônoma de poder em cada indivíduo ou coletivo. É o mantra do poder ao povo, para as suas lutas sociais e de resistência.

Poder ao povo é o resultado esperado no desenvolvimento da ciência pós-abissal para uma ciência decolonial, da ecologia de saberes para a confluência de saberes e da ruína-semente para as coordenadas de territórios[26].

A retórica dessa nova ciência pós-abissal somente pode se opor a toda forma de opressão e para tanto deve ser compartilhada com o todo. Não se trata da democratização do conhecimento e sim democratização dos conhecimentos, é no plural que devemos falar se realmente estamos confluindo com as diversidades, com as diferenças.

Boaventura (SANTOS, 2002) expõe como a retórica vazia e singular, de normatizações, se tornou um discurso central na ciência, um elemento fundador da ciência moderna.

Nesta linha de raciocínio, ao reconhecer os limites do conhecimento, somos lançados a uma análise que parte das implicações da vida cotidiana em direção ao global. O autor ressalta que a análise retórica da ciência moderna oferece uma visão limitada do conhecimento pós-moderno, do conhecimento das tradições epistemológicas marginalizadas, dos saberes que realmente poderiam nos guiar para uma possível e completa emancipação.

---

[26] Conceitos que ficaram claros nas próximas páginas deste livro.

Boaventura de Sousa Santos em linhas gerais determina que a nova retórica, que deve transformar a ciência moderna ocidental, seja uma construção de conhecimento prudente para uma vida descente.

Estamos aqui então cumprindo com uma de suas próprias afirmativas, ao romper com o conhecimento limitante do colonialismo que o influenciou diretamente, não que seu pensamento seja descartado, é acrescentado novas concepções e críticas.

Por sorte ou pela própria cosmologia, o lusitano "Santos" se torna o mestre quilombola "dos Santos".

Sorte, urgência e necessidade de reimaginar o conhecimento emancipatório, com a emergente nova retórica totalmente reconstruída desde suas bases. Isso implica em uma crítica radical visando a concepção de uma retórica inteiramente nova, que priorize a persuasão genuína em vez da simples convicção.

Na nova retórica (SANTOS, 2002) ainda encontramos a polarização do orador e do auditório, com protagonismo ao primeiro. O diálogo entre eles é existente, mas exige do orador um conhecimento prévio do auditório, para com isso alcançar o seu objetivo de influenciar. Logo a dimensão dialógica é minimizada para este fim, em uma relação semelhante à relação entre sujeito e objeto na ciência moderna. Não é ainda uma relação aberta, é impositiva.

Propondo então uma novíssima retórica, Boaventura (SANTOS, 2002) diz que para ocorrer um fortalecimento da dimensão dialógica, convertendo em princípio regulador da prática argumentativa, as fronteiras entre o orador e auditória praticamente devem deixar de existir. Gerando um progresso do conhecimento através do autoconhecimento.

Na nova retórica o auditório se torna um dado; na novíssima retórica é um movimento de permanente transformação do conhecimento, é um processo social. Essa novíssima retórica tem como obrigação repensar o próprio pensamento deste sociólogo lusitano e todo conhecimento produzido até aqui nas epistemologias do Sul.

A ciência moderna, colocando a sociedade como um dado e não um processo social, se constituiu em oposição ao senso comum, ruptura epistemológica que se mostrou prejudicial. Que (de)limitou aquilo que chamamos de conhecimento verdadeiro, e do outro lado, em oposição, colocou o senso comum.

O ideal então ocorre com a ruptura epistemológica desta ruptura anterior, colocando o senso comum em seu lugar de conhecimento válido e plural, em uma forma de fazer ciência, ou seja, a própria ciência se tornando e "validando" o senso comum. Onde toda forma de conhecimento é voltada para compreender e explicar algum fenômeno especifico, e não generalizações e normatizações.

Nesta ruptura epistemológica que é a proposta de Boaventura, o próprio sociólogo acabou assumindo o papel de ciência moderna, conservadora e mistificada:

> [...] o conhecimento-emancipação tem de romper com o senso comum conservador, mistificado e mistificador, não para criar uma forma autônoma e isolada de conhecimento superior, mas para se transformar a si mesmo num senso comum novo e emancipatório. (SANTOS, 2002, p. 107)

Logo o conhecimento-emancipação deve ser convertido em um senso comum emancipatório, dentro de uma dimensão utópica e libertária. Este senso comum deve ser prático e pragmático. Prático ao dialogar com as necessidades reais, e pragmático na interdisciplinaridade ao se colocar em oposição a ciência moderna.

Boaventura (SANTOS, 2021), ao refletir a Pandemia do Covid, ao perambular pelas inúmeras cartografias do mundo como um aventureiro pandêmico ao estilo de seus compatriotas colonizadores em suas caravelas e tronos, distante dos reais problemas da sociedade, ao criar seus mapas e em outros momentos estar na figura de intérprete, se viu diante de um duplo sentimento: o medo e a esperança.

Ao se colocar como espectador e agente histórico na expectativa de um novo século, uma nova época, que como todas, tem o seu início com um grande marco histórico, para o século XXI parece que ficou a pandemia. Sua exposição sobre esse momento histórico global é interpretada na lição e comunicação mais radical do vírus: a época que começou no século XVI com a expansão europeia está encontrando seu fim, a natureza que nos pertencia aparentemente por nossos princípios e leis desde o século XVI agora nos recorda do pertencimento das nossas limitações com a própria natureza.

A bussola da história parece estar apontada para um outro local, para um novo momento. Uma nova chance de renovação da humanidade foi lançada. O que faremos desta vez? Seremos salvos no amor incondicional ou vamos condenar a nossa existência requentando todo ódio e preconceitos historicamente construídos para nos controlar?

A esperança pode ser medida pela validade utópica que a própria concepção de epistemologias do Sul carrega. Mas o medo é facilmente justificado no conceito de cosmofobia cunhado nesta perspectiva quilombola (SANTOS,2023).

A cosmofobia intrínseca ao pensamento colonialista, manifesta-se através de diversos sintomas, sendo um deles o receio em relação ao que é considerado sagrado, portanto, imutável.

Para uma compreensão mais profunda dessa condição, é imperativo explorar a trajetória das pessoas que a ela cedem, compreender o medo em decretarem o fim de um sistema caótico, o fim de uma era de exploração.

O medo que sentimos na pandemia pode ser visto tanto na eliminação quanto na exclusão da sociedade moderna, na própria mudança do que poderia vir a ser a sociedade ocidental. Um medo que se justifica exatamente na artificialidade que se tornou a vida humana se distanciando da natureza e, que tem a sua representação máxima na vida urbana.

O medo que corre nas veias das cidades, neste espaço de exclusão de toda forma de vida, somente permitindo a "vida" artificial.

Segundo a análise dos Santos (2023), a humanidade se viu desconectada da natureza a partir da ocorrência do pecado original. Esta ruptura resultou em uma penalização que impediu os seres humanos de experimentarem sua conexão intrínseca com o reino animal, configurando uma distância originada, em parte, pela manifestação da própria cosmofobia.

> A cosmofobia é o medo, é uma doença que não tem cura, apenas imunidade. E qual é a imunização que nos protege da cosmofobia? A contracolonização. Ou seja, o politeísmo, porque a cosmofobia é germinada dentro do monoteísmo. Se deixamos o monoteísmo e adentramos o politeísmo, nos imunizamos. No mundo politeísta não existe pecado original, ninguém foi expulso do Jardim do Edem, ninguém tem memória de terror. Os deuses e as deusas são muitos e não temos medo de falar com eles. No mundo politeísta, ninguém disputa um deus, porque há muitos deuses e deusas para todo mundo. Como no monoteísta só há um deus, é uma disputa permanente. O povo de Israel contra o povo da Palestina, por exemplo. (SANTOS, 2023, p.15)

Isso não quer dizer que todas as pessoas ou religiões precisem cultuar vários deuses, somente significa que não precisamos disputar com ninguém aquilo que é sagrado e muito menos devemos impedir o sagrado do outro. Que precisamos sair dessa lógica de mercantilização e posse, de hierarquização entre as pessoas, que acarreta o medo para com os nossos próprios semelhantes e para com o futuro transformado.

Que é essa lógica que nos leva a querer cada vez acumular mais, de exploração e esgotamento, gerando um sentimento estranho de pertencimento com a natureza através da sua desconexão e dominação. Um pertencimento próprio do colonialismo baseado na posse e subjugação.

Lógica própria das cidades, própria das estruturas colonialistas

Este sentimento de pertencimento e dominação da natureza são de responsabilidade direta dos três pilares da dominação moderna: o capitalismo, colonialismo e o patriarcado. Exploração da natureza que serve como base a exploração do trabalho humano, mercantilização da vida, do sexismo e racismos.

O próprio ato laborioso humano, assim como a transformação de sua existência em uma mercadoria transversal, converte toda produção em um vazio significativo. Nesse contexto em que tudo acaba sendo mercantilizado, dos Santos (2023), direciona sua análise ao teatro, abordando-o como uma prática estranha dos adultos executando/brincando enquanto outros adultos pagam para contemplar.

CONTEXTUALIZAÇÃO

Na mercantilização da arte, o teatro perde sua essência, transformando-se em uma mera simulação de atividade. Contrastando essa prática, nas comunidades quilombolas e tradicionais, a noção de "brincadeira" que está ligada à ação construtiva; é uma forma de interação com o próximo e com a natureza, uma forma de confluir saberes.

Como afirma o mestre quilombola Bispo dos Santos (SANTOS, 2023, p. 22):

> O teatro, assim como qualquer outra manifestação artística subjugada à lógica mercantil, obstrui o diálogo das almas. A arte nutre-se da vida e não deve ser reduzida a uma mera mercadoria.

A ideia da arte, do artista, é servir ao comunitarismo, é o compartilhamento. O que para o autor contradiz o conceito de cultura ocidental, da mercantilização da cultura, ao ponto que o autor afirma que não existe sequer o conceito de cultura em sua comunidade.

Enquanto eles possuem modos de vida e que podem ser modificados, para dos Santos (2023), nós possuímos a cultura e que tem uma maior resistência as mudanças por ser padronizada, mercantilizada e colonial.

É nesse conflito existencial entre as formas de saber, dos modos de viver, que os problemas se colocam nas agendas e emergências que estão balançando os alicerces da ciência e da sociedade moderna. São conflitos que inicialmente interpretávamos nas epistemologias do Sul através de uma sociologia lusitana (SANTOS, 2021), aplicada em três dimensões principais:

a) **Ruína-semente:**

São um presente ausente, uma fusão de memória e uma vislumbre de um futuro alternativo. Personificação de tudo aquilo que grupos sociais marginalizados identificam como conceitos, filosofias, práticas originais e autênticas. Apesar de terem sofrido embates históricos, essas ideias (ruínas) continuam a existir, sobrevivendo não apenas na lembrança, mas também nos espaços escondidos do cotidiano marcado pela exclusão e discriminação. Elas brotam como fontes de dignidade e de esperança, forjando um caminho em direção a um horizonte pós-capitalista e pós-colonial.

Embora existam traços de nostalgia nessa relação, a nostalgia é vivenciada de maneira antinostálgico, ao se inserir em um quadro de expectativa por um futuro que transcende o caos das alternativas eurocêntricas, pois sempre se manteve à margem dessas mesmas alternativas. Assim, essas concepções paradoxais são, ao mesmo tempo, ruínas e sementes. São personificações de grupos sociais marginalizados da cartografia do pensamento moderno, encontrando-se do outro lado da linha abissal e imersos na sociabilidade colonial.

b) **Apropriações contra-hegemônicas:**

São conceitos, filosofias e práticas que originalmente surgem das esferas dos grupos sociais dominantes, com o propósito de manutenção da dominação moderna. Entretanto, os grupos sociais marginalizados apropriaram-se destas ideias, reinterpretando-as e reestruturando-as. De forma criativa e criteriosa, as subvertem, remodelam e transformam em instrumentos de resistência contra essa mesma dominação.

c) **Zonas Libertadas:**

São espaços construídos em torno de princípios e normas que se contrapõem àqueles que prevalecem nas sociedades capitalistas, colonialistas e patriarcais. Denominadas de zonas libertadas, essas comunidades operam com um consenso fundamental, fundamentado na participação equitativa de todos os seus integrantes. Esse espaços possuem uma dimensão que é simultaneamente performativa, figurativa e educativa. Em particular, as zonas libertadas são um exemplo concreto de utopias realistas, representando uma das manifestações concretas das aspirações das epistemologias do Sul.

Esses três tipos de emergências apontadas na teoria das epistemologias do Sul podem trabalhar conjuntamente (como ocorre na maioria dos casos) ou pensadas de forma individualizadas, tanto para desenvolvimento de alternativas ou como escolha metodológica.

No desenvolvimento da metodologia da cartografia imagética, posteriormente nas Partes 2,3,4 ,5 e 6 desta coletânea de livros, que se trata da exemplificação prática de nosso pensamento, tendo como o estilo musical do Blues, essas dimensões se mostram bastante pertinentes. Todavia veremos elas se transmutando dentro da ciência decolonial na terceira realidade, na confluência de saberes e nas coordenadas de territórios.

Na sua essência o Blues é um presente ausente, é um gatilho de memória e se configura como uma alternativa de resistência no futuro. Este estilo musical é representativo e significativo para diversas classes sociais e comunidades, que os reconhecem como concepções, filosofia e práticas de resistência e luta social. Mesmo que em algum momento tenham se curvados ao sistema capitalista, fortalecido o colonialismo e reforçado o patriarcado, ainda se configuram como lembranças, memórias de esperanças de um futuro promissor.

Aqui encontramos outra semelhança com o Blues quando falamos de ruína. Existe aqui um gatilho que nos leva a um aspecto de nostalgia, entretanto essa nostalgia deve ser experenciada e sentida como antinostálgico, precisamente porque ela visa romper com um passado que era opressor, com um capitalismo avassalador, colonialista e patriarcal.

A ruína-semente deve se configurar com uma alternativa inteiramente nova e moderna, algo que transforme a sociedade. As ruínas sementes devem ser vivas, ativas e memórias do que fomos e o que pretendemos ser.

> Pode consistir na invocação de um mundo pré-moderno, mas o modo como é invocado é moderno, representa a aspiração de uma modernidade outra. Estamos perante ruínas que são vivas, não porque sejam 'visitadas' por vivos, mas porque são vividas por isso, são simultaneamente ruínas e sementes. Representam o paradoxo

existencial de todos os grupos sociais que foram vítimas da cartografia do pensamento abissal moderno ao serem 'localizados' no outro lado da linha abissal, no lado da sociabilidade colonial [...] Enquanto para o mundo colonizador a nostalgia das ruínas é a memória perturbadora da 'face obscura da modernidade', para o colonizado é simultaneamente a memória perturbadora de uma destruição e um sinal auspicioso de que a destruição não foi total e de que o que pode ser resgatado como energia de resistência aqui e agora é a vocação original e única para um futuro alternativo. (SANTOS, 2019, p. 56)

O foco na ruína-semente neste momento não quer dizer descartar totalmente as duas outras emergências, observe que essas dimensões interagem entre si, existe uma relação triádica.

Seria impossível não pensar, por exemplo, no estilo e modo de vida do Blues, na música, e na própria produção cultural, e não perceber que a própria indústria cultural, indústria fonográfica, sociedade de consumo em massa e mesmo a sociedade moderna (informatizada, com seus diversos processos de globalizações) constituída em seus aparatos de dominação hegemônicos, nos colocando em ação para efetivar o processo de apropriações contra-hegemônicas para uma eficaz transformação nas lutas sociais.

Precisamos nos apropriar deste conceitos filosóficos e práticas de dominação, ressignificando, refundando, subvertendo e transformando de forma crítica e prudente em instrumentos contra todo tipo de dominação.

Da mesma forma que devemos procurar dentro deste desenvolvimento cultural, seja ele da música no geral ou no próprio Blues, as zonas libertadas, que tentam dentro dos seus princípios e regras se manterem distantes das amarras do capitalismo, do colonialismo e do patriarcado.

Essas utopias realistas não só se configuram como objetos, mas como espaço rico de conhecimento para a ecologia de saberes, reinterpretadas na confluência de saberes. São experiências que não podem ser desperdiçadas pelas epistemologias do Sul.

As zonas libertadas se configuram em alternativas que já estão sendo colocadas em práticas, testadas e validadas, seja dentro de uma lógica de confrontação ou paralelo ao próprio sistema vigente. São experiências sociais que enriquecem a pedagogia das epistemologias do Sul.

Estas três emergências abrem caminho à transição da ciência para uma sociedade pós-abissal, para a ciência decolonial, todavia o processo não é imediato e requer muito trabalho coletivo.

Nos capítulos subsequentes, à medida que são apresentados conceitos de ciência decolonial e métodos da Cartografia Imagética, estes três fenômenos emergenciais combinam-se e vão se transmutando em outros conceitos, seguindo a lógica da guerra de denominações (jogo de palavras) apresentado por Santos (2023), a exemplo do conceito que apresentaremos como Coordenadas de Territórios.

Essa ideia nos convida a repensar a forma como nos comunicamos e entendemos o mundo especialmente no contexto de comunidades marginalizadas e ex-colônias (se isso é possível de ser verificável hoje).

Precisamos nos debruçar sobre o conceito de comunicação decolonial, precisamos reler trabalhos que tratam diretamente do assunto ou o tangenciaram, a exemplo dos pensadores: Nelson Maldonado-Torres, Anibal Quijano, Ramón Grosfoguel, María Lugones, Walter D. Mignolo, Arturo Escobar, Gloria Anzaldúa, Édouard Glissant, Sabelo J. Ndlovu-Gatsheni, Frantz Fanon, Sueli Carneiro, Frei Betto, Muniz Sodré, Luiz Rufino, Kabengele Munanga, Catherine Walsh, Linda Tuhiwai Smith, Homi K. Bhabha, entre tantos outros que debatem a decolonialidade.

A comunicação decolonial vai além das abordagens tradicionais de troca de informações e significados. Baseia-se na criação de um novo conhecimento de libertação.

Ao redefinir as nomenclaturas desafia a estrutura dominante de interpretação. Neste paradigma, a comunicação não é apenas um meio de transmissão de dados, mas um ato de resistência e transmutação cultural.

É necessário confrontar as estruturas de poder e dominação que estão presentes na comunicação e consequentemente na própria produção de conhecimento. Uma abordagem crítica que visa objetivamente decolonizar a produção, distribuição, recepção e significação das mensagens na sociedade. Questionando sempre o eurocentrismo, as hierarquias de conhecimento e poder da comunicação global.

A centralidade da comunidade é essencial na comunicação decolonial; que reafirma a promessa de uma conexão interdependente entre o indivíduo e o ambiente natural e cultural.

Falamos das comunidades vistas como espaços sem fins lucrativos, onde histórias são partilhadas para aquecer os sentimentos e espiritualidade na jornada coletiva.

A prática de recontar histórias não é simplesmente uma transmissão de informação, mas uma forma de manter a identidade cultural, fortalecer os laços comunitários e desafiar as narrativas impostas por colonialismo.

Outra função que lhe compete é a superação do dualismo entre as ciências naturais e sociais, ao combinar diferentes tipos de conhecimento, incluindo o conhecimento tradicional e científico, remodelando a base da nossa compreensão da realidade.

É fundamental a revalorização da humanidade na qual a racionalidade estético-expressiva (arte e literatura) desempenham um papel importante na reconstrução do conhecimento emancipatório.

Com essas premissas busca-se a transformação social através da conscientização, do diálogo aberto e crítico para a construção de alternativas comunicacionais de contestação e resistência ao colonialismo, ao racismo e todas as outras formas de preconceito e opressão.

Formas de exploração que estão baseadas nas questões conceituais da colonialidade do poder, subalternidade – que demanda uma forte resistência de todos e de sacrifícios de empatia e compaixão que exige a prática do amor incondicional.

Tensionando a teoria decolonial para refletirmos uma metodologia da cartografia imagética e centralidade do conceito de terceira realidade, a perspectiva deve ser sempre interdisciplinar ao ponto de as próprias disciplinas perderem as suas fronteiras.

Não existe teoria decolonial ou qualquer utopia e prática decolonial sem uma comunicação decolonial, não que se limite a comunicação, mas que se utiliza dela para as transformações sociais necessárias em escalas cada vez mais abrangentes através da conscientização.

A comunicação auxiliando e sendo essencial para decolonizar as estruturas de poder e dominação ao promover uma perspectiva mais justa e fraterna, inclusiva e igualitária, com diversidade e equidade.

No centro da comunicação decolonial se encontra a "Guerra das Denominações" proposta por Santos (2023). Esta estratégia envolve apropriar-se de ideias científicas e repensar através de conhecimentos decoloniais. Não é apenas uma forma de resistência simbólica, mas uma forma poderosa de desconstruir o domínio colonial no campo de duelo da linguagem e do pensamento.

Assim, a comunicação decolonial está a reconectar, repensar e redefinir estruturas coloniais desafiadoras. Apreciar a cultura e o conhecimento das pessoas marginalizadas. Convertendo a comunicação em uma ferramenta de empoderamento e resistência, bem como maneiras de criar uma compreensão mais autêntica e cosmológica.

No contexto do conceito de comunicação decolonial apresentado acima, a ciência é vista de novas maneiras e com uma outra roupagem, com ênfase na reconstrução do conhecimento emancipatório e libertação das estruturas de interpretação e poder associadas a esse conhecimento.

É o básico para denominarmos de ciência decolonial. Procurando ir além da ciência moderna tradicional e eurocêntrica, combinando diferentes tipos de conhecimento.

A ciência da decolonização reconhece a relação intrínseca entre o indivíduo, a natureza e a cultura conforme demonstrado pelo desdobramento do conceito de comunicação da decolonização. Procura as complexas relações e influências que moldam as nossas realidades, enfatizando a importância das perspectivas e contextos culturais na interpretação dos fenômenos naturais, sociais e culturais.

No âmbito desta análise a prática científica não é apenas uma busca de conhecimento concreto, é uma busca pela compreensão contextual e sensível.

A ciência colonial tem que combinar métodos de investigação que respeitem e valorizem a diversidade do conhecimento para promover a colaboração entre pesquisadores e comunidades, entre a universidade e a vida cotidiana.

Ao mesmo tempo em que enfatiza a importância da ética e da responsabilidade na pesquisa científica, examina criticamente os impactos sociais, políticos e culturais que provocam com suas ações.

Precisamos ter sempre em mente e estarmos atentos para não cairmos nas armadilhas dicotômicas, de padrões de dominação e exploração. Sempre devemos questionar as estruturas de poder dentro da própria comunidade científica, desafiando as estruturas hierárquicas tradicionais e incentivando uma participação mais equitativa e inclusiva dos cientistas em diversas áreas do conhecimento.

Isto é valioso não só para os avanços da ciência e dos outros saberes para decifrar as estruturas coloniais, mas sobretudo contribuí no desenvolvimento de um conhecimento libertador que seja verdadeiramente inclusivo, avesso as normatizações e normalizações que nos são impostas e limitam a participação e representatividade.

2.6 Ecologia de saberes ou confluência de saberes?

A utilização do conceito da ecologia de saberes é a forma de resistência inicial da pesquisa deste livro e conjunto da obra que encontramos para refletir sobre o alcance das epistemologias do Sul, com objetivo da emancipação e o pleno desenvolvimento do ser humano.

Parecia ser a conexão necessária e suficiente entre o senso comum (os diversos saberes) e a ciência, ou seja, a integração de todos os conhecimentos e saberes que estão além dos muros da academia, dos laboratórios.

Falava diretamente ao refrão de nosso blues: a ciência por si só não basta para solucionarmos os problemas da humanidade diante da magnitude do universo.

Proposta de definição conceitual interdisciplinar e holística que reconhece a diversidade de conhecimentos e perspectivas de realidades presentes em diferentes culturas e disciplinas. Essa concepção fomenta ou pretende criar alternativas para o diálogo, a troca e a colaboração entre diferentes formas de saberes.

Ao reconhecer que diferentes sociedade, grupos, comunidades e culturas têm seus próprios modos de vida para se relacionar com a natureza e com os seus semelhantes para produzir sua existência ou cultura, colocamos como primordial a preservação e respeito desses diversos saberes. Principalmente quando os integra em uma análise crítica para uma compreensão ampla através de diversas perspectivas para enfrentar os desafios e oportunidades da sociedade.

Obviamente, depois de tudo que foi comentado, não apresentando soluções deterministas e sim alternativas a serem debatidas por todos. A bussola está apontando para superação das hierarquias da ciência ao promover a colaboração igualitária entre as supostas diferenças do conhecimento.

A ecologia de saberes não tem como pretensão descartar ou substituir o conhecimento científico, está buscando seu reposicionamento nas reais necessidades da sociedade, levando este ao cotidiano, as comunidades. Em uma comunicação aberta entre os saberes na interculturalidade – o respeito e valorização de toda forma de conhecimento, com princípios de sustentabilidade, equidade e justiça, adaptação e resiliência, cooperação interdisciplinar, conhecimento situado – promove a racionalização do senso comum e a humanização da ciência. Com propósitos de promoção da inovação social e da necessária mudança epistemológica.

Esta é a proposta lusitana de Santos (2007, 2019) e o seu conceito sobre a ecologia de saberes rumo as epistemologias do Sul, ao buscar valorizar os saberes existentes. Principalmente dos indivíduos que se encontram marginalizados na sociedade, os saberes dos excluídos, excluídos de uma forma abissal na suposta única verdade da racionalidade cientifica.

Uma exclusão sistêmica com base principalmente no eurocentrismo e colonialismo.

A resposta a essas exclusões é dada na substituição da sociologia das ausências pela sociologia das emergências, com foco nas problemáticas e necessidades locais autênticas, não mais determinadas pelo mercado.

> A ecologia de saberes e a tradução intercultural são as ferramentas que convertem a diversidade de saberes tornada visível pela sociologia das ausências e pela sociologia das emergências num recurso capacitador que, ao possibilitar uma inteligibilidade ampliada de contextos de opressão e resistência, permite articulações mais abrangentes e mais profundas entre lutas que reúnem as várias dimensões ou tipos de dominação de modos diferentes. (SANTOS, 2019, p. 59)

Reconhecer as outras formas de produzir conhecimento, além do conhecimento científico, é um dos objetivos desta tese para se pensar na Terceira Realidade. Criando meios para que tais conhecimentos tenham uma relação sem hierarquias definidas e baseadas em uma relação de poder, sem perder de vista uma perspectiva crítica destes saberes. São pontes de linguagem, de espaço e tempo entre estes conhecimentos em um movimento cíclico.

Logo não se trata somente de reconhecer e catalogar estes saberes quando se menciona a tradução intercultural, e sim de uma democratização da liberdade do conhecimento através da comunicação decolonial que confere diferentes modos de vida, no respeito de suas autonomias. É um campo que se abre principalmente ao tentar tornar uma linguagem acessível para todos.

Esta forma de linguagem que se pretende ser acessível[27], sem que isso signifique a universalização da linguagem, é justamente a alternativa possível e viável de conferir visibilidade as epistemologias do Sul.

Conferir a possibilidade de visibilidade as experiências não eurocêntricas, a diversidade de experiências só pode ocorrer com a consciência de que existem outras formas de pensar e produzir a vida que são tão eficientes quanto a nossa. Se trata de organização e resistência para conferir justiça em todos os seus aspectos através da justiça cognitiva – do reconhecimento das igualdades.

Na perspectiva da tradução intercultural, Boaventura (2018;2019) verificou nas formulações das epistemologias do Sul com o reconhecimento de três importantes passos: aprender que existe o Sul; aprender a ir para o Sul e; aprender com e a partir do Sul. Em uma clara oposição ao pensamento do colonizador sobre o pensamento do colonizado que causa a ruptura entre o Norte e o Sul, do Norte global e do Sul global.

Lembrando que essa separação, ruptura, entre o Norte e o Sul, não é relacionada as questões geográficas e sim da marginalização de alguns povos, culturas e saberes. No Sul geográfico podemos encontrar o Norte colonizador e no Norte Geográfico também encontramos o Sul colonizado, eles podem ocupar o mesmo espaço ou não.

E nessa perspectiva da tradução intercultural, da perspectiva do Sul e da ruptura entre o Norte e o Sul que surge a oportunidade e necessidade de trazer os conceitos e perspectivas de Antônio Bispo dos Santos (SANTOS, 2023) para enriquecer o conceito de ecologia de saberes, não só por jogo[28] de palavras, mas pela carga cultural que pode provocar. Principalmente por sua compreensão de comunidade, validando o próprio conceito da ecologia de saberes através das suas contribuições e críticas.

Em uma destas críticas, ao afirmar que a sociedade está se constituindo em torno da ideia do igual, para o autor a comunidade, em oposição, se constitui através da ideia dos diversos. É o que dos Santos denomina e se autodenomina "diversais", "cosmológicos", na significação de seres autênticos e convivendo harmoniosamente com o universo. Uma concepção que pretende opor os "humanistas", os quais teriam a tendência de mercantilizar tudo, inclusive a natureza para a simples obtenção cada vez maior de lucro. Os diversais, por outro lado, se reconhecem como parte do cosmos, ou seja, são partes da natureza e não seus possuidores, enquanto os humanistas que se denominam seres humanos se retiram dessa equação.

A lógica é que os diversais se identificam como seres naturais, como consequência estão intrinsecamente ligados a todo o cosmo e não separado deles. Já os humanistas se limitam ao

---

[27] Nada mais acessível que um mapa, que uma imagem.
[28] Falar "jogo" nos parece melhor que o termo "guerra" para uma metodologia que pretende ser afetiva.

estarem enraizados em uma cosmofobia, a fobia do universo que se caracteriza por medo de tudo e todos.

A contextualização desta cosmofobia é dada por dos Santos (2023) como a representatividade da autêntica catástrofe que está colocando em risco a perpetuação da humanidade, consequência direta do ser humano ter se desconectado da sua principal ou primordial origem, de sua primeira raiz, a natureza.

Esse feito catastrófico de desconexão não é obra do acaso, é intencional, para os tornarem criadores e não mais criaturas ou parte do todo. Nesta ação desmedida manipulam toda forma de vida, tudo o que é orgânico, pronta a ser transformada em mera matéria-prima, em mercadoria.

Nesta lógica todo ser vivo se torna objeto mercantilizado, transformado, processado e reduzido em um objeto de consumo que foge a sua própria existência e cosmologia para satisfazer necessidades não naturais, mas da estranha racionalidade humana.

Servindo ao mantra da publicidade e do marketing, onde não se criam necessidades (visto que elas são naturais), mas se despertam desejos – que aqui é visto como consumo desnecessário.

Agem desta maneira ao reivindicar para si mesmos como únicos seres dotados de consciência e inteligência, se nomeiam deuses na hierarquia natural e, por este motivo acreditam que podem controlar tudo e todos, sem precisar pensar na relação de biointeração.

Aqui reside um dos motivos para dos Santos (2023) abolir o conceito ou termo "humanismo" para apresentar o termo "diversais", ao expor que o termo humanismo é conectado ao conceito de desenvolvimento, que tem como objetivo principal propiciar condições para tornarem os humanos em criadores e não reconhecendo a relação primordial com a natureza. Transformando todo orgânico em artificial, até o próprio corpo, na tentativa de purificar tudo o que é original com essa racionalidade.

Na contrapartida os diversais se posicionam como seres cosmológicos, orgânicos, ambicionando por viverem nesta condição natural dentro de um equilíbrio e harmonia com a natureza, com o objetivo de continuarem sendo orgânicos.

Neste posicionamento e pensando no jogo de palavras, os diversais abandonam a palavra "desenvolver" para em seu lugar pensar na palavra "envolver", uma alternativa de conferir um maior significado para esse equilíbrio e relação natural. É a oposição que se coloca o pensamento cosmológico com o pensamento de humanismo do desenvolvimento.

Esses conceitos de diversais, orgânicos, biointeração e envolvimento são importantes nas suas significações ideológicas e devem ser incorporados na metodologia que estamos desenvolvendo, principalmente quando falamos na valorização da diversidade de saberes, e para realmente colocar em prática a comunicação decolonial.

Se trata de significações de saberes e modos de vida que podem evidenciar as fronteiras existentes entre o Norte e o Sul.

Nestas fronteiras entre Norte e Sul, que dentro do pensamento teórico das epistemologias do Sul são denominadas de linhas abissais, são resultantes diretas da dominação colonial, que não é somente uma questão geográfica, mas epistêmica ao colonizar o próprio desenvolvimento intelectual, a produção de conhecimento; através desta aceitação da pretenciosa fantasia da superioridade que confere aos indivíduos um poder intelectual estranho e não natural.

Como o objetivo principal desta tese é o desenvolvimento da Terceira Realidade, que para ser pensada e praticada precisamos desmistificar essas linhas abissais e todo o pensamento colonial, a análise e observação atenta que realizamos do pensamento de ideia de diversais parece bastante pertinente. Todavia não abandonamos a potência que o conceito de humanidade e ser humano carrega.

Principalmente (SANTOS, 2023) com os diversais afirmando que o seu pensamento vai além das questões dicotômicas ao trabalharem um raciocínio aberto, mas contraditório por ser fronteiriço com o próprio campo do humanismo.

Que os diversais não almejam ultrapassar essas fronteiras (que podem ser fluidas), mantendo uma relação de respeito e diálogo de saberes dentro destas zonas limítrofes, conservando as identidades e existência de cada um, ou seja, sem a necessidade de eliminar nenhum pensamento, modo de vida e até mesmo a forma como cada indivíduo e grupo quer ser denominado.

Volto a frisar novamente que compreendo piamente a preocupação deste mestre quilombola ao olhar o caos do humanismo, dos humanistas, mais precisamente do pensamento colonial adentrar a sua comunidade, que pode ter um efeito devastador no modo de vida deles. Entretanto, a relação entre os diversos saberes da nossa proposta metodológica é o compartilhamento de conhecimento para o envolvimento de todos em pró de um mundo verdadeiramente livre e com justiça social. De nada nos valeria o esforço social e cultural em dialogar com a diversidade se as barreiras das linhas abissais forem mantidas.

Vivemos em um planeta finito e conectado, isso fatidicamente iria manter as desigualdades.

Os diversais, o conceito de ecologia de saberes, as confluências de saberes, a terceira realidade, as epistemologias do Sul, as lutas decoloniais tem o poder de transformar e criticar o pensamento opressor que pode estar em algum aforismo humanista.

Não podemos nos iludir e esquecermos de nossa herança eurocêntrica, colonialista, patriarcal e capitalista a ser combatida. Isso é inegável, visto que somos frutos deste processo produtivo e cultural. Obviamente o humanismo precisa ser amplamente criticado e desconstruído, mas ele é o maior sentimento e projeto de ruína-semente.

Por isso que compreendemos as preocupações de nosso mestre quilombola, todavia ainda confiamos no potencial e necessário humanismo através de uma educação e comunicação decolonial nascendo dentro deste espírito comunitário, ao mesmo tempo que são mantidas as identidades e diversidades.

A humanidade é uma grande família inserida no Universo.

Humanidade que se encontra os diversais, que não só contribuíram para a ecologia dos saberes, como a substituíram pela confluência de saberes, exatamente nessa citação:

> A globalização para os humanos não existe, o que existe para eles é a história do eurocentrismo – da centralidade, da unicidade. Não no sentido que nós entendemos por universalidade, mas no sentido da unicidade [...] os humanistas não querem globalizar no sentido diversal, mas no sentido de unificar, de transformar tudo em um. Quando falam de indivíduo, falam de unicidade. Nós quando falamos de indivíduo, estamos falando de unidade, estamos dizendo "um", mas esse "um" é parte do todo, do universo. Se para os humanistas o "um" é o universo, para nós só há "um" porque existe mais de um. Percebemos a diferença entre ser "um" e ser único, enquanto para eles, o "um" e o único são a mesma coisa. Quando dizemos "globo", estamos englobando e, ao mesmo tempo, reconhecendo as individualidades que existem dentro do globo. Essa é uma questão germinante, que precisa ser trada e cultivada. (SANTOS, 2023, p. 31-32).

A resistência e transformação através da ecologia de saberes é justamente o rompimento com este conhecimento segregador, da descolonização do saber. Pensamento próximo ao da emancipação intelectual proposto por Rancière, Freire, bell hooks e tantos outros pensadores, e que Antônio Bispo dos Santos se mostra tão próximo, mesmo que informe um distanciamento dos saberes acadêmicos.

Toda forma de saber deve ser vista, analisada e incorporada de maneira crítica, não se trata de um colecionismo de saberes, de uma pilhagem e consumo.

Pilhagem e consumismo é uma prática da sociedade moderna que precisamos abolir.

Nesta mesma concepção que nos permitimos realizar a crítica ao pensamento de Boaventura de Sousa Santos quando este parece falar de um conhecimento pluricultural em oposição ao conhecimento monocultural do eurocentrismo, que é a ecologia de saberes e, que em uma tradução intercultural visa efetivar transformações progressistas para a emancipação social e individual, para conferir dignidade a todos.

Mesmo que posicione a ecologia de saberes como um processo de ação contra-hegemônico, de descolonização, que se faz necessário a substituição das zonas de contato, das relações desiguais de poder e dando espaço para o lugar de relações de autoridades partilhadas (que se trata de uma utopia das epistemologias do Sul); não parece em momento algum estar sendo considerada a forma de vida que uma determinada comunidade deseja e que seja própria de sua cultura. Parece que ela precisa alterar sua forma de vida em uma imposição escondida nas entrelinhas deste suposto pensamento libertador para se enquadrar no que determina o pensamento progressista, que deixa de ser libertário quando é igualmente imposto.

O mesmo ocorre com o pensamento científico, com as universidade, que falam de uma suposta liberdade, de uma emancipação e inclusão, ao mesmo tempo que impõem um pensamento limitado metodologicamente com normas e conceitos de normalidade que não representam verdadeiramente a diversidade. Parece mais um adestramento da normalidade, padronizações, normatizações a serviço do mercado, do eurocentrismo e do colonialismo.

As universidades e outras instituições da educação estão sendo forçadas cada vez mais a formarem indivíduos para o mercado e não para a emancipação, para o desenvolvimento da humanidade. Essa prática é tão descarada que é visível nas propagandas das faculdades, disputando qual é a mais aceita pelo mercado, qual consegue "empregar" mais indivíduos embrutecidos nas máquinas do sistema.

Na crítica construtiva realizada pela etnomusicóloga Susana Sardo (2013) encontramos respaldo para a linha de raciocínio e critica que estamos realizando a esse pensamento, citando a preocupação destas alternativas dentro de uma ecologia de saberes validarem práticas do colonizador. Algo que somos igualmente alertados no pensamento de Antônio Bispo dos Santos (SANTOS, 2023).

Principalmente quando evocamos outros conhecimentos da ecologia de saberes que não estão inscritos no paradigma ocidental científico-racional, mas simplesmente o fazemos quando estes se tornam possíveis, e, portanto, se tornam alternativas, que podemos comprovar e legitimar através do próprio conhecimento científico-racional.[29]

Não podemos cair na armadilha ao deixar de analisar que na própria teoria desenvolvida por Boaventura de Sousa Santos exista a possibilidade de influência de pensamentos do colonialismo, patriarcado e capitalismo – ele é um ser vivente dentro desta ideologia dominante (já frisamos essa constatação e continuaremos).

Uma autocrítica que também devemos realizar com os nossos pensamentos e práticas constantemente como exploramos inicialmente ao discutir brevemente, sem que isso não queira tirar o seu peso crítico, sobre o conceito de cancelamento.

---

[29] Um exemplo claro é essa própria tese que ao propor uma metodologia da Cartografia Imagética, com alguns conceitos, a exemplo da centralidade da Terceira Realidade, que pretende ir além das fronteiras da ciência, visando uma ciência decolonial, imaginativa, criativa e verdadeiramente inclusiva. Todavia é desenvolvida no interior da própria ciência moderna que pode julgar sua veracidade, visibilidade ou invisibilidade. Mais que uma tese acaba se tornando um ato revolucionário ou um exercício de futilidade caso caia na invisibilidade. É a mesma concepção de quem luta contra o sistema dentro do próprio sistema que não permite outras formas de vivências em qualquer parte do globo que não esteja respaldado por ele.

Ao não realizar essas críticas e autocriticas estamos reproduzindo as mesmas relações de poder que buscamos desconstruir, e nos tornamos iguais opressores ao querer impor alguma normatização geral, desconsiderando as diversidades.

> Ora os saberes inscritos nas diversas práticas musicais – e outros saberes efêmeros e transitórios –, porque são incorporados, entoados, improvisados, coexperenciados, tácitos, sensíveis e não verbalizáveis, recusam a tradução, ficando, portanto, em teoria, excluídos da lógica da ecologia dos saberes. Mais uma vez, ao procurar reverter as epistemologias dominantes, a proposta da ecologia dos saberes replica a violência epistêmica de que nos fala Dwight Conquergood, porque exclui significados que estão mascarados, camuflados, escondidos ou que se expressam a partir, 'do silêncio da entoação, da tensão dos corpos, e outras artes de proteção do disfarce e do segredo' (CONQUERGOOD, 2002, p.146), que lhes retira o privilégio da explicitude e a luxúria da transparência que a ciência racional reclama para os saberes que advoga. (SARDO, 2013, p.69-70)

Sardo (2013) percebe na ecologia dos saberes um conceito que por muitas vezes não consegue ir além do paradigma do conhecimento único e universal, ao contrário, parece querer replicar esse pensamento. A solução dada por ela para superar essa problemática relação de poder que parece perpetuar neste conceito é utilizando dos conceitos e das teorias da etnomusicologia.

A etnomusicologia como prática acadêmica já consolidada e validada, que segundo a autora, essa metodologia e área do conhecimento já abordava questões da ecologia de saberes.

O que também não poderia ser colocado a essa área como originalidade, visto que isso já é algo explorado pelas artes e por outros povos tradicionais, a exemplo dos nativos brasileiros e da comunidade quilombola.

Outro destaque apresentado nessa crítica está relacionado ao seu próprio objeto, a música, que em essência transcende a comunicação por ser um objeto de análise complexo. Ao passo que afirmo que a música é complexa exatamente por tentar materializar sonoramente e poeticamente o objeto mais complexo que pode existir no universo até o nosso limitado conhecimento presente, que é a própria percepção humana.

A argumentação da etnomusicóloga para manter o seu tom crítico a esse conceito e a teoria que o envolve, é que não existe uma cartografia epistêmica fixa, mas sim uma dinâmica epistemológica constante, fluida e que se constrói com o diálogo constante entre diversas culturas. Um posicionamento que lhe coloca na afirmativa de não existir uma epistemologia dominante, mesmo que em alguns momentos isso possa ocorrer, ou no mínimo existam tentativas.

Nessa relação fluida e dialógica é que a música está inserida. A música aqui se configura no som de nossa consciência além das linguagens tradicionais de cada povo.

A música, e iremos perceber ao estudar o blues nas outras partes que compõe a coletânea desta obra, responde exatamente a esse universo fragmentado, não linear, plural e dependente da contextualização do artista e do meio que está inserido. A sua existência é determinada por uma coexistência entre o músico, a música e tudo que o circunda. É uma interação de intersubjetividade que através do diálogo no ato do fazer música é visível a dependência com o ser, o contexto, a ação, o ouvinte; é visível a relação entre o tempo e espaço.

> [...] o conceito de ecologia dos saberes mostrando, de facto, que qualquer cartografia que procure situar o saber no tempo, no lugar ou na escala da ciência, mais não faz do que estabelecer fracturas abissais que contrariam o próprio desígnio ecológico que defendem. A música é, talvez, o domínio do saber mais bem apetrechado para nos mostrar esta evidência [...] a música possibilitou a inversão da hierarquia dos saberes, mostrando que o seu caráter efêmero e supostamente imaterial e perecível não representa necessariamente uma condição de subalternidade em relação ao conhecimento 'científico-racional'. Por contrário, pode transformá-la num poderoso instrumento para legitimar os indivíduos o direito de existir e o privilégio de estar de forma diferente. Mostrou também que o lugar da música não define uma circunscrição rígida limitada por uma geografia histórica e patrializada. Ela viaja através da paisagem topográfica e demográfica que a acolhe e que a performa contribuindo, igualmente para a construção permanente de novos lugares de memória. E mostrou, finalmente, que as linhas abissais que separam o planeta entre norte e sul são moveis e encontram pontos de separação e de reversibilidade em momentos de crise, gerando novas propostas epistêmicas e, por conseguinte, novos saberes demonstrando, como propõe Boaventura de Sousa Santos, que é possível encontrar o Sul no interior do Norte. (SARDO, 2013, p. 75)

Não iremos defender a posição da ecologia de saberes do Boaventura de Sousa Santos, não somente em virtude das últimas revelações de seu comportamento patriarcal, colonialista e capitalista; ou mesmo empreender uma defesa de Susana Sardo e toda sua coerência crítica, que adotaremos nas outras partes de coletânea ao falar do blues e da música.

Os dois pensamentos se configuram como alternativas possíveis. Todavia o nosso foco é apresentar outra alternativa possível, a Cartografia Imagética.

Neste momento a alternativa, em uma utopia possível, que propomos diante destas problemáticas expostas, e desviando deste conflito acadêmico, através de muita revisão teórica e praxes, é a busca na sinergia da própria renomeação dos conceitos nas Epistemologias do Sul, visando uma ciência decolonial, através de conhecimentos e experiências dos saberes marginalizados por eurocentrismo e colonialismo.

Dito isso o termo que passaremos a utilizar, que iremos incorporar no lugar de ecologia de saberes, e que por algumas vezes citamos no texto que se desenrolou até aqui, é confluência de saberes. Forjado nas lutas e conhecimentos quilombolas e decoloniais de Antônio Bispo dos Santos (2023).

A definição deste termo é justificada não só pela crítica que levantamos e da etnomusicóloga Susana Sardo, mas é embasada na concepção apresentada por Nego Bispo (SANTOS, 2023) sobre a sua compreensão da palavra ecologia. A qual é frequentemente empregada pela comunidade acadêmica para exemplificar diversos conceitos em múltiplas áreas e não encontra ressonância direta nas práticas de comunidades como é a quilombola a qual pertence.

A narrativa e vivência deste autor, deste mestre quilombola, retrata que nessas comunidades e modos de vida diversos, as palavras que traduzem o apreço e relação para com a natureza não são universais, ao contrário, são múltiplos e dizem sobre algo específico, citando as roças de quilombo, roças de aldeia, roças ribeirinha, roças de marisqueiro, roças de pescador e roças de quebra-de-coco.

Palavras especificas que não são utilizadas no meio acadêmico ao se referir a relação com a natureza destas comunidades especificas, preferindo a generalização do conceito ecologia, ao ponto de ofuscar a contribuição dessas culturas cosmológicas que praticam as confluências de saberes.

São culturas e modos de vida que não precisam retornar a sua origem natural, visto que nunca saíram dela – não são ruínas por serem autenticas, mas são sementes por serem espaços de esperança. O retorno a origem é algo direcionado a sociedade moderna na sua suposta racionalidade de domínio das leis naturais. É a normatização da ciência que não permite a plena inclusão de toda a diversidade.

Essa falha de comunicação (SANTOS, 2023) e reconhecimento destes saberes é atribuído tanto as instituições acadêmicas, visto que são os principais agentes de transformação e disseminação do conhecimento; e pelo mercado, que absorveu a própria academia, a ciência. E justamente por esses modos de vida não poderem ser mercantilizados ou por serem resistência a lógica da mercantilização, que o sistema não incorpora esses saberes em suas, teorias, discursos e práticas – adotam a postura de invisibilidade e marginalização.

As universidades enquanto instituições no interior da sociedade moderna, dentro dos cânones da ciência moderna ocidental, carecem de uma comunicação decolonial autêntica, e por isso não efetivam o projeto de inclusão, mantendo a segregação da normalidade eurocêntrica e colonial.

Uma crítica contundente no que se transformou as universidades na contemporaneidade ao privilegiar os conhecimentos que podem ser comercializados, padronizados e massificados. Uma educação voltada ao mercado de trabalho como verificamos nas maiorias peças publicitárias destas instituições.

Dentro deste raciocínio que seguiremos o conselho deste mestre quilombola, levando o seu conhecimento para as instituições acadêmicas com a finalidade de incorporar seus conceitos e adensando nossos discursos e conceitualizações através destas práticas autenticas e valorativas por meio da confluência de saberes.

O saber não pode ser objetivado para mercantilização, limitando o seu potencial ao insignificante pressuposto do lucro ou da manutenção das estruturas de poder que servem a uma minoria dominante.

Saber é emancipação, é liberdade, é plenitude de vida consciente.

Até porque nesta lógica de conhecimento mercantilizado, o que se aprende e se desenvolve nas universidade, não são mais saberes, são mercadorias. É a ciência no seu papel servil ao mercado deixando de lado as reais necessidades da sociedade.

> Inventaram o "alimento orgânico". Ora, isso que se compra no supermercado com o selo de "orgânico" é um produto, às vezes sem veneno, mas não é algo orgânico. Não é produzido por saber orgânico, não é voltado para a vida. Se um quilo de carne orgânica é muito caro, o pobre não pode comprar; e se o pobre não pode comer, não é orgânico. Orgânico é aquilo que todas as vidas podem acessar. O que as vidas não podem acessar não é orgânico, é mercadoria com ou sem veneno. (SANTOS, 2023, p. 101)

Seria engrandecedor e construtivo a inclusão dessas terminologias, práticas e perspectivas nas instituições acadêmicas, estaríamos de fato promovendo na ciência a inclusão, justiça social e ambiental. Seriam práticas autênticas e experiências históricas reais para se pensar em alternativas viáveis para os problemas de toda sociedade.

O ideal de incorporar o que Antonio Bispo dos Santos (SANTOS, 2023) define como circularidade: onde tudo tem um começo, um meio e um novo começo, sem a necessidade de um tempo específico para esse fim e recomeço. Ao que diríamos que essa circularidade é a entrega do amor incondicional para com o Universo.

Ainda sim precisamos ser críticos com o pensamento abordado da confluência de saberes e do mestre quilombola, o que na realidade se trata mais de um exercício de interpretação. Nunca devemos nos fechar para novas alternativas e realidades, caso contrário não faria sentido falar na confluência de saberes.

É fato que as práticas coloniais são realizadas para nos iludir, subjugar os conhecimentos à pura mercantilização, todavia, Santos (2023) ao desenvolver esse mesmo raciocínio afirma que os seres humanos, que não é o caso dos diversais, são os únicos seres naturais que necessitam de aprendizado constante, não alcançando uma maturidade, ou seja, não compreendendo como se relacionar com a natureza para prover sua subsistência.

Fico feliz em ter esse reconhecimento em sermos os únicos neste sentido, e é isso que chamo de humanidade, na qual os diversais fazem parte e almejamos debater com eles essa metodologia e pensamento.

Possuímos cognição que nos coloca em um constante processo imaginativo e criativo, conferindo significações a nossa própria existência, ao mesmo tempo que nos permite nos diferenciarmos um dos outros, mantendo nossas individualidades e liberdade. É o que nos permite querer conhecer lugares no Universo que sequer avistamos, que nos faz querer saber mais sobre esse infinito de possibilidades. Motivo suficiente para buscarmos cada vez mais conhecimento até o dia que os pulmões não tenham mais ar.

Contribuindo para o conceito de confluência de saberes, o definimos na metodologia como uma contante relação com os múltiplos saberes para promover conhecimentos de perspectivas culturais plurais, para apresentar alternativas ao objeto estudado. Uma relação dinâmica onde os diversos saberes e culturas interagem em um espaço de diálogo livre de hierarquias pré-definidas.

Nesse contexto, a Confluência de Saberes deve reconhecer a igualdade das inteligências ao valorizar os saberes e conhecimentos que vão além do que reconhecemos na modernidade como racionalidade científica. Mais que uma ferramenta, técnica ou conceito se trata de uma visão cosmológica na coexistência e laços efetivos e afetivos entre as diversas realidades.

As confluências de saberes devem se constituir em diversas imagens construídas e analisadas por múltiplas perspectivas culturais em um espaço de igualdade e fraternidade.

É o reconhecimento prévio, portanto livre de preconceitos, que cada conhecimento, cultura ou modo de vida tem suas qualidades e podem contribuir em diferente escalas para uma compreensão do universo e propor alternativas que sejam validadas por todos.

Esse conceito precisa encontrar uma metodologia que lhe proporcione um ambiente de aprendizado constante e questionador, com comunicação decolonial, para conferir soluções não para uma, mas para diversas realidades simultâneas, ou seja, para diferentes modos de vida.

O desenvolvimento que teremos a seguir com a metodologia da Cartografia Imagética, do conhecimento cartográfico como uma imagem construída culturalmente e mediadora de conhecimentos. Pensando que os seus produtos, os mapas, são guias, caminhos e possibilidades, não determinações fechadas. Não existindo uma única concepção de mapa, mesmo que apresentemos uma, isso pode ser desconstruído e ressignificado. E que esses mapas ao entrarem na seara da mercantilização são apenas artefatos uteis para análise, ao passo que transformados em imagens repletas de significações se tornam imagens necessárias ao encontrar espectadores emancipados decoloniais.

As imagens e mapas não deve ser uteis na nossa comunicação decolonial, eles são fontes de conhecimento e informação necessárias.

3 IMAGENS E SUAS REALIDADES

Quando falamos de imagens visuais partimos das imagens fotográficas, e até mesmo quando pensamos nos vídeos, temos a ciência que elas são compostas por frames – um conjunto de imagens que em uma determinada sequência são reproduzidos em velocidade gerando uma sensação de movimento contínuo. Todavia isso não quer dizer que o ser humano se guie somente através deste tipo de imagem, até dentro da questão cartográfica.

Para trabalhar cosmologicamente, com afeto na cartografia imagética, não podemos mais falar em imagens estáticas, bidimensionais, tridimensionais ou resumir o objeto de estudo a fotografia. Falamos das imagens que consigo captar com a minha cognição, imaginação e que se tornam gatilhos da memória.

Uma imagem pode ser tudo aquilo que vejo ou imagino e que constrói um determinado significado, seja ela emanada de objetos concretos ou abstratos, presentes ou ausentes. Conceito de imagem difícil de ser apreendido pelas metodologias fechadas da ciência contemporânea e dos tradicionalismos dogmáticos embrutecedores, para não dizermos preconceituosos e limitantes ao desenvolvimento humano.

Nós possuímos outros sentidos que despertam a nossa imaginação, constroem o nosso conhecimento, alteram a nossa percepção e despertam emoções e memórias. A exemplo da audição (ao trabalharmos o conceito de blues ou música falamos nos seus sons transformados em imagens ao seu ouvinte), o olfato, o paladar e o tato. Embora estes sentidos sejam naturais, são igualmente construídos, ou melhor, transformados culturalmente no meio que o indivíduo está inserido e por suas experiências cotidianas.

Figura 6: Diversas Realidades das Imagens

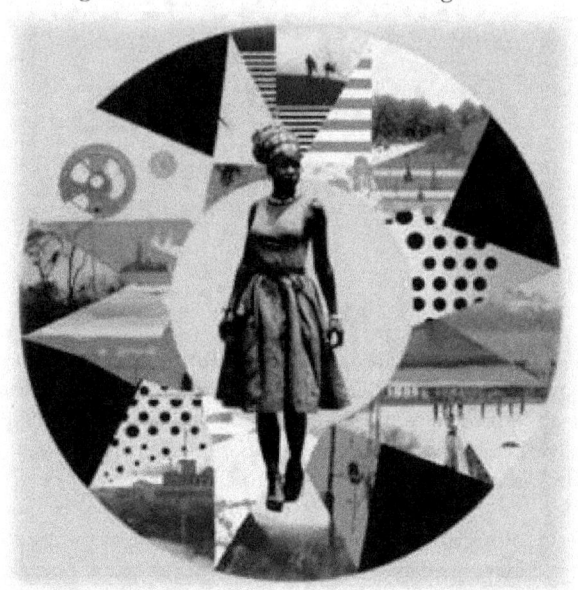

Fonte: Arquivo Pessoal

As transformações podem ser limitadas e em outros casos potencializadas dependendo de alguns fatores, como: os sentidos se valem do grau de autoconhecimento de cada ser, das potencialidades desenvolvidas pelo indivíduo, das suas limitações e das influências externas.

São através dos nossos sentidos que percebemos o nosso meio e damos significações a nossa existência.

A emancipação humana, na sua razão principal que é conferir a plena liberdade ao indivíduo, deve garantir o desenvolvimento destes sentidos também com espírito crítico com respeito as diferenças e limitações de cada ser.

Não teria razão alguma falar das desigualdades, marginalizações e preconceitos combatidos através das Epistemologias do Sul, das teorias decoloniais, se não nos colocarmos contra qualquer tipo de capacitismo.

Ao falarmos na análise cartográfica imagética, das Epistemologias do Sul, decolonialismo, terceira realidade, devemos sempre pensar na inclusão de todos e das suas diferenças, nunca na exclusão e padronização (julgada normalidade) que a ciência moderna ocidental, na sua suposta racionalidade, tanto persegue.

Refletindo a imagem dentro do arcabouço da comunicação, da informação, de todo aparato e desenvolvimento tecnológico, Sodré (2006), percebe nela uma forma de conhecimento liberta das amarras hierárquicas dos conhecimentos clássicos. As imagens como potência, possibilitando uma forma de refletir sobre as questões sociais. Sem esquecer e destacando que dentro de todas novas experiências que o desenvolvimento nos permite conceitualizar e executar, ou melhor, compreensões dos fenômenos contemporâneos, é "[...] coerente com esse espírito do tempo marcado pela imagem e por sensível, em que emergem novas configurações humanas da força produtiva e [...] dos meios de produção." (SODRÉ, 2006, p. 12)

As imagens são sabidamente importantes na cultura, seja em seu contexto ou na sua relação histórica, desempenham funções de comunicação, expressão, conhecimento, a imagem é a materialização de toda significação artística.

Nesta função cultural das imagens ocorre a representação de valores, crenças, identidades e transmitem narrativas. Isso não determina sua significação como estática, ao contrário, ela pode evoluir e ter a sua significação alterada/transformada/renovada no decorrer do tempo, e ainda carregar em si vestígios do passado.

Motivo de as imagens não fazerem parte de uma só ciência, campo do conhecimento ou de um determinado saber. Na ciência é um objeto complexo que exige interdisciplinaridade e na decolonialidade é a representação de toda cosmologia exigindo a confluência de saberes.

A confluência de saberes é a utopia possível sonhada por todos que já refletiram sobre a interdisciplinaridade, conseguindo refletir sobre os fenômenos, que são todos imagéticos, acerca de sua diversidade e complexidade.

A mídia visual que a imagem integra é igualmente diversa, e por essa versatilidade é que se torna presente nos diversos momentos das construções das realidades e identidades culturais. O que exige de nós um olhar crítico, afinal as imagens ao mesmo tempo que podem ser um instrumento positivo e de reflexão nas transformações sociais, podem se configurar em instrumentos que perpetuam estereótipos, valores e normas sociais de exploração e desigualdades.

A visibilidade, em uma presença constante, que as diversas formas de imagem se encontram na contemporaneidade se tornou algo constante e acelerado com o avanço das mídias visuais digitais e agora com o constante avanço da inteligência artificial. Sua rápida disseminação em todo o globo se tornou uma característica da sociedade contemporânea, principalmente com o advento da internet, com as redes sociais e outros dispositivos moveis. Uma visibilidade que confere poder e influência, atuante não só na cultura e mercado, é mecanismo da comunicação política e da própria ciência.

Como tudo no capitalismo, a imagem se tornou uma mercadoria, e inserida na sociedade de consumo está sendo igualmente consumida de forma massiva, sem grandes reflexões sobre as suas significações, o que pode deturpar a nossa percepção para com o cotidiano e para com o mundo.

Ao mesmo tempo que ela vem sendo consumida de forma avassaladora e sem grandes reflexões sobre as suas significações, as imagens se tornaram centrais na sociedade contemporânea. Da mesma maneira que Deus se torna onipresente no teocentrismo, o Capital assume esse posto na colonialidade regente do capitalismo, transitando e sendo disseminado através das imagens.

Elas se tornaram toda nossa percepção, na alienação são os nossos olhares fora do corpo, da consciência e; se encontram em todos os lugares, em diversos meios, sem que tenhamos consciência de sua presença em todos os momentos.

A centralidade da imagem na contemporaneidade, da forma como está sendo empregada para alienação, transformou a comunicação e substitui até mesmo os textos. Tanto que a própria ciência e educação, embarcada nesta onda a serviço da ideologia dominante, solicita cada vez mais textos menores e rasos. Sem nos atentarmos que pouco refletimos sobre esse consumo massivo de imagens e o quanto ela pode servir a espetacularização da sociedade.

A própria essência humana por vezes é trocada por uma imagem sem grande ou nenhuma significação, principalmente nas redes sociais. Imagens que são utilizadas para criar realidades espetaculares. Movimento as vezes inconsciente do indivíduo ou da sociedade alienada na crença que a imagem representa fielmente uma realidade ou objeto como um espelho. Sendo que o grande erro desta concepção é não levar em conta que existem diversas realidades em um mesmo espaço, tempo e contexto.

O original já se confunde com a cópia, e a sua autenticidade é deturpada por alguma manipulação das relações de poder.

Na teoria decolonial não devemos entrar neste embate sobre a definição de autenticidade, até mesmo porque estaríamos normatizando um conceito e lhe retirando toda subjetividade, toda liberdade do espectador emancipado, de todo indivíduo decolonial.

O que é autêntico para uma cultura pode não ser para outra. Não existe o certo e errado quando a liberdade de todos serem aquilo que imaginam é respeitada.

Não pretendemos aqui criar uma ciência da imagem ou determinar o que pode ou não ser uma imagem de visualização científica, de um determinado saber ou cultura. Apenas estamos apontando que elas são as nossas representações conscientes e subconscientes de nossas realidades.

No primeiro momento de pesquisa deste raciocínio das imagens e suas realidades, com base em Belting (2014), foi definido a importância de compreender a imagem diferente do seu meio – suporte, materialização e reprodução –, seja no campo da ciência, da arte ou mesmo memorialístico – na qualidade de gatilhos de sentimentos. Essa é a definição de imagem com base no campo da antropologia, na afirmação de um objeto determinado culturalmente. Imagens que são materializadas muito vezes em um suporte, em um meio, e este serve como mediador da imagem com os corpos (o ser imaginado).

A imagem compreendida como fenômeno social sem significado em sua superficialidade cotidiana somente é vista na sua manifestação material, logo somente visualizamos o meio da imagem – é por ele que nos encantamos. É a imagem que consumismo e descartamos sem transformar em um conhecimento. É o consumo que foge a nossa consciência e somente tem valor mercadológico, sem contribuições para as relações sociais autênticas.

Nesta forma de consumo da imagem não percebemos a sua origem e significação, não temos nenhuma compreensão do seu processo de criação. Ao passo que a imagem valorativa que defendemos deveria estabelecer uma conexão cultural entre quem a produziu e quem está observando, em uma relação direta e significativa com aquilo que é retratado, com o objeto da imagem.

Sem que isso queira dizer que a imagem deve estar associada as suas questões estéticas ou técnicas, o que lhe confere valor é a sua autenticidade cultural. São significativas na sua produção, na própria qualidade de imagem ou na visualização do seu espectador.

Necessariamente essas significações não precisam ser as mesmas, visto que este processo pode transcorrer em realidades distintas.

Com isso afirmo que a imagem não deve ser vista como uma mercadoria e sim como um produto cultural intermediando as relações sociais emancipadas e autênticas, com objetivo de conferir significados para a existência de todos os envolvidos.

Essa é a comunicação da imagem, é isso que constitui dizer que a imagem fala, e que tudo pode ser representado nela.

Essa concepção nos leva a compreender, com base em Belting (2014), que as imagens não possuem o corpo (o que é retratado) como o seu único lugar de significações, mas também existem os lugares geográficos, o espaço, pois fala de um lugar específico e pode chegar a um observador distante ou alheio ao lugar que foi produzida. E aqui reside uma tensão que ocorreu na sociedade com a invenção da fotografia, principalmente da fotografia digital e da informatização, ampliando uma das faces das globalizações, a globalização da comunicação.

É inegável que a invenção e a evolução da fotografia, tanto analógica quanto digital, nos proporcionou a oportunidade de explorar inúmeros lugares por meio de imagens, gerando um novo conceito de presença: a presença da ausência.

Isso liberta a imagem de suas amarras geográficas e cronológicas, permitindo que transcenda seu contexto original. Além de simples representações, essas imagens se transformam em valiosas fontes de conhecimento.

O ponto negativo que encontramos nesta contribuição é que ela contribuiu para um maior distanciamento entre o ser humano e a natureza, do ser humanos para com os outros seres, visto que agora podem substituir suas relações e curiosidades por visualizações em algum meio artificial, a exemplo das telas dos smartphones.

Existe uma tendencia da pós-modernidade em substituir as experiências concretas por experiências virtuais, não mais em um consumo ativo e direto com as imagens, ficando mais suscetíveis a realidades construídas. E com a inteligência artificial não precisamos mais nos esforçar para modificar ou imaginar o que poderia ser diferente, tudo se tornou acessível com simples comandos e em um tempo sentido mais acelerado do que já nos encontrávamos.

Abandonando essas vivências práticas perdemos o olhar crítico, contemplativo e livre para os cenários/realidades no mundo. Um processo de alienação que pode nos retirar o sentimento de empatia para o sujeito-objeto da imagem, intensificando manifestações e políticas de exploração, preconceito, pobreza, destruição e desigualdade. O que nada mais é que resultado da espetacularização realizada pela ideologia dominante, acarretando uma cisão maior entre o Norte e o Sul, aumentando e modificando as linhas abissais.

As consequências não poderiam ser outros se não o substancial aumento dos poderes do colonialismo, patriarcado e do capitalismo destrutivo. Existem aqueles que atribuem a solução para esse processo em um capitalismo limpo (um capitalismo livre de seus senhores coloniais e imperialistas), lhe atribuindo princípios como fraternidade, igualdade e liberdade. A esperança ingênua de quem ignora as complexidades sociais e culturais e, as próprias contradições do sistema que criam esses problemas e se alimentam deste caos.

O capitalismo se alimenta dos corpos em momentos de crise, motivo da crise sistêmica não ser resolvida. A crise não é um problema no sistema, é um problema para a existência autêntica do indivíduo que na sociedade atual pode ser descartado e substituído a qualquer momento.

É fundamental reconhecer a importância de avaliar o sistema capitalista com uma abordagem verdadeiramente crítica, e perceber que uma busca pelo capitalismo limpo – se realmente isso é possível até mesmo de dizer - requer um exame profundo das estruturas e práticas vigentes, uma mudança no seu modo de produção e consumo, deixando de ser capitalismo, logo impossível. Se assim continua a ser nomeado, tem seus conceitos camuflados, é somente por um jogo de palavras vazio de significação como as próprias imagens de consumo massivo que está gerando.

Essas inovações são diariamente potencializadas com os avanços dos aparatos tecnológicos em uma agilidade alarmante, não dando tempo para que a sociedade reflita em tempo hábil seus aspectos positivos e negativos e; quando ocorre a análise, muitos já foram substituídos ou se tornam difíceis de serem retirados do mercado.

Os corpos também estão transitando em velocidade semelhante ao tempo da imagem, seja de forma física ou virtual. Hoje é possível estar em vários locais simultaneamente, é a possibilidade conferida a todos os indivíduos em virtualizar seus corpos e presença.

A relatividade do tempo e espaço nunca foi tão visível em nosso cotidiano no que tange as questões das imagens. A contradição com os corpos que continuam determinados por tempo e local que ocupam no espaço, nas suas limitações e finitudes.

Desde a revolução imagética da fotografia podemos visitar e revisitar as próprias imagens em lugares fora de seu espaço e tempo, fora do contexto e das suas significações originais. Fator que modificou a compreensão sobre os lugares, que antes eram sinônimos de cultura em sua limitação geográfica, se tornando agora lugares comunicados e de contemplação.

> São hoje, espaços abertos, o que era um espaço da memória torna-se lugares na memória. É a imagem está se "emancipando" do próprio lugar [...] Os meios de comunicação atuam nessa transformação da compreensão dos lugares, já separado do próprio lugar físico. Informações e experiências são transportadas para os lugares, ou seja, vivemos em um sistema de informação e não em locais determinados. (SCHIAN, 2020, p. 55)

Um ponto de partida interessante para refletir essa perspectiva da imagem, corpo, tempo e espaço, é o conceito de Tríade Imagem-Meio-Corpo na análise beltingiana.

Refletindo este conceito dentro de nosso desenvolvimento teórico e metodológico, em analogia, poderíamos afirmar que a imagem na contemporaneidade assume o campo da disputa política na figura representativa do Estado dominado por um determinado mercado; o meio é a ciência que cria os discursos de superioridade humana através da racionalidade e ditando as regras de como esse deve ser criado, produzido e reproduzido e; o corpo constitui a sociedade (comunidade) alienada no consumo de sua própria imagem, que não sendo uma imagem cultural, é transitória, sem significações e descartável – é um corpo útil mas não necessário, pois é um corpo que pode ser facilmente substituído por outro.

Isso ocorre por darmos prioridade ao meio, seja na produção do conhecimento ou da própria utilização das imagens, retirando do próprio corpo a sua significação e transportando para um objeto que pode ser consumido e descartado tão rápido quanto pode ser substituído. As relações sociais nessa lógica são esvaziadas de sentido e as imagens não dizem mais nada sobre o seu espaço e tempo, somente procura chancelar um corpo alienada inserido em um contexto artificial.

São imagens de consumo decretando o fim dos corpos.

Retomando a reflexão através da analogia dessa relação dialética entre o meio e o corpo no contexto colonial e capitalista, que resulta na imagem sem grandes significações, perdendo a sua sacralidade: é a relação dialética entre ciência e comunidade/sociedade/indivíduo resultando na perpetuação da política eurocêntrica e colonialista. Em um mundo próximo do ideal a compreensão deste processo poderia resultar na emancipação, estando cientes de como as realidades são pensadas e produzidas por uma determinada cultura.

Precisa ficar claro que a emancipação somente é possível em nossa consciência e nunca em nossa base real, ou seja, na natureza. É aqui que reside um dos discursos mais ilusórios da espetacularização, ao afirmar que seria possível superarmos a necessidade da natureza através da tecnologia. O que é impossível, visto que nossos corpos são a própria natureza, e ao nos desprendermos deles deixaríamos na realidade o próprio sentido de nos intitularmos humanos.

O que estamos identificando e traduzindo como meio, é qualquer base material e contato direto entre o espectador e imagem, ou melhor, o suporte de uma imagem. Conceito que tensionado na teoria proposta por Milton Santos (2006), relacionado ao seu conceito de técnica, na concepção do meio se encontrar dentro de cada contexto, visto que depende da base material acessível a uma sociedade ou comunidade, poderia ser qualquer coisa, mas nunca a imagem em si, é somente o local onde ela está sendo representada.

Logo o meio deve ser visto como a atividade humana em um determinado contexto, de tempo e espaço, que pode manifestar a resistência a uma exploração ou expressar a própria política da ideologia dominante.

> As técnicas participam na produção da percepção do espaço, e também da percepção do tempo, tanto por sua existência física, que marca as sensações diante da velocidade, como por seu imaginário. Esse imaginário tem uma forte base empírica. O espaço se impõe através das condições que ele oferece para a produção, para a circulação, para a residência, para a comunicação, para o exercício da política, para o exercício das crenças, para o lazer e como condição de 'viver bem'. Como meio operacional, presta-se a uma avaliação objetiva e como meio percebido está subordinado a uma avaliação subjetiva. Mas o mesmo espaço pode ser visto como o terreno das operações individuais e coletivas, ou como realidade percebida. Na realidade, o que há são invasões recíprocas entre o operacional e o percebido. Ambos têm a técnica e a origem, e por essa via nossa avaliação acaba por ser uma síntese entre o objetivo e o subjetivo. (SANTOS, 2006, p. 34)

Kossoy (2001), em uma perspectiva otimista acerca da história da fotografia, nos seus avanços e contribuições, destaca como uma das suas características principais: a função social de informar e produzir conhecimento. O que tornou possível um mundo revelado para todos, um mundo que pode ser transportado para todos os lugares, e que consegue relacionar as questões objetivas e subjetivas em um único objeto.

Essa característica que é comemorada como uma potencialidade, é na realidade incompleta na sua forma de produção e utilização, visto que a imagem fotográfica por muitas vezes não é analisada por suas possibilidades de significados, mas enaltecida como uma imagem espelho da realidade. Tudo que ela não é, já que a visão desta realidade depende da realidade de quem a olha, logo nela contém várias realidades em um único meio, o que equivale a dizer que existem diversas imagens em um mesmo suporte.

As imagens são as representações das alternativas e, não tendo uma única verdade intrínseca, não podem ser consideradas como um espelho.

Dentro de sua metodologia, Kossoy (2001), relata que o pesquisador deve investigar a trajetória da fotografia, procurando as especificidades de sua história, suas informações e conhecimentos, realizando uma leitura imagética completa. Para isso é necessário cumprir no mínimo três etapas: 1) demonstrar a intenção de quem produziu uma determinada fotografia; 2) explicar o ato fotográfico e a sua materialização e; 3) investigar o olhar e os caminhos percorridos pela fotografia, seja de quem a guarda ou do espectador.

Por isso creditamos que precisamos pensar e repensar uma metodologia que consiga extrair das imagens todo seu conhecimento, ampliando ou reduzindo sua escala, não ficando preso somente a um meio ou concepção, na perspectiva da imagem como um simples artefato histórico.

Isso não quer dizer que desmerecemos a teoria imagética de Kossoy, longe disso, somente estamos demonstrando que partindo da imagem como artefato dotado de conhecimento, de uma suposta verdade de um fato/objeto, sua análise pode se configurar em um conhecimento potencialmente transformador, revolucionário e emancipador. Que a imagem fala, que ela ganha autonomia, vida própria no momento que é produzida.

O que torna imprescindível olhar a imagem, seja ela qual for, sempre pela ótica da diversidade, se realmente pretendemos produzir um conhecimento humano e cada vez menos individualista, sem que isso signifique minar as individualidades. Um olhar livre das amarras do mercado e do poder dominante para desta forma ir além do sistema vigente.

A imagem não é um objeto simples de ser captado, nós temos as nossas limitações contextuais e de saberes, somos seres limitados, e as imagens são a própria percepção humana do espaço que se tornou livre do seu criador. Sua compreensão pode ser difícil até para o pensamento mais crítico e meticuloso, suas experiências podem se tornar estranhas até ao pensamento mais abrangente e livre de preconceitos. Existe uma camada translucida (SODRÉ, 2006) onde os sujeitos que estão analisando as imagens são eles próprios sujeitos envolvidos na análise, é a consciência humana conferindo significados. O que por vezes torna complicado definir em um imediatismo científico as múltiplas realidades e fragmentações. A consequência são análises com valores voltados mais ao estético do que ético, em uma crítica apressada e sem quase nenhuma contemplação. Aqui as imagens novamente sofrem com um consumo rápido para logo serem descartadas.

Nesta forma de analisar, ou seja, dentro desta metodologia analítica, mesmo que seja validada por uma racionalidade e ética, diante do seu imediatismo acaba não abordando as questões da sensorialidade e estética cultural com o seu devido valor. As imagens são somente uteis, o que na sociedade espetacularizada e moderna, é o mesmo que dizer, consumo descartável e vazio para uma alienação política e econômica.

Analisar uma imagem é ir além da sua bidimensionalidade, vista que já contém algumas informações importantes, mas não representa o seu todo. É preciso varrer essa imagem por dentro, perambular por caminhos que estão atrás do que foi representado. É necessário inverter a sua utilização moderna, do ser imagem na mera veneração ou domínio de poder ideológico, para a imagem do ser, que é a significação que a ela é dada e construída pelo próprio objeto, ou seja, o próprio corpo.

> A emergência de uma nova Cidade humana no âmbito de novas tecnologias do social nos impõe, não apenas no plano intelectual, mas também nos planos territoriais e afetivos, terminar com um velho contencioso da metafísica que se irradiou para o pensamento social: a oposição entre o logos e o páthos, a razão e a paixão. Nesta dicotomia, a dimensão sensível é sistematicamente isolada para dar lugar à pura lógica calculante e à total dependência do conhecimento frente ao capital [...] é uma oposição que perde progressivamente a sua racionalidade diante do desafio que os novos modos operativos da ciência e da técnica lançam ao racionalismo platônico, velha garantia entre o sensível das imagens e a verdade inteligível do mundo. (SODRÉ, 2006, p. 12)

A confluência da teoria da imagem com a teoria decolonial determina a própria decolonização da história da arte ao criticar o seu posicionamento eurocêntrico. Essencialmente dentro de questões estética, negligenciando e subestimando as contribuições, perspectivas e tradições artísticas de outras culturas.

O pesquisador decolonial, o Agrimensor-Flâneur[30], vai poder percorrer as cartografias das diversidades dialogando, amplificando, recuperando e reinterpretando narrativas visuais que foram marginalizadas.

Definimos então nosso conceito de imagem de uma forma ampla como sendo toda representação imagética visível em uma consciência emancipada e que confere significação ao todo, ao cosmo, ou seja, a todo universo. É a forma como nos comunicamos e nos identificamos conosco e com os outros, é a nossa ferramenta de visibilidade das transformações e saberes, é a representatividade da emancipação. É a materialização das alternativas e percursos, é a materialização e memória do amor incondicional.

Não sendo imagens úteis - consumíveis, mas necessárias – significativas. Sintetizando o que foi dito até aqui sobre imagens:

- A imagem por essência transcende o seu meio, a sua base material. É a representação visual do conhecimento, sentimentos e transformações. Não sendo objeto de uma única ciência ou saber, mas da consciência humana para com seu meio.
- Não é uma representação estática e sim uma narrativa visual que fala de diferentes realidades. Uma noção que mostra que a imagem vai além do seu aspecto visual, incluindo todos os outros sentido (audição, paladar, tato e olfato); atribuída responsabilidade direta pela construção de nossos sentimentos para com o universo.

---

[30] Ator-conceito de pesquisador que iremos abordar com detalhes mais à frente.

- Não pode ser analisada como um simples artefato histórico ou por seus valores estéticos. Tem a sua grandeza por se tratar de uma manifestação cultural, seja ela qual for, portanto é significativa para uma ou mais comunidades. É a representatividade da diversidade, singularidades, identidades e experiências;

- São transitivas, podendo pertencer a múltiplos espaços geográficos, já que a sua produção é realizada pela consciência humana e suas perspectivas de realidades. Podendo transcender o próprio contexto e tempo ao ser reinterpretada e incorporada, revelando na presença da ausência novas significações. No entanto, essa emancipação não deve ser confundida com um consumo passivo de imagens, mas sim com um olhar crítico no reconhecimento das complexidades e contradições presentes em suas representações.

- A sua análise não deve ser limitada ao seu primeiro significado, ao primeiro olhar, deve ser levada em conta as suas camadas, inclusive a sua intencionalidade original, a intencionalidade do ato gerador. Por isso que se configura em um objeto interdisciplinar e ideal na perspectiva da confluência de saberes.

Com essas considerações destacadas apresentamos aquilo que compreendo como possibilidade de conceito de Imagem Decolonial. Com as definições anteriores realizadas adensamos com a necessidade de tornar as imagens uma ferramenta de resistência as estruturas coloniais e ao eurocentrismo.

1. A Imagem Decolonial tem como função principal revelar e desconstruir os padrões hegemônicos ao evidenciar as narrativas visuais dos povos marginalizados, com objetivo de desnudar os estereótipos e hierarquias culturais construídas por colonialismo.

2. A emancipação é possível através da ressignificação de imagens que foram utilizadas para dominar os colonizados. E isso é possível ao mostrar como essas imagens foram pensadas, selecionadas e quais são as suas verdadeiras raízes. Visto que as imagens são produtos diretos da relação cultural, não construída através do poder ideológico vigente que deturpa a imagem para fins específicos de dominação e exploração.

3. Através destas imagens decoloniais é possível pensar na transformação estrutural ao reconhecer que as imagens são representações das múltiplas realidades.

4. A concepção de imagem decolonial deve se apoiar no diálogo interdisciplinar e na confluência de saberes, visto que elas não são fixas a um único conhecimento e são objetos complexos e fluidos.

5. A imagem decolonial se configura na representatividade das experiências e na comunicação dessas experiências.

6. A imagem decolonial assume o papel de agente autônomo e importante na transformação social por ser portadora de conhecimento, gatilho de memória e emoções.

O conceito de Imagem Decolonial se apresenta para enfatizar a percepção, compreensão e lembrança memorialística de que devemos sempre realizar uma autocritica contra todas as representações visuais que repliquem a dominação e subjugação colonialista.

É a decolonização e compreensão das nossa própria concepção de imagens no empoderamento dos diversos saberes, seja através de sua interpretação, reinterpretação ou ressignificação determinados e determinantes da escala de sua viabilidade e visibilidade para uma ou mais realidades.

3.1 A escala da imagem decolonial

O conceito de escala pode ser definido em uma generalização dos diversos campos que é utilizado, como: à proporção ou tamanho de um objeto, fenômeno ou sistema em relação a outro objeto, fenômeno ou sistema. É uma unidade de medida que indica como algo está sendo representado. Pode ser mensurado de forma quantitativa por alguma unidade de medida padronizada e aceita ou comparativo de algum objeto de valor semelhante e/ou que lhe padronize.

A ideia de escala é fundamental em diversas disciplinas, como geografia, matemática, economia, ciências sociais, arte, design e, aqui fundamental para aplicar a imagem decolonial e pensar nas confluências de saberes nas epistemologias do Sul dentro de um metodologia da Cartográfica Imagética.

Pensando na apropriação da imagem para uma ciência decolonial, pensando na sua apropriação como fonte e instrumento de conhecimento para emancipação e representatividade das alternativas.

O conceito de escala é um dos principais pontos que nos permite pensar em uma metodologia que trabalhe de forma conjunta com questões quantitativas e qualitativas, objetivas e subjetivas. Ela é a perspectiva por qual definimos o olhar para a imagem e que dita as formas como iremos proceder em nossa jornada metodológica.

Imagine-se diante de um objeto que se coloca em tela ou outro meio refletindo as múltiplas dimensões de sua jornada, seus possíveis caminhos e alternativas. A representação metafórica da escala de imagem revela-se como uma ferramenta mágica para o envolvimento de um pequeno ser e suas limitações para com todo universo, capaz de ampliar e reduzir, de mudar ângulos e destacar detalhes, de revelar algo que era inimaginável porque ignorávamos ou porque era até o momento inimaginável.

Figura 7: Escala da Imagem Decolonial

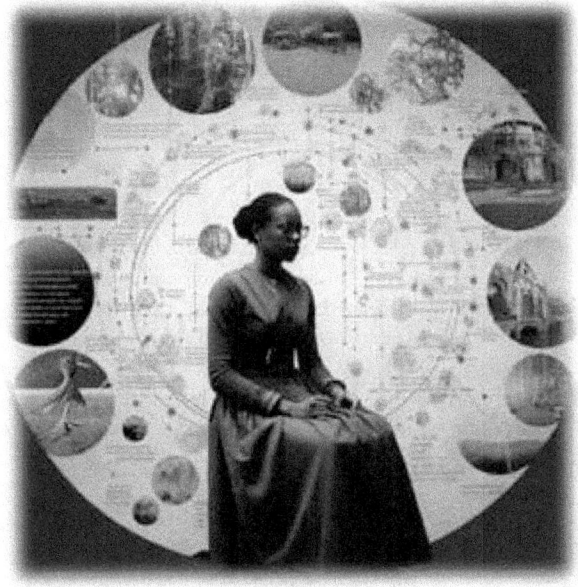

Fonte: Arquivo Pessoal

A escala tem um valor inverso na sua representação. Quando aumentamos os valores da escala, se torna uma escala menor, e você consegue perceber um espaço maior, ao mesmo tempo que perde alguns detalhes, entretanto as relações entre os objetos inseridos na imagem parecem ser mais claras para além da sua centralidade, o universo ganha vida e a história se torna mais intensa. O todo fica mais claro e vai se revelando.

Ao passo que reduza os valores de uma escala, o espaço ou objeto visualizado se torna mais específico, aqui a escala é considerada maior, e desta forma consegue ter a percepção de mais detalhes. Poderíamos dizer que neste caso se trata de um retrato, uma foto de família.

Outra contribuição da escala da imagem surge quando você muda de ângulo, de ponto de vista. O que iremos ver com o nosso Agrimensor-Flâneur, permitindo que você caminhe pelas imagens, explorando novas direções. São olhares diferentes sobre o mesmo objeto, são olhares na confluência de saberes que articulados em torno de uma problemática se configuram em alternativas. Ou seja, são perspectivas, pontos de vista diferentes que podem apresentar soluções inesperadas e novas possibilidades de se envolver com a natureza, com o universo. E nestas perspectivas dentro desse universo é que surgem as constelações de alternativas, oportunidades de mudança e emancipação.

Encontrar o equilíbrio entre o objeto, o espectador e o conhecimento é a arte de quem quer comunicar algo, quer se relacionar com algum ser, é a arte do pesquisador, do sujeito curioso e imaginativo. É mais que um recorte da metodologia para somente dar conta de um determinado assunto, é como sintonizar a melodia da compreensão, onde a harmonia entre detalhe e visão geral cria uma sinfonia de discernimento, cria os blues e samba que escutamos nas encruzilhadas da vida.

Na obra "O futuro começa agora: da pandemia à utopia", Santos (2018), apresenta uma ideia de escala, partindo da concepção da pandemia do coronavírus, que nos parece interessante principalmente para quem está refletindo no interior das questões imagéticas e da cartografia, em como as imagens se tornam visíveis em toda sua rugosidade.

Refletindo sobre a vastidão do nosso planeta quando visto a partir da perspectiva microscópica do vírus (SANTOS, 2018), somos levados a recordar a icônica fotografia capturada em 07 de dezembro de 1972 pela missão espacial Apollo 17, que nos mostrou a Terra a uma distância de 29 mil quilômetros. Essa imagem singular redefiniu a nossa compreensão da escala do planeta em relação ao vasto cosmos, apresentando-nos um mundo diminuto, em uma escala de redução, inserido em um universo infinito. Antes da divulgação dessa imagem, muitos de nós mantínhamos a visão de que o planeta ocupava um papel de magnitude quase infinita, mantendo-nos arraigados na crença da centralidade da humanidade no universo - uma perspectiva que se mantém para muitos até os dias atuais.

O coronavírus agora exibe um efeito semelhante ao situar cada indivíduo em uma escala global, ao mesmo tempo em que reduz essa perspectiva sobre ele mesmo. Mudança de escala que carrega consigo uma ameaça a própria vida humana e exige uma transformação profunda, o que pode ser interpretado como uma segunda miniaturização (pelo menos no raciocínio do sociólogo lusitano).

Essa nova escala que se apresenta nos instiga a contemplar o planeta como um todo, a compreender suas complexas interconexões globais, e nos impulsiona a questionar se teremos a oportunidade de testemunhar uma terceira miniaturização, se existe esse tempo extra no caos que nos encontramos. Considerando os desafios sociais e ambientais que atualmente colocam em xeque o futuro da humanidade e a continuidade de nossa espécie.

Ao mesmo tempo que a ciência amplia o nosso campo de atuação, hora diminuindo e em outros aumentando a escala na percepção do desenvolvimento, do Universo, ela inversamente pode estar reduzindo o tempo da espécie humana no planeta, em desastres naturais e sociais eminentes, esse tempo parece ser cada vez mais breve. Isso ocorre porque não compreendemos as nossas próprias criações (imaginações e criatividade), transformações e reflexões, uma vez que não estamos dispondo de tempo para compreender a nós mesmos, em uma ponderação de escala temporal casa vez mais acelerada.

A escala que o colonialismo eurocêntrico com o capitalismo utiliza para analisar essa problemática é de gritante redução que quase é impossível a grande maioria olhar ou escutar qualquer coisa. Quem assim consegue, deve a sorte de obter algum conhecimento das lentes e amplificadores – um conhecimento inviabilizado pelo sistema.

No ponto de vista deste presente trabalho e pesquisa, a miniaturização do mundo, ao longo da história, foram ocorrendo através de pequenos processos e grandes passos para a humanidade, ao exemplo do desenvolvimento da linguagem, da nossa relação em diferentes espaços do planeta e até conquistando algumas posições no cosmo. Contudo, a primeira grande, ou melhor, tecnologicamente revolucionária miniaturização do mundo, de sua escala, ocorreu antes mesmo da humanidade viajar ao espaço, ocorreu com a invenção da fotografia.

Através deste meio da imagem transportamos pequenas proporções do mundo em um papel ou outro meio que caberia em nossos bolsos, possibilitando exibir uma paisagem ou até mesmo uma família inteira dentro de um pequeno álbum.

Essa escala da imagem não deve ser vista somente pela ótica do distanciamento, redução ou ampliação que se faz sobre aquilo que está sendo representado, mas da complexidade sobre aquilo que queremos significar com a sua representação, com a forma como o conhecimento deve ser apresentado.

Através de escala conseguimos nos aproximar ou nos afastar de qualquer coisa, mas essa não é uma decisão unilateral de quem produz a imagem e sim uma relação direta com o objeto retratado, por vezes é o próprio objeto que diz qual é a escala ideal, o quanto ele quer responder e esclarecer sobre o que foi questionado.

O conceito de escala tem semelhança com o pensamento dialético de Benjamin (2009), principalmente na sua concepção imagética e na importância da fotografia que percorre toda a sua obra. Ele não abordou explicitamente a escala da imagem em seus escritos de forma direta ou como um conceito central. No entanto, discutiu amplamente a relação entre a arte, a tecnologia e a sociedade, incluindo considerações sobre a reprodutibilidade técnica da imagem, a aura da obra de arte e a experiência estética na era moderna.

A ideia de escala da imagem, no contexto das obras de Walter Benjamin, pode ser abordada de maneira ampla em relação à forma como as imagens são percebidas, reproduzidas e distribuídas na sociedade moderna. Na sua exploração de como a tecnologia, especialmente a fotografia e a reprodução em massa, afetou a forma como as obras de arte eram produzidas, consumidas e valorizadas.

Um exemplo relevante pode ser encontrado em seu ensaio "A Obra de Arte na Era de Sua Reprodutibilidade Técnica" (1994b), no qual discute como a reprodução técnica, a exemplo da fotografia e impressão, afeta a autenticidade e a aura da obra de arte. Argumenta que a reprodução técnica torna a arte mais acessível, mas também a desvincula de seu contexto original, o que tem implicações sobre como a arte é percebida e valorizada.

Se a tecnologia, a exemplo da fotografia e do cinema, afetaram a natureza da imagem, isso ocorreu diretamente na sua representação das diversas escalas. As quais não removeram a sua "aura" como determinava Benjamin, mas tornaram sua singularidade acessível e possibilitando a disseminação de sua comunicação. Faltando apenas encontrar espectadores emancipados para que atingisse sua função social de comunicação e produção do conhecimento.

Ainda assim valorizamos e enaltecemos esse esforço teórico, principalmente por sua visão da imagem como um campo fértil para analisar as experiências humanas, o desenvolvimento cultural, as questões memorialísticas e as transformações sociais. Posicionando todo o processo histórico como uma sucessão de imagens que se desdobram diante do espectador.

O pensamento dialético de Walter Benjamin e seu interesse com a vida cotidiana (COELHO; PERSICHETTI, 2016), da presença simultânea de elementos contraditórios e determinantes para uma transformação da vida nas cidades é perceptível na concepção do flâneur, na sua relação e afastamento com a própria cidade, com o consumo, espaços e nas suas rememorações.

As rememorações na concepção de historicidade, ou seja, do presente como momento de decisão e ação ao momento da autenticidade, de descoberta, gera a possibilidade, a alternativa de ruptura e libertação de um passado repressor.

> A historicidade, para Benjamin, é indissociável da existência das imagens dialéticas, marcadas pela articulação entre momentos distintos no tempo mediante a técnica da montagem. O que há de específico na concepção benjaminiana da dialética é a sua valorização do olhar, que decorre do entendimento de que o presente é o tempo da vivência, por intermédio das imagens do passado (da rememoração), da experiência dialética da temporalidade, da relação contraditória entre passado e presente. No presente deve ser mostrada a possibilidade da destruição da temporalidade vivida como continuidade. (COELHO; PERSICHETTI, 2016, p. 58)

No texto "Pequena História da Fotografia" (1994a), Benjamin expõe a importância da fotografia como meio de produção de imagens no auxílio da compreensão dos espaços urbanos, da vida cotidiana dentro da sua concepção dialética. Afirma que sua potencialidade se configura em conferir visibilidade aquilo que estava invisível.

O que estava invisível pode ganhar aspectos de representatividade na fotografia, é a sua escala, e este por sua vez se torna documento de análise histórica, contextualizada e revelador.

Walter Benjamin nutria uma profunda paixão pela fotografia que alguns poderiam dizer que contaminou suas análises, principalmente dos que acreditam na separação entre objeto e pesquisador. Todavia sua abordagem foi marcada por uma paixão crítica, digna de um verdadeiro pesquisador e intelectual engajado em seu tema de investigação.

Nas análises detalhadas das imagens que empreendeu teorizar e na busca por compreender as funções sociais da fotografia, revela inquietações contínuas sobre o seu uso político-positivista. É a imagem deixando de ser necessária e se tornando útil para alterar a sua própria função social, a função de comunicar algo que contribua para a emancipação e compreensão das diversas realidades.

A imagem fotográfica que poderia ser reveladora e um aparato de transgressão pela transmissão de conhecimento e despertar da consciência, torna-se uma armadilha e prisão na relação com o poder dominante.

É também nos textos "Pequena história da fotografia" (BENJAMIN, 1994a) e "A Obra de Arte na Era de Sua Reprodutibilidade Técnica" (BENJAMIN, 1994b) que encontramos argumentos sobre a linguagem vernácula da fotografia, da dialética da imagem, a ser realizada na análise das imagens por meio da cartografia imagética.

Neste pensamento de dialética da imagem, não só nestes textos, mas no conjunto de sua obra, fica evidente a sua rejeição da ideia da história linear e progressiva. Rejeição de uma característica própria do colonialismo e do pensamento eurocêntrico para perpetuar sua pseudo superioridade e subjugar outras culturas.

A história vista como uma série de fragmentos, contextos e imagens que não precisam se encaixar como quebra-cabeças, ao mesmo tempo que estão interligados de maneira não linear, que torna possível o consenso entre as diversas realidades.

Essa é a dialética entre a história e a cultura surgindo da tensão entre o passado e o presente, entre a memória e o esquecimento, entre o progresso e as tradições. Entre a tese e antítese na possível alternativa de surgir uma síntese redentora, uma alternativa de transformação social. Além de seus fragmentos e tentativas de remontá-los historicamente apresentarem fatos e conhecimentos que estavam ocultos; revelando as contradições, tensões e possibilidades nas experiências humanas.

Há previsões em seus textos de que a proliferação de imagens reproduzidas tecnologicamente mudaria a forma como as pessoas notam e interpretam a arte, especialmente em conjunto com a possibilidade da gradativa ignorância futura. Walter Benjamin sugere que a capacidade de interpretar imagens visuais se tornará mais importante do que a capacidade de ler e interpretar texto. Esta mudança traz uma nova forma de vivenciar e compreender a realidade, na qual a imagem visual teria um papel fundamental. Isto não significa que a literacia tradicional será obsoleta, mas que o alfabetismo visual será igualmente vital e teria o prestígio de ser visível e possível de ser interpretado por todos.

Que fique claro que utilizo a metodologia da cartografia imagética baseada no conhecimento visual, contudo encontro apoio e ressonância no conhecimento tradicional, sem nunca descartar a riqueza da história oral.

Existe um gatilho de memória nas legendas das fotos, existem relatos contados, fatores importante nas imagens, ou seja, a descrição escrita ou oral que acompanha uma imagem pode alterar significativamente a interpretação da própria imagem.

A legenda escrita e oral tem o poder de direcionar o olhar do espetador ao contextualizar ou destacar elementos específicos. É a compreensão de que combinar uma imagem com uma descrição cria ou confere um novo significado, que influencia a percepção e interpretação.

Saliento e repito sobre a importância de quando uma memória narrada oralmente por uma pessoa que viveu na época ou viu a própria imagem confere um potencial maior ao objeto. A confluência de saberes tem a sua potencialidade máxima nas relações sociais autênticas.

Para ir além das legendas e do caráter mistificador da imagem utilizável na espetacularização e nos dispositivos de colonização, propomos uma leitura imagética através dos mapas e seus memoriais. Isto só é possível através de uma determinação e importância dada à questão espacial, geográfica dentro do sistema atual. Com uma compreensão ampla e significante do conceito de espaço-tempo que vai além do conceito estético do lugar.

Ressignificando esse pensamento dentro da perspectiva decolonial, que poderíamos até intitular "dialética da imagem decolonial", lembrando do jogo de palavras que estamos nos propondo, ocorre o reconhecimento das imagens, sejam elas culturais ou históricas, são influenciadas pelas dinâmicas coloniais e pós-coloniais, logo elas não são livres e puras. É o esforço intelectual com Benjamin para reconhecer as narrativas eurocêntricas que ele próprio pode ter reproduzido. Uma análise das heranças coloniais nas imagens para decolonizar a própria experiência da imagem no reconhecimento de que a representação imagética foi muitas vezes instrumento da perpetuação das hierarquias de poder e dos estereótipos colonialistas.

Neste processo dialético de decolonização vamos nos permitir uma apreciação diversificada e igualitária das imagens e da história, revelando suas contradições e promovendo uma representatividade de uso necessário e consciente das imagens.

A dialética da imagem decolonial também pode iluminar o que Walter Benjamin denominava de coisificação, até no contexto decolonial. Um processo que não ocorre somente dentro das questões tecnológicas, mas também nas questões coloniais, onde o indivíduo e as culturas estão sendo tratadas como meras mercadorias, prontas para serem vendidas, consumidas e descartadas.

Somente neste processo de coisificação que as imagens em todas as suas formas perdem a sua "aura", sua verdadeira significação.

Focar na escala a ser utilizada, dentro dessa crítica, significa ver a diversidade ao apontar suas representações além deste processo antinatural da coisificação da vida. Algumas visibilidades podem ter maior intensidade em determinado contexto, enquanto outras visibilidades formam significados que dependem de outras partes que ainda precisam ser contempladas ou se tornarem visíveis em um mosaico de imagens.

A escolha consciente do tamanho da escala em um dado contexto da imagem e do pesquisador é o que definirá o tom das prioridades e direções da pesquisa. Esse diálogo entre o sujeito e o pesquisador faz do contexto uma bússola que pode orientá-lo em direção aos seus objetivos ou surpreendê-lo com novas descobertas e perguntas antes não feitas.

É o que mantém o indivíduo progredindo em direção aos seus objetivos com uma bússola confiável que lhe permite ir e voltar quando necessário.

A medida depende do contexto e do ponto de referência, do que está sendo observado. e por quem observou. Cada elemento de uma determinada imagem tem significado quando colocado em relação a totalidade de sua composição. É uma lente multifacetada que permite explorar o labirinto de conhecimentos imagéticos.

Revelam experiências, moldam narrativas, mineram e permitem-nos reimaginar a própria realidade, desvendando outras realidades que pareciam imperceptíveis, inimagináveis ou escondidas por algum motivo. É uma ideia que se revela num determinado momento e lugar.

A imagem decolonial está diretamente relacionada para uma escala decolonial que se altera na perspectiva cultural que se encontra inserida.

O conceito de escala decolonial torna-se uma ferramenta importante e reflexiva para ampliar ou abreviar a narrativa que é inicialmente definida por um objeto, para somente depois ser intencionalmente empregada por algum pesquisador ou agente histórico.

Isto não é uma escolha aleatória, é determinado pelas representações. Cabe reconhecer que a análise de imagens pode ser influenciada ou relacionada a determinados fatores que podem alterar a proporcionalidade em diversos contextos históricos e culturais, evitando desta maneira generalizações simplistas.

A escala decolonial é a flexibilidade de um olhar sensível que adere ao todo, é o olhar sensível para ações de afeto, que exige reflexões profundos, específicas e ao mesmo tempo globais. Isso se aplica tanto às particularidades quanto à complexidade de toda coletividade.

São histórias narrativas completas e autênticas que recriam experiências e jeitos de vida tal como aparecem às comunidades às quais pertencem, sem intervenção do mercado colonialista e eurocêntrico.

Na sua essência, a Escala Decolonial é a espinha dorsal do repensar social e cultural para o questionamento das prioridades da visão tradicional, é a escolha do que queremos comunicar. Explorando novas perspectivas e opções para uma sociedade justa e equitativa na redefinição de novas prioridades na visão cosmológica e decolonial.

3.2 As realidades dos espaços e lugares – coordenadas de territórios

Como já foi mencionado, os conceitos de realidade surgem inicialmente na metodologia fenomenológica de Kossoy (2011), transformando uma foto em artefato histórico e ampliando nosso horizonte aos conceitos de primeira e segunda realidade. Uma tese que se mostra satisfatória para a compreensão da história e utilização da imagem, da fotografia especificamente, mas não dá conta de sua potencialidade transformadora. Por isso que proponho pensar em uma terceira realidade.

Partindo da concepção de um materialismo histórico e dialético (SCHIAN, 2020) a primeira realidade (tese) se encontra na fotografia como um artefato histórico, museológico, falando do seu passado, de sua contextualização sobre uma determinada realidade, de sua história, é o real em si de um determinado ponto de vista e que está diretamente conectado a produção da fotografia, do contexto do fotógrafo e do objeto retratado. É uma realidade teoricamente imutável por ser histórica, é a objetividade da fotografia muito próxima do positivismo.

Sua antítese, a segunda realidade, é a maneira que a fotografia é utilizada, consumida (para utilizar um termo referente a espetacularização e da indústria cultural). Se trata da percepção que temos da imagem carregadas com suas ideologias, utopias e determinações externas. É a realidade que se assume depois dela ser representada. Que pode se configurar em uma realidade criada dissimuladamente pelo fotógrafo, por um observador da imagem ou um elemento estranho a própria comunicação (econômico, poder).

A segunda realidade nesta perspectiva é a própria espetacularização na qualidade de realidade percebida e experenciada na modernidade.

> Uma sociedade que não vive a espetacularização como a sua alienação e sim sua forma prática de se relacionar e produzir [...] Compreender a segunda é entender como as imagens servem para manutenção de um consenso social ou para sua dominação, mas nada nos dizem além das suas relações de poder e das diferentes percepções socioculturais [...] Realizar esta complexa análise para chegar à informação da primeira realidade, também nada nos diz, a não ser tornar uma imagem fotográfica, dependendo de seu conteúdo, como um artefato histórico e/ou museológico [...] (SCHIAN, 2020, p. 89-90)

A terceira realidade deve se configurar em uma comunicação horizontal, liberta das relações de todas as formas de dominação e preconceitos, próxima da Tríade Imagem-Meio-Corpo elaborada por Belting (2014), e das perspectivas decoloniais. Uma comunicação que se faça por meio material que se constitui do seu passado, a sua utilização e percepção no presente, nos falando sobre um futuro, que pode manter, descartar, transformar ou gerar novas imagens construídas a partir de um pensamento coletivo, integrador e fraterno.

Voltaremos mais a frente para elaborar definitivamente o que estamos compreendendo por terceira realidade, por hora essas informações apresentadas são suficientes para pensarmos em uma relação conceitual anterior, fragmentos das realidades, o espaço.

Um espaço fragmentado como Meio, a exemplo da mídia eletrônica, onde se transporta, transita a informação e a retórica da comunicação dentro do paradigma que se apresenta para ultrapassar as limitações da ciência moderna. Os quais devem encontrar um espectador emancipado (RANCIÈRE, 2012) e uma comunicação aberta, de igualdade entre o receptor e o emissor (RANCIÈRE, 2002).

Na análise da cartografia imagética, e que pretendemos transgredir com todas as formas que usurparam a nossa liberdade, seja para pensar ou ocupar espaços, é necessário sublinhar as questões da localização das imagens e das culturas.

> [...] enquanto nós arquitetos rebeldes não conhecemos a coragem de nossa mente e estivermos preparados para dar um mergulho igualmente especulativo em algum desconhecido, também nós continuaremos a ser objetos da geografia histórica (como abelhas operárias) em vez de sujeitos ativos que levem conscientemente ao limite as possibilidades humanas. Aquilo a que Marx deu o nome de 'o movimento real' que vai abolir 'o estado de coisas atual' está sempre por ser feito e por ser apropriado. Esse é o único sentido que pode ter adquirido a coragem de nossa mente. (HARVEY, 2006, p. 335)

Nessa perspectiva de Harvey (2020), da geografia e exploração na ótica do pesquisador decolonial, espaço e geografia não podem ser reflexões complementares como tópicos de uma dada teoria. É um conjunto inseparável que forma a paisagem geográfica de produção, circulação e consumo.

Harvey (2020) desenvolveu o conceito de espaço-tempo na sua teoria como parte da sua análise crítica da dinâmica social, econômica e espacial do capitalismo contemporâneo. O objetivo deste conceito é explorar como o espaço e o tempo estão conectados e interagem.

Fatores que influenciaram o desenvolvimento da cidade e da produção econômica, referindo-se à forma como as relações sociais e as atividades humanas ocorrem numa área geográfica específica e são determinadas por dimensões temporais.

Com o espaço e tempo interdependentes e inseparáveis, as mudanças em uma dessas áreas afetarão inevitavelmente a outra.

Como as imagens que são miniaturizadas ou sofrem ampliações de determinado objeto para o simples ato de consumo no sentido que não é dado por ele, pelo indivíduo ou relação social que nele está inserida; seu sentido é dado na espetacularização.

Espetacularização que é o mecanismo responsável por controlar e manter o sistema de poder e exploração.

Ao mesmo tempo em que as imagens são simples mercadorias de comunicação e consumo imediato na sociedade contemporânea, elas também se configuram em outras funções ao tensionar sua temporalidade e extrapola ainda mais o seu domínio. Isso ocorre quando as instituições de mercado, os governos os atores políticos e até mesmo os intelectuais, que efetuaram essa transformação da imagem em mercadoria, na sua coisificação, tornam-se dependentes, criam uma imagem diferente de estabilidade, de valorização e de manutenção das relações de poder.

São imagens que não devem ser consumidas tão rapidamente, devem ser permanentes no conceito da marca, ainda que não deixem de serem imagens de consumo e que podem ser substituída por outra a qualquer momento.

O sociólogo da geografia (HARVEY, 2020) coloca essa generalização metodológica, superficial e enganosa de produção e consumo de imagens de mediação da política como resultado da competição social, não apenas na mercadologia, mas também em todas as áreas que transformam imagens em algum valor social para manutenção da relação de poder.

O que acarreta o comportamento individual ao longo do caminho, uma contradição ao discurso do coletivo, das globalizações. Permite também reduzir a complexidade e a pluralidade dos espaços, a diversidade cultural ali encontrada em uma única imagem ou conjunto delas, como parques de diversões, praças de alimentação temáticas e étnicas, grandes centros comerciais e estabelecimentos comerciais.

As mudanças que acarretam neste processo na economia global, na tecnologia, nas políticas públicas e nas estruturas sociais afetam diretamente as paisagens urbanas e os ambientes construídos ao longo do tempo. O próprio capitalismo cria espaços diferenciados e desiguais, onde o poder e a riqueza são distribuídos de modo desigual, conformando as experiências e as oportunidades das pessoas de maneira complexa. Dois indivíduos podem estar no mesmo local e suas experiências se tornam desiguais por questões econômicas e relações de poder. São as práticas possíveis e de naturalização da segregação do colonialismo moderno.

Passamos desta forma a experenciar o mundo em qualquer espaço, seja ele físico ou virtual, se constituindo em simulacros da vida cotidiana e suas diversidades constituídas em um mesmo tempo e espaço. Processo que ocorre dentro da lógica da espetacularização, ocultando as origens, processos de trabalho, relações sociais intrínsecas a essas imagens.

> A compressão espaço-temporal sempre cobra seu preço em nossa capacidade de dar conta das realidades que se desdobram à volta. Sob estresse, por exemplo, fica cada vez mais difícil reagir de maneira precisa aos acontecimentos. Confundir um Airbus iraniano, na rota de determinado corredor aéreo comercial, com um caça-bombardeiro aproximando-se na mira de um navio de guerra estadunidense – é um exemplo da forma como, em situações de estresse e compressão espaço temporal, a realidade acaba sendo criada em vez de interpretada. (HARVEY, 2020, p. 148)

Nestas relações espaciais que não são neutras, seja no seu desenvolvimento ou na questão da temporalidade e repletas de fenômenos geográficos, são variáveis materiais de extrema importância para as análises. Variáveis que estão constante movimentação e imersas nas contradições do capitalismo.

Com o conceito espaço-temporal se relacionando com a produção do espaço, ou seja, como o espaço é criado, moldado e transformado pelas relações sociais e econômicas, as consequências imediatas são sentidas nos processos de urbanização, gentrificação, segregação e transformação do espaço urbano, os quais são mediados por tempo, tanto histórico quanto contemporâneo.

Uma noção delineada por Marx em sua obra "Grundrisse" (apud HARVEY, 2020) como a supressão do espaço e tempo, determinando que na circulação do capital o tempo é o fator de dimensão fundamental nas relações humanas que são determinadas por sistema. Na lógica que o lucro é determinado no tempo de trabalho excedente e taxa de juros; um valor acrescido pela média entre o tempo de trabalho excedente e o tempo de rotação socialmente necessário.

Para que essa condição seja validade e aceita o sistema capitalista realiza as configurações e ressignificações de espaço em detrimento do tempo, condicionando esse em consumo rápido como qualquer outra mercadoria. Desta forma que o capitalismo modifica as cidades e todos os ambientes construídos para controlar as experiências humanas.

Isso não quer dizer que o espaço não tenha a sua devida importância nesse processo de exploração, ao contrário, o conceito visa demonstrar como o sistema vai dominar, organizar, criar e usar o espaço para que se adeque ao que é necessário ao lucro e a circulação de capitais.

> Pode-se desenvolver a fertilidade do solo, localizações relativas podem ser alteradas por meio de melhoras no transportes e é possível embutir na terra novas forças produtivas por meio do trabalho humano. Além disso a vantagem de acesso a, digamos, uma cachoeira como fonte de energia pode ser eliminada da noite para o dia com o advento do motor a vapor. Marx está interessado principalmente em analisar como transformações desse tipo liberam a produção capitalista das amarras naturais e formam uma 'segunda natureza' criada pela mão humana como palco para a ação humana. e, se

> surgem circunstâncias (e Marx reconhece que isso ocorria com frequência na agricultura de sua época) em que a fertilidade natural e a localização continuam rendendo vantagens permanentes a produtores privilegiados, o benefício poderá ser abatido por meio da renda da terra [...] a localização da produção não pode, portanto, ser interpretada como mera resposta a condições naturais, mas como o resultado de um processo social em que modificações da natureza, da vantagem locacional e do processo de trabalho se conectam. (HARVEY, 2020, p. 58)

No mestrado em Ciências Sociais, na PUC-SP (SCHIAN, 2011), refletiu-se a necessidade de articular um conceito de terceira natureza, de concreta sustentabilidade e harmonia entre os seres, o que hoje compreendemos através da cosmologia. Lógica que partiu da síntese da primeira natureza ser a que não sofreu intervenção humana, e a segunda natureza quando ocorre a intervenção humana em uma concepção produtivista da ciência moderna, que tem como um dos seus objetivos principais o domínio da natureza.

Na dialética dessas naturezas encontramos a sintetização de uma terceira natureza, que voltaremos a debater em outro trabalho futuro e que se torna um elemento necessário na virada epistemológica das epistemologias do Sul e da ciência decolonial. Que agora parece ser uma concepção possível com o desenvolvimento do conceito de Terceira Realidade e da Metodologia da Cartografia Imagética. Principalmente com contribuição de Antônio Bispo dos Santos (SANTOS, 2023) nos conceitos de biointeração, compartilhante e envolvimento e com a definição de espaço que iremos expor agora.

Dentro desta temática que estamos propondo encontramos algumas teorias próximas e inspiradoras, a exemplo das distinções de espaço e lugar que Ribeiro (2018) realiza na análise cartográfica. Definindo espaço como algo utilitário e com relação direta com o corpo. Uma interação que leva em consideração as condições materiais e históricas.

Já a concepção de lugar (RIBEIRO, 2018), em uma visão mais humanística, são espaços que podem ser criados ou percebidos através das experiências e relações sociais dos seres que neles estão inseridos. Desta forma o lugar tem como característica a relação de afetividade, necessitando um contato próximo e associação de temporalidade.

São lugares de significados e por isso não se restringem a espaços físicos e podem ter diferentes conotações pessoais, diferenças para cada ser ou relação que esteja envolvido.

Ao explorar a concepção de natureza e realidade que tangenciamos, com a abordagem de Kossoy e Ribeiro, podemos dizer que os espaços estão intrinsecamente ligados à primeira realidade, enquanto os lugares estão mais relacionados à compreensão da segunda realidade. Contudo, para engajar na exploração da terceira realidade, convidamos a considerar espaços e lugares como Coordenadas de Territórios.

As coordenadas de territórios são como pontos precisos que marcam nossa trajetória passada, presente e aspirações futuras. Essas coordenadas se manifestam como referências geográficas rigorosas, e dado o constante movimento dos corpos, podem ser ocupadas por diversos protagonistas em diferentes culturas, quase que no mesmo tempo, e obviamente o mesmo espaço; alternando rapidamente a percepção do contexto e realidades.

A variável que define a experiência neste contexto de Coordenadas Territoriais, é o tempo que, com espírito de responsabilidade comunitária, respeito e valorização da diversidade, transforma estes pontos de acurácia geográfica em pontos de encontro partilhados, ou melhor, compartilhados. Um espaço que não aceita o conceito de propriedade privada[31], tudo se torna coletivo geograficamente.

O papel dos meios de comunicação é garantir a existência tanto dessas localizações públicas quanto das localizações de segurança do indivíduo. A comunicação ética e democrática está retoricamente ligada a um público independente, com igualdade entre receptor e emissor encontrando consenso sobre o uso do tempo e respeito pelas diferenças das entidades que ocupam estas coordenadas. "É curioso recordar como a invenção de novos meios de comunicação ao longo da história acaba por exercer uma influência significativa na maneira como lidamos com o próprio espaço." (RIBEIRO, 2018, p.114)

O corpo a quem é comunicado ou se comunica, seja o nosso, de qualquer outro ser ou coisa, é um espaço delimitado e que pode se expandir dependo de suas relações, utilizações ou ambições. E quando pensamos nesta expansão realizada por uma consciência humana, o indivíduo se torna um lugar, seu corpo como um lugar/local, não estando mais preso a um espaço específico. Quase que o corpo deixa de ser privado para a própria consciência, no reconhecimento de sua temporalidade finita da entrega, do sacrifício do amor incondicional; com a finalidade de ser compartilhante e afetuoso.

O que não significa que o espaço esteja submetido as questões temporais, são grandezas de igualdade, só que tornadas possíveis de dividir fraternalmente.

A internet, as nossas novas formas de comunicação e seus aparatos, na Revolução 4.0 que desponta no horizonte, para não falar de nosso presente com a inteligência artificial, é uma prova cabal que o ser humano hoje dotado de uma consciência livre se torna um agente histórico não mais preso a um simples espaço ou corpo, mas se tornando um local e referência para outros.

Marquem essa ideia: o ser humano ativo é aquele que sacrifica o próprio corpo para se tornar um local de referência para os outros agora e na posteridade. Esse é um dos caminhos para vencer a barreira da temporalidade rumo a eternidade.

No entanto antes desta distinção de espaço e lugar, precisamos ter claro que o espaço é formado por objetos, o quais não são determinados por si mesmos e sim pelo próprio espaço - chegando a

---

[31] Se trata dos espaços públicos onde nos relacionamos com os outros e com toda diversidade. Todo ser tem direito de um tempo e espaço para si, uma localização de segurança.

serem determinados independente de suas vocações originais. É a pergunta filosófica do bar que rodeia tantas conversas: Quem veio primeiro, o ovo ou a galinha?

O que reafirma a importância do espaço na equação que se monta nas análises cartográficas imagéticas para refletir as alternativas paras as Epistemologias do Sul e teorias decoloniais.

Nesta determinação da origem e nomeações que segue uma lógica própria, se entrelaçando com a lógica da história assegurada e determinada pelo espaço (SANTOS, 2006), os objetos são organizados e acionados. A história se torna um meio que se realiza no espaço, não necessariamente em uma relação harmônica, mas dialética. Sempre produzindo uma nova síntese, ou seja, uma criação espaço-temporal nova.

Uma relação nada harmônica que pode ser percebida já na ausência de democratização das técnicas, ou na própria publicidade falsa da democratização destas técnicas. A exemplo do que é falado dos smartphones como aparato de liberdade, mas que se torna opressor ao colocar o indivíduo em uma presença constante, no fato de sua tecnologia não ser igualmente fornecida a todos e no desconhecimento dos indivíduos quanto ao potencial de seus equipamentos.

O discurso de democratização das técnicas só existe para corroborar com outro discurso ainda maior e de dominação, o da globalização imperialista (uma das faces das globalizações), com base no patriarcado, eurocentrismo e capitalista. Que tem no seu objetivo a homogeneização, a massificação cultural, não levando em conta as diversidades existentes.

> O uso dos objetos através do tempo mostra histórias sucessivas desenroladas no lugar e fora dele. Cada objeto é utilizado segundo equações de força originadas em diferentes escalas, mas que se realizam num lugar, onde vão mudando ao longo do tempo. Assim, a maneira como a unidade entre tempo e espaço vai dando-se ao longo do tempo, pode ser entendida através da história das técnicas: uma história geral, uma história local. A epistemologia da geografia deve levar isso em conta. A técnica nos ajuda a historicizar, isto é, a considerar o espaço como um fenômeno histórico a geografizar, isto é, a produzir uma geografia como uma ciência histórica. Assim pode-se também produzir uma epistemologia geográfica de cunho historicista e genético, e não apenas historicista e analítico. (SANTOS, 2006, p. 33)

Nesta sentença, um dos tesouros da intelectualidade brasileira, latina e decolonial, Milton Santos (2006), expõe que ao tornar empírico o tempo, o tornamos igualmente material. Desta forma conseguimos incorporar o tempo no espaço através da técnica, visto que o espaço só existe exatamente pela materialidade. Uma união realizada pela técnica tanto por sua historicidade e epistemologia, como por incluir em sua composição uma temporalidade própria: uma medida de tempo qualitativa e quantitativa, com "o tempo do processo direto de trabalho, o tempo da circulação, o tempo da divisão territorial do trabalho e o tempo da cooperação." (SANTOS, 2006, p. 34)

O que estamos desenvolvendo e definindo como Coordenadas de Territórios, uma importante ferramenta para a nossa metodologia para determinar a referência geográfica de um ser, de uma cultura e um objeto, é próximo do que Milton Santos (2006) definiu como paisagens.

Essa proximidade pode ser vista quando esse autor demonstra que paisagens e espaços não são sinônimos.

Paisagens está conectada as relações humanas e suas heranças culturais e memorialísticas, suas relações afetivas, e até mesmo sua relação com a natureza – a paisagem aqui se torna um componente importante do espaço geográfico por ser o resultado das atividades humanas e naturais, e as suas transformações refletem nas mudanças sociais e econômicas.

Já o espaço são essas relações e características acrescidas da vida que está ocorrendo no tempo presente. Desta forma a dialética não deve ocorrer entre sociedade e espaço e sim entre sociedade e paisagem.

Coordenadas de territórios são atividades humanas ocorrendo em um tempo e espaço determinado da existência de um indivíduo.

Estar inserido na coordenadas de territórios é a própria definição da comunicação, ou melhor, da comunicação decolonial, que se esforça para desintegrar as fronteiras artificiais que nos separam, seja no tempo ou espaço. Promovendo a coexistência das diferenças.

Lembrando que Milton Santos (2006) ao examinar a relação entre a razão técnica e a dimensão emocional na construção do espaço, enfatizando como as emoções e os sentimentos das pessoas influenciam sua experiência e percepção do ambiente, realiza a crítica a tendência da homogeneização do espaço devido à globalização econômica e cultural. Destacando a importância de preservar a diversidade cultural e as especificidades locais, principalmente quando essa se relaciona com outra localização, com outro ser e cultura.

Nessa confluência de localizações, Cerqueira-Neto (2017), em seu artigo "Epistemologias do Sul e nova geografia: por uma geografia popular no encontro entre Milton Santos e Boaventura de Sousa Santos", apresenta a proposta de uma geografia popular, que visa resolver os problemas gerados pelas linhas abissais que fragmentam e estabelecem uma hierarquia entre Norte e Sul no território brasileiro. Sua proposta aproxima a dinâmica social da geografia de Milton Santos, da relação entre sociedade e território/paisagens, com a Epistemologia do Sul de Boaventura.

A constatação é que a separação do território é fruto da política-administrativa histórica do Estado na geografia oficial, reproduzindo as cartografias abissais. Ocasionando investimentos desiguais em todo território, concentração de riquezas e incapacidade de governança em total oposição a geografia dos nativos antes da colonização.

A demarcação imposta a sociedade em confinamento de espaços determinados, não pela vontade do indivíduo, mas por forças externas a ele, é ponto central da Cartografia Crítica. Na verificação que todo este processo ocorre com a subserviência da ciência para com as necessidade e vontades de um Estado alheio ao cotidiano, uma relação de poder, que é estranho as necessidades e vontades da população.

Logo ao articular sobre uma geografia popular não podemos falar de neutralidade cientifica, a própria ciência e toda forma de conhecimento se tornam atos políticos de transformação social.

É um chamado para a ciência ocupar seu lugar por essência, que é servir as necessidades da sociedade com uma ênfase na criação de alternativas das necessidades cotidianas das comunidades.

> [...] Santos, M. (1988, p. 07) analisando a perversão das ciências vai dizer que "quando a ciência se deixa claramente cooptar por uma tecnologia cujos objetivos são mais econômicos que sociais, ela se torna tributária dos interesses da produção e dos produtores hegemônicos e renuncia a toda vocação de servir a sociedade"; entretanto não se pode servir a sociedade estando distante da sua realidade e tampouco negligenciando sua dinâmica. (CERQUEIRA-NETO, 2017, p. 71)

Dentro do contexto da ciência moderna discutido por Franco (2019), emerge a necessidade premente de transcender as limitações das abordagens dicotômicas que tendem a categorizar e simplificar indevidamente todas as explicações relacionadas a fenômenos ou entidades. Nesse âmbito carece-se da apreciação da rica multiplicidade que permeia tanto a vida quanto o universo.

Essa visão profunda que adotamos na cartografia imagética não apenas supera as dicotomias, como também nos capacita a identificar e compreender os conceitos de híbridos, conforme delineado por Bruno Latour (1994, *apud* FRANCO, 2019), ao destacar, por exemplo, a perspectiva relevante de desvendar as interações entre natureza e sociedade, entre sujeito e objeto, contestando as divisões tradicionais.

O que dialoga diretamente com a tentativa que ocorreu de neutralidade para purificação da ciência que recusam, em consequência, um dos pilares da vida humana, a relação direta da natureza e cultura.

O projeto de neutralidade para a purificação não só da ciência quanto da propriedade humanidade, tornaram incompletos qualquer sentido de humanidade pensados posteriormente, sendo que é impossível separar o natural do ser humano. E mais do que nunca, parece que o conceito de "diversais" (SANTOS, 2023) que abordamos, complementa aquilo que pretendíamos com o projeto de humanidade que se iniciou desde o momento da revolução cognitiva e da nossa consciência, da nossa relação para com o outro, com a natureza, para com o universo.

> Para ilustrar tal constituição híbrida, Latour (1994, p. 115) propõe uma pergunta envolvendo um par de conceitos opositivos: uma ferrovia é local ou global? Nem uma coisa nem outra, responde o

168

autor: é local em cada ponto, já que há sempre travessias, ferroviários, algumas vezes estações e máquinas para venda automática de bilhetes, mas é também global uma vez que pode transportar as pessoas de Madri a Berlim. (FRANCO, 2019, p. 47)

O que determina que as coordenadas de territórios, conceitualmente na lógica deste pensamento, não são espaços ou lugares, são paisagens comunitárias, zonas de conflitos democráticos onde não importa quem ocupa aquela delimitação em um determina tempo, mas no tempo que se ocupa, se permite produzir e ser.

> [...] paradoxo central: quanto menor for a importância das barreiras espaciais, maior será a sensibilidade do capital à variação de lugar dentro do espaço e maior será o incentivo para que locais se diferenciem de forma a atrair capital. Como resultado surgem a fragmentação, a insegurança e o desenvolvimento desigual efêmero no interior de uma economia espacial global, unificada de fluxos de capital. A extraordinária descentralização e a proliferação da produção industrial acabam emplacando produtos da Benetton ou da Laura Ashley em quase todo shopping center do mundo capitalista avançado. Com efeito, a nova onda de compressão espaço temporal oferece tantos riscos quanto possibilidades – de sobrevivência a determinados lugares ou de soluções ao problema da sobre acumulação [...] (HARVEY, 2020, p. 138)

O conceito de coordenadas de territórios pode ser definido em termos de representações de pontos de encontro e interações no espaço-tempo, onde as dimensões sociais, culturais e geográficas estão conectadas e expressas através de ações, experiências e relacionamentos humanos. As coordenadas de territórios vão além da mera representação física de alguma localização, pois incluem a complexidade das histórias individuais e coletivas, das experiências afetivas e dos desejos futuros ao que está sendo produzido, principalmente quando falamos de saberes resultando em alternativas.

Ao contrário das abordagens tradicionais que tendem a categorizar e simplificar através de leis determinadas (herança do positivismo), as coordenadas de territórios reconhecem o hibridismo e a interdependência entre diferentes elementos.

Estas coordenadas são espaços no sentido de território ocupado e de afeto, em que as fronteiras entre natureza e cultura, local e global, são fluidas. O que permite a coexistência de diferenças, sem restringir qualquer confluência de saber através de fronteiras artificiais.

A comunicação decolonial aqui desempenha um papel fundamental na determinação e ocupação das coordenadas, ao servir como forma de superar barreiras que desintegraram e fragmentam a sociedade. Através da comunicação decolonial, as coordenadas de territórios tornam-se um ponto de encontro onde os indivíduos podem partilhar as suas experiências. Visando construção de consenso, quando possível e não determinante, desafiando a todo momento às relações de poder que causam desigualdades e preconceitos.

O que na metodologia da cartografia imagética equivale dizer que se reconhece a importância da temporalidade na formação das coordenadas, pois o tempo não apenas afeta sua percepção e utilização, como também é afetado pelas atividades e transformações humanas que ocorrem nos espaços. Estes são os pontos onde o passado, o presente e o futuro estão interligados, resultando em uma compreensão completa e poderosa, uma compreensão cosmológica das relações sociais e geográficas.

Uma compreensão cosmológica que conseguimos tatear com a dialética da imagem decolonial que abordamos anteriormente. É uma alternativa de saber que se configura como inovadora e abrangente para analisar e compreender áreas, lugares e territórios.

Ecoa o imperativo de uma geografia que reconheça a complexidade da vida humana e da interação com o meio ambiente, ecoa a necessidade da confluência de saberes promovendo uma comunicação que transcenda as fronteiras físicas e culturais ao edificar uma nova narrativa de coexistência e solidariedade.

A narrativa decolonial se configura em um primeiro momento como um convite para repensar o espaço e o lugar como local de encontro e inclusão, onde as diferenças são valorizadas e o conhecimento é compartilhado. Servindo de ponto de partida para o desmantelamento da estrutura colonial, desenvolvendo justiça social e, criando narrativas geográficas que reflitam a complexidade da diversidade humana e suas interações com o universo que nos rodeia.

Devemos discutir como as coordenadas de territórios agregam valor à discussão da cartografia crítica e refletem na metodologia da cartografia imagética. Como configurá-la como alternativa para mudar nossas percepções das diversas realidades.

4 A MUDANÇA PARADIGMÁTICA – UMA PROPOSTA METODOLÓGICA JAM NA CARTOGRAFIA CRÍTICA

A Cartografia Crítica (CRAMPTON; HARLEY, 1988; KRYGIER, 2008; WOOD, 2014) pode ser compreendida como uma teoria, abordagem ou método utilizado para analisar e representar visualmente as relações de poder, dominação, estruturas sociais, políticas e econômicas.

Combina elementos da cartografia, na sua forma categórica de representação dos mapas e espaços geográficos para empreender uma crítica sociocultural. Realiza esses mapas críticos para analisar as relações de poder, identidade, gênero, raça, classe social, políticas e espaços culturais.

Pratica que exemplifica o conceito de apropriação contra-hegemônica ao desafiar as representações tradicionais do espaço que estão enraizadas as hierarquias, exclusões e conflitos.

Através da Cartografia Crítica torna-se viável evidenciar imageticamente e analisar como determinadas regiões geográficas são moldadas por complexas interações sociais que podem se manifestar em formas de exclusão, disparidade, marginalização, preconceito e exploração. Consiste em uma ferramenta fundamental no desvelamento e exploração estrutural e sistêmica.

Emerge como movimento teórico e prático com capacidade intrínseca ou, melhor ainda, como possibilidade de alternativa para tecer representações cartográficas que transcendem a mera descrição topográfica, de modo a abranger a complexidade das interações sociais e das estruturas de poder contidas em um determinado espaço.

Sua natureza transdisciplinar envolve uma gama de saberes, desde a cartografia, geografia crítica, antropologia, economia, política, sociologia etc. Ao invés de simplesmente retratar as características geográficas e territoriais, almeja expor e questionar as narrativas e discursos dominantes. Deixa claro a relação entre os discursos dominantes de poder com as formas de poder enraizadas na cartografia tradicional.

Os produtos gerados são mapas críticos que podem influenciar a conscientização da sociedade sobre alguma questão social pertinente, ou no mínimo, busca adensar com conteúdo as decisões políticas, apresentando alternativas e promovendo novas olhares para as pesquisas cientificas.

Seus objetivos ainda podem ser maiores ao proporcionarem visibilidade e amplificar vozes das comunidades marginalizadas ao trazer à tona suas experiências e lutas que por compartilhamento podem gerar uma maior representatividade.

Tornam os mapas ferramentas de resistência ao denunciar as formas de distribuição de recursos; denunciam a segregação racial, socioeconômica; evidenciam as fronteiras, as linhas abissais, sejam elas culturais ou políticas; descrevem o cotidiano de uma determinada sociedade ou comunidade.

Seu objetivo através dos mapas e da exposição de alternativas (caminhos, trajetos) converge com uma das bandeiras do afeto que levantamos na concepção da Arena JAM, no que tange o ato de desafiar as representações convencionais que dificultam ou impedem o desmanche e descarte de um determinado poder dominante e suas relações que geram injustiças.

É uma ferramenta analítica e comunicativa que busca revelar as dinâmicas sociais por meio de representações cartográficas inovadoras e contextuais, convertendo os mapas de instrumentos geográficos em instrumentos sociais, culturais e políticos.

Enquanto estou propondo uma análise da cartografia imagética que seja possível a todas as formas de imagens e como imaginamos nossas realidades no infinito Universo de possibilidades para a compreensão da sociedade ou de uma determinada informação/fenômeno/cotidiano para intensificar essa ferramenta analítica e de comunicação em uma verdadeira agente da transformação social; em proximidade com a teoria da cartografia crítica, Boaventura de Sousa Santos (2002) propõe uma sociologia cartográfica ou cartografia simbólica para compreender todas as relações sociais. Faz uso desta área metaforicamente e minimizando o seu alcance, até por uma ignorância ou preconceito sobre essa área.

Pensamento que consequentemente visa refletir toda a forma de produzir conhecimento científico para compreender o paradigma emergente. Na cartografia como apropriação contra-hegemônica e de importante progresso tecnológico, de impactos políticos e éticos substanciais.
Afirmo que no mínimo encontramos na cartografia, principalmente na crítica e imaginativa, um foco de resistência, um espaço de esperança.

Santos (2002) parece seguir os preceitos da cartografia crítica, onde os mapas são distorções da realidade, mas distorções próximas da realidade feitas com técnicas e padrões regulamentados que podem ser medidos, estudados e analisados. Portanto, não são distorções caóticas da realidade, são determinadas e definíveis, tal como as encontramos em outras áreas da ciência.

Já poderíamos parar por aqui e dizer que os mapas vão nos servir como meio (suporte, materialização) das imagens que analisaremos. Mas os mapas se mostram mais do que isso, eles são registros e possibilidades de outros trajetos além daquele que o próprio cartógrafo desenhou.

Esses conceitos colocam os mapas e a cartografia com a vantagem metodológica de servir como guias e se aproximarem do senso comum e da vida cotidiana.

> Os mapas são objetos vulgares, triviais. Fazem parte do nosso cotidiano ao mesmo tempo que nos orientam nele [...] ao usar como metáfora de base um objeto tão comum e vulgar como o mapa, a cartografia simbólica do direito pretende contribuir para vulgarizar e trivializar o direito de modo a abrir caminho para um novo senso comum [...] (SANTOS, 2002, p. 220)

Ao utilizar uma imagem e sua análise em conjunto com um mapa cartográfico, levamos a todos a possibilidade de conhecimento, ou melhor, um senso comum na confluência de saberes que pretende ser transformadora.

Respondendo a indagação do que pode ser mais vulgar na sociedade moderna do que uma imagem introduzida numa carta, levantamos outras indagações: uma imagem dentro de outra imagem? O que pode ser mais vulgar do que uma canção ou um estilo musical que nos guia múltiplas e possíveis cartografias? O que pode ser mais trivial do que transformar todos os indivíduos em flâneur nesta virada paradigmática em busca do conhecimento coletivo? O que seria mais vulgar que simplificar a linguagem na complexidade das imagens representadas e imaginas cartograficamente?

Trivial e vulgar é a humildade ao nos posicionarmos diante da confluência de saberes e da igualdade das inteligências. Todavia não parece ser o mesmo tratamento dado por Boaventura de Sousa Santos, que mais uma vez parece minimizar os outros saberes diante de um saber científico.

Essa constatação reafirma a crítica realizada e essencialmente na escolha do conceito de confluência de saberes em detrimento da ecologia de saberes.

Até agora não apresentamos grandes inovações, nenhuma originalidade com esse pensamento crítico. É necessário dar os méritos a outros pesquisadores, a exemplo de Ribeiro (2018), que em sua tese de doutorado em comunicação e semiótica, abordou esta questão de adaptar o mapeamento crítico ao continuar questionando o papel político dos mapas como ponto de partida. Enfatizando que os mapas são abstrações visuais e não devem ser confundidos com o próprio território, que são artefatos comunicativos dentro de um contexto de tradições e culturas.

Na cartografia crítica todo mapa é uma imagem retórica mesmo que obedeçam às regras científicas, pois também são construídos dentro de questões ideológicas, reforçando relações de poder e conhecimento. Por isso que se faz necessário identificar as relações de poder nas representações deste espaço.

O que possivelmente levou Ribeiro (2018) a levantar os seguintes questionamentos dentro do código cartográfico: quais são os aspectos de espaço em um mapa que podem ser comunicados? e; quais são as propriedades deste espaço e como podem ser representadas?

Ribeiro (2018) e outros pensadores dentro da cartografia crítica, a exemplo de Crampton e Krygier (2008), Harley (1988) e Wood (2014), concordam que os mapas vão além do âmbito da ciência cartográfica, que são considerados presentes e vulneráveis à elaboração em diversas áreas científicas e campos socioculturais. Fenômeno que se manifesta como um paradigma na arte, na literatura e na cibercultura.

Outros investigadores (FRANCO, 2019; HARVEY, 2001; SANTAELLA, 2007) sublinham complexas relações entre a tecnologia e as mudanças sociais que converteram crescentemente a concepção a experiência e a expressão do espaço nas representações cartográficas. Este fenômeno produz um efeito notável, transformando os dispositivos móveis, especialmente os chamados meios locativos, em ferramentas essenciais para a produção e consumo modernos de representações cartográficas.

Esses pesquisadores também têm em comum a defesa da ideia de explorar a produção de mapas para experimentação de outras estratégias de representação do espaço, e que isso é possível através de mapeamentos alternativos, uma cartografia das alternativas. A ênfase é colocada em critérios de experiência não verificada.

Neste conceito de experiências limiares, que não são facilmente identificáveis, torna-se possível visualizar ambientes em transição, suas heterogeneidades e hibridizações. Em outras palavras, é um ambiente onde novos experimentos são possíveis em tempo e espaço flexíveis.

Essa flexibilidade é influenciada no interesse percorrem as análises entre as fronteiras em ambientes urbanos refletidas por Walter Benjamin (2009). Ao que podemos afirmar que este intelectual também apreendeu o limiar como uma zona de transição, fronteiras que delimitam o espaço e que muitas vezes limitam e/ou inibem o desenvolvimento humano.

Neste conceito de limiar ocorre uma crítica importante ao conceito de espaço e tempo, o que ocorre ao incorporar a ideia de arbitrariedade das fronteiras. O que ao explorar e investigar os limiares da cartografia podemos tencionar os limites e potencialidades da linguagem cartográfica como forma de autodidatismo (mundo ideal) ou em um segundo plano (pensando nas contradições da autoemancipação) como alfabetização imagética.
Seria o limiar o ponto de encontro da ruptura paradigmática da ciência moderna para se reencontrar com o senso comum? O limiar na tríade criatividade-imaginação-subjetividade?

Os pesquisadores e pensadores da Cartografia Crítica questionando-se sobre essas distorções, evidenciam que os mapas não são neutros e que devem ser interpretados como discursos políticos. Apontando para a construção da realidade da comunicação alienante nas relações de poder e valores culturais determinados.

Considerar os mapas como imagens manifesta que os mapas como outras imagens são produtos da construção social e, portanto, requerem uma interpretação crítica e diversa.

Isso se deve ao fato de que as cartas, plantas são sinais inerentemente incompletos e retóricos. O que é semelhante a construção imagética do próprio ser humano. Por isso que precisamos escutar todas as vozes, adensar nossas análises com todas as realidades.

Novamente cito outra grande contribuição da tese desenvolvida por Ribeiro (2018), o que define como mapeamento profundo, e que, segundo o autor, se encontra ainda em fase inicial de desenvolvimento.

Uma cartografia conectada diretamente com a relação entre memória e narrativa, concepção desenvolvida por Walter Benjamin, desta forma posiciona os lugares como espaços de memórias, em outras palavras, relações dentro da dialética da imagem.

> De maneira suscinta, o mapeamento profundo pode ser definido como uma tendência que procura investigar lugares em profundidade por meio de mapeamento de dados geográficos provenientes de múltiplas fontes, incluindo ficção, as artes, as narrativas e as memórias" (RIBEIRO, 2018, p. 157)

O mapeamento profundo é por essência interdisciplinar, utilizando de técnicas alternativas de mapeamento para se aprofundar sobre os lugares, dando prioridade aos seus aspectos qualitativos, a exemplo da memória.

É nesta proposta de mapeamento profundo que a metodologia com referência Walter Benjamin constrói três momentos na cartografia que são interessantes e merecem a nossa atenção, principalmente na reflexão que faremos sobre o Agrimensor-Flâneur (que vai confluir com esses saberes), são eles: a deambulação, arqueologia e a montagem.

> A deambulação é o processo compreendido como um mapeamento da cidade através da figura do flâneur de Walter Benjamin, que faz referência a Baudelaire, Edgar Allan Poe. O que pode se constituir como uma forma de mapeamento dentro de um método qualitativo.

Observe que existe uma afinidade entre a deambulação e a observação participante.

A definição de deambulação é da própria ação de caminhar, de colocar o corpo em movimento e em contato direto com o espaço. Mas não é um caminhar aleatório, é um caminhar que se configura como um ato político.

A deambulação pressupõe que os mapas devem estimular a descoberta de lugares por meio da própria ação de andar. A construção de lugares nas cidades se torna mais rica quando seus atores se engajam nessa atividade." (RIBEIRO, 2018, p. 230)

É na fase de arqueologia que ocorre a exploração de dimensões históricas não lineares, que é projetado para interpretar diferentes lugares. Tal exploração resulta muitas vezes numa multiplicidade de narrativas, atribuindo aos mapas o papel de estruturar essas narrativas, bem como os vestígios e rastros deixados ao longo do tempo. Esses elementos ficam então abertos à interpretação do leitor.

Este foco contrasta com a ideia de que uma cultura pode simplesmente desaparecer ao longo do percurso histórico, o que é frequentemente associado a uma visão linear e cumulativa da história.

As culturas ressurgem em diferentes tempos e espaços, e a imagem é uma prova desta sobrevivência e renascimentos. É a ideia de imagem que encontramos na proposta de Aby Warburg (2010) e a afirmação do conceito de dialética da imagem de Walter Benjamin (2009).

Na etapa final, a montagem, ainda na busca da profunda reflexão dos mapas, encontramos a combinação dos suportes dos mapas com outros suportes midiáticos para enriquecer sua narrativa. Ou seja, é a combinação dos mapas com novos elementos, a exemplo, de imagens/fotografias, áudio, vídeos e sons.

Justamente nesta terceira e última etapa, a montagem, que o autor (RIBEIRO, 2018) deixa mais evidente a relação de sua proposta metodológica com o conceito de imagens dialéticas, dos choques de temporalidades, de polaridades, que por fim gera uma síntese.

> Ao definir as imagens dialéticas, Benjamin faz uso de metáforas luminosas: são lampejos surgidos a partir do choque de dois elementos temporais, cujas diferenças contrastantes, em uma dimensão dialética, formam novas constelações de significados. (RIBEIRO, 2018, p. 251-252)

Numa acometida cartográfica que explora a subjetividade em detrimento da pretensa objetividade, emerge uma busca por satisfazer desejos já delineados nas concepções de Crampton e Krygier (2008). Eles afirmam que a cartografia pode ser uma alternativa possível justamente porque ao se transformar em um ponto de resistência tem escapado do controle e da dominação que antes recaíam sobre suas técnicas e produções. Este era um domínio historicamente exercido por oficinas de mapas ocidentais que presumiam sua racionalidade e reivindicavam sua suposta superioridade.

Nessa resistência e emancipação deste domínio, que se estende ao domínio do Estado até a produção científica acadêmica, que levantam a bandeira da cartografia como alternativa para emancipação. O que nós compreendemos como percursos para um pensamento do Sul, para uma reflexão e ação decolonial.

É fundamental observar que a efervescência da cartografia crítica se materializa tanto na academia quanto na colaboração com cidadãos comuns, constituindo um ponto importante de ressalva. É o senso comum como força de pensamento, é o cotidiano influenciando, é a confluência de saberes acontecendo.

Esse movimento em curso na cartografia é um desdobramento (CRAMPTON; KRYGIER, 2008) de dois eventos necessárias derivados da modernidade: 1) A dinâmica da produção, coleta de dados e mapeamento não se encontram mais restritos apenas a especialistas. Impulsionado por avanços tecnológicos e por uma gradual democratização das ferramentas, proporcionando o feito de criar mapas em computadores domésticos, utilizando recursos colaborativos e gratuitos, não demanda mais uma expertise avançada na área; 2) A própria crítica, integrante da teoria social, identifica de forma aguda a dimensão política e intrincadas relações de poder embutidas nos mapas. Essa percepção claramente expõe a falta de neutralidade inerente a esses artefatos e à própria ciência cartográfica.

> [...] o mapa é um conjunto específico de assertivas de poder e conhecimento, então não apenas o Estado como outros poderiam fazer afirmações concorrentes e igualmente poderosas [...] esse golpe duplo – um conjunto amplo de práticas imaginativas de mapeamento e uma crítica ressaltando a política do mapeamento – indisciplinou a cartografia. Isto é, essas duas tendências resistem e desafiam a prática e o método de mapeamento recebidos e estabelecidos quando a cartografia se tornava uma disciplina acadêmica [...] a cartografia está sendo indisciplinada: isto é, libertada dos limites acadêmicos e aberta para a população. (CRAMPTON; KRYGIER, 2008, p. 85-86)

Neste aspecto existe um duplo movimento na cartografia, no desenvolvimento da cartografia crítica, um mais próximo do cotidiano das pessoas e outro próprio da ciência. Os autores, Crampton e Krygier (2008,) posicionam a crítica como movimento político, uma política do conhecimento e influenciado por movimentos críticos anteriores, a exemplo da Escola de Frankfurt.

Não se trata de uma crítica vazia, de simples negação, mas uma crítica para procurar pontos falhos no conhecimento, para então sugerir alternativas aos próprios pressupostos conhecimentos que utilizamos. O que ao examinarem as relações de poder e conhecimento em um determinado contexto, de uma determinada perspectiva histórica, não estão procurando descartar ou invalidar um conhecimento, e sim objetivam demonstrar que por repetidas vezes a verdade é determinada por uma questão de poder.

É a lembrança constante que devemos ter sobre a cartografia ter incorporado o poder e servindo de suporte para as estruturas políticas dominantes quando realizadas pela máquina ideológica vigente[32], como afirma WOOD na sua obra "MAPS, ART, POWER" (2014). E que leva o geógrafo John Pickles (2004 *apud* CRAMPTON; KRYGIER, 2008) afirmar que devemos compreender e desconstruir a forma como a cartografia codifica os objetos e produzem identidades.

> Pickles repensa o mapeamento como a produção de espaços, geografia, lugar e território assim como das identidades políticas mantidas por pessoas que habitam e constituem esses espaços. Mapas são ativos; eles constroem ativamente o conhecimento, exercem poder e podem ser poderosos meios para promover a transformação social. (CRAMPTON; KRYGIER, 2008, p. 89)

É com o geógrafo John Brian Harley (1988a, 1988b, 1989, 1990b, 2001), HARLEY; ZANDVLIET (1992 *apud* CRAMPTON; KRYGIER, 2008) na introdução que realiza sobre a ideia de poder, ideologia e vigilância, na rejeição a concepções binárias, a exemplo de arte/ciência, objetivo/subjetivo e científico/ideológico, que os mapas conseguem transitar na concepção da racionalidade científica ao mesmo tempo que fora dela.

Apreensões importantes para a compreensão dos mapas como documentos sociológicos dentro de um contexto histórico específico e; rejeita o seu suposto caráter de neutralidade e cientificidade livre de contestação.

Obviamente que existem mapas, ou algo semelhante, em outras culturas que são repletos de informações e conhecimentos, que não foram produzidos na racionalidade e suposta linearidade temporal da modernidade. São mapas que servem de exemplos, pontos de reflexão, alternativas.

A crítica teórica da cartografia (CRAMPTON; KRYGIER, 2008) abriu espaço para pensar em mapeamentos alternativos fora da academia, produzidos pela população e principalmente pela comunidade artística. Os quais exploraram as características dos mapas serem significativos atos políticos se tornando resistência (influência da Escola de Frankfurt e de Guy Debord).

> [...] se o "espetáculo" era foco para alguns, outros direcionaram as próprias ferramentas de distribuição

---

[32] Fenômeno que ocorreu em todos os pontos da humanidade.

> em massa para outros usos, trazendo tecnologias de mapeamento mais diretamente para a população. Ao fazê-lo, eles cruzaram novamente os caminhos disciplinares da expertise e do controle acadêmicos: uma "cartografia popular. (CRAMPTON; KRYGIER, 2008, p. 93)

Tal experiência da cartografia é compreendida como mapeamento livre (CRAMPTON; KRYGIER, 2008), desenvolvida por programadores independentes e que viam na cartografia a potencialidade de informações e produção do conhecimento. Logo o mapeamento se encontra nas mãos dos usuários e não dos seus especialistas. Mas para isso é necessário o acesso e conhecimento para usufruir da tecnologia. Infelizmente tal acesso ainda é desigual, é a tecnologia como linha abissal, fronteira, abismo intransponível no projeto capitalista arquitetado pelo colonialismo eurocêntrico.

O que nos lembra os conceitos e perspectivas dos teóricos decoloniais que abordamos, a exemplo Aimé Césaire, Donna J. Haraway, Milton Santos, Achille Mbembe, que vai ao encontro do pensamento da geografia humanista do cartógrafo Denis Wood (1978 *apud* CRAMPTON; KRYGIER, 2008), que vislumbra uma cartografia da realidade, humanista e fenomenológica, ou seja, oposta a cartografia acadêmica.

> Os mapeamentos correntes, sejam eles performativos (Krygier 2006), lúdicos (Perkins 2006), indígenas (Lewis 2006), afetivos e experimentais (Cieri 2003, 2006) ou narrativos (Pearce 2006), esclarecem criativamente o papel do espaço na vida das pessoas ao se oporem a perspectivas globais e generalizadas. Um texto recente de cartografia (Krygier and Wood 2005) integra implicitamente a cartografia crítica, ideias da arte e dos mapeamentos comuns, e é concebido como uma motivação popular [...] os mapas como resistência [...]" (CRAMPTON; KRYGIER, 2008, p. 103)

A Cartografia Crítica é uma abordagem transformadora que desafia as narrativas dominantes, revela as relações de poder contidas nos mapas e busca amplificar as vozes dos grupos marginalizados. Utilizando dos mapas como ferramentas de resistência e promovendo a representatividade, estimulando a criação de representações cartográficas mais detalhadas, complexas e socialmente conscientes.

Sem dúvida foi e é uma teoria fundamental para o mapeamento das experiências humanas, analisando as relações de poder, ao promover a luta da decolonização do conhecimento geográfico, por explorar novas formas de linguagem e comunicação visual, por adensar um engajamento político ao buscar influenciar as decisões, a justiça social e as políticas públicas necessárias através da forma como aplicava a sua representatividade.

O conceito de Cartografia Crítica adensado nas Coordenadas de Territórios faz emergir uma abordagem interdisciplinar e transformadora para a análise e representação das relações de poder, dominação, exclusão e interação presentes nos espaços geográficos e culturais. Esta abordagem vai além da simples descrição topográfica, incorporando a complexidade das dimensões sociais, culturais e geográficas que se entrelaçam no espaço-tempo.

Ao incorporar as Coordenadas de Territórios à Cartografia Crítica, enriquecemos o debate e a transformação da nossa percepção das múltiplas realidades.

Expandimos os limites da cartografia convencional ao buscar representar as diversas realidades contextualizando as complexas interações sociais, culturais e geográficas que moldam o mundo ao nosso redor. Um convite a questionar as narrativas dominantes, a valorizar as vozes marginalizadas e promover uma compreensão profunda e empática dos territórios que habitamos.

Com isso chegamos nos portões do que compreendemos por Cartografia Imagética.

Obviamente tanto essa teoria, como inúmeros outros teóricos, são passíveis de crítica, também sofreram algumas influências da ciência moderna ocidental, do eurocentrismo e do colonialismo.

Poderíamos nos apoiar na crítica de que seus conceitos são abstratos e difíceis de serem visto na prática, mas estaríamos realizando aqui uma autocrítica. O que realmente dificulta a sua aplicação não é a abstração, mas o fato de ainda estarmos presos aos mesmos princípios normativos de uma ciência eurocêntrica e colonial, estarmos presos a concepções dicotômicas e determináveis, por ainda não conseguirmos olhar com tanta clareza para as inúmeras realidades.

A nossa dificuldade de aplicação ou da compreensão desta abstração, é que tanto a cartografia crítica quanto a cartografia imagética não são validadas para explicarem a sociedade contemporânea, são pensadas para revolucionar esse estado de dominação que nos encontramos. São representações de alternativas e utopias possíveis que nos convidam a imaginar e construir o futuro, a construir algo inteiramente novo sem que deixemos escondidas e esquecidas nos museus as nossas memórias.

A cartografia imagética que estamos trabalhando aqui, apresenta parte da cartografia crítica, ou parte dela, na tentativa de adensar com a teoria decolonial e promover uma maior inclusão de saberes e modos de vida. Assinalando o compromisso com a inclusão das diversas perspectivas locais na missão de desconstruir as estruturas de poder que tanto influenciam os espaços geográficos.

Falamos então em uma decolonização do espaço na reconstrução de práticas cartográficas para potencializar a visibilidade das imagens decoloniais, para torná-lo um espaço de afetividade.

A Cartografia Imagética vai se configurar neste sentido como um mapeamento decolonial ao voltar seu olhar para as epistemologias locais e tradicionais, para as raízes de cada cultura, promovendo a participação e colaboração. Buscando sempre caminhos e alternativas para desconstruir as hierarquias de poder, rompendo com o eurocentrismo, incorporando a complexidade e a multidimensionalidade do espaço ao trabalhar com as narrativas locais e; sempre preocupado com a contextualização histórica principalmente quando falamos de experiências de colonização e experiências de luta e resistência.

4.1 Cartografia Imagética

N este percurso teórico e metodológico precisamos ter claro a compreensão do conceito de imagem que definimos nos capítulos anteriores. São imagens que se formam através de nossa memória, dos sons, de um mapa, entre tantos outros meios ou significações. Definição que foi gestada com o pensamento do historiador de arte alemão, Hans Belting (2014).

O interessante deste conceito de imagem é a distinção entre a imagem em si (sua significação) do seu suporte material, de sua reprodução (meio). Justamente a forma como devemos olhar os produtos cartográficos, eles não são a reprodução em um papel, ecrã ou outro suporte, e sim a significação de quem o produziu e de quem está fazendo uso dele. É a significação que diz qual é o seu valor sociocultural.

A suposta confusão que realizamos ao não diferenciar a imagem do suporte onde ela se encontra é justamente a incompreensão que temos, ou melhor, o distanciamento que nos colocamos com o conceito de escala (tão importante para agrimensura e outras áreas cientificas espaciais).

A escala cartográfica permite a miniaturização do mundo, o que dentro da complexidade dos objetos permite um estudo mais direto e pormenorizado do todo ou das partes, com maior controle e rigor científico.

> O conceito de escala se aproxima do flâneur e explica o pensamento dialético de Walter Benjamin, seu interesse pela vida cotidiana e determinações das transformações sociais, seja na sua relação e afastamento com a cidade, seus espaços e rememorações. (SCHIAN, 2021, p. 4)

Então se entendemos que uma imagem inserida em um determinado meio é definida por uma escala que fala sobre uma primeira e segunda realidade (como já mencionado) para sintetizar a terceira realidade, qualquer objeto estudado precisa ser contextualizado em um espaço, um lugar, uma coordenada de território. Fato que independe se o objeto é concreto ou abstrato.

> A terceira realidade deve sempre levar em conta que o tempo histórico não é linear e sim uma determinação sociocultural e que a sua concepção de espaço não se faz por fronteiras fictícias e sim por uso e significações de uma determinada cultura. (SCHIAN, 2021, p. 5)

Logo compreendemos a imagem como um objeto que representa parte da natureza. Em uma análise intrincada, que vai além da interpretação tradicional, as imagens são estruturas cognitivas que não se limitam apenas à visão, podem desencadear memórias e emoções através de outros sentidos.

Neste desencadear de memórias, emoções ocorre a confluência de saberes, a confluência da diversidade de significados e experiências veiculadas pelas imagens, seja nas suas dimensões estéticas, culturais e políticas. O que torna possível examinar e propor a relação entre imagens, meios de comunicação e sociedade, explorando tanto a dominação como a emancipação que pode resultar do seu uso decolonial.

Lembramos que no atual desenvolvimento tecnológico, a evolução das imagens permitiu que a presença da ausência ultrapassasse as limitações geográficas e cronológicas. E advertimos também contra o consumo passivo e compulsivo de imagens, o que nos alerta para a necessidade de uma abordagem crítica e reflexiva. As imagens contêm conhecimentos, emoções e transformações complexas que podem contribuir para a emancipação humana quando examinadas com sensibilidade as suas múltiplas dimensões.

Conforme mostrado na breve exposição da leitura de mapas na cartografia há uma diferença significativa entre os termos espaço e lugar, que deve ser representado e analisado na perspectiva de imagens, seja qual for o objeto de estudo, dentro do que denominamos de coordenadas de territórios.

A lógica aqui destacada compreende o espaço através do uso de relações diretas, materiais e históricas com o meio ambiente. Já o conceito de lugar provém de ideias mais empáticas que emergem nas experiências e relações sociais (secular e emocional). Que em conjunto, visto que espaço e lugares são indissociáveis, apresentamos o conceito de coordenadas de território.

E nesta ideia de espaço e lugar confluindo para as coordenadas de território que o conceito de escala na exposição do espaço se torna semelhante ao seu uso nos mapas. Quando pensamos em mapas estamos trabalhando em grande escala, justamente para conseguir representar uma parte geográfica maior, tendo como perda uma maior distorção da realidade e menor nível de detalhamento, mas permitindo ver o todo. Existem momentos que a pesquisa ou o objeto solicita essa visão abrangente; Da mesma forma, a noção de escala para pensar o local ou as coordenadas de território deve ser a da escala das plantas onde é representada uma parte geográfica menor, e os níveis de detalhe são maiores. Momentos que o objeto solicita atenção as suas particularidades.

> [...] a escala é definida a partir de uma intenção arbitrária do observador sobre o objeto, sendo que ela aponta o espaço de referência em que se supõe a pertinência do fenômeno. Desta maneira, a escala é uma escolha, uma arbitrariedade que divide e classifica o espaço estabelecendo a parcela da realidade que se concebe e percebe, dando a este um significado, modificando a percepção da natureza deste espaço a partir de um ponto de vista específico (CASTRO, 2014 *apud* GOUVEIA, 2021, p. 37).

Seja um espaço, um lugar ou uma coordenada, o que lhe determina é a forma como se organiza a sociedade, ou seja, a forma como isso é contextualizado. Para tanto assumimos que na contemporaneidade ocorre um acúmulo de espetáculos (DEBORD, 1997) onde toda existência se tornou uma simples representação das aparências coletivas, transvestidas de individualidades.

Uma forma de sair desta espetacularização é ir além da superficialidade que vivenciamos, e aqui reside a importância da leitura cartográfica. Um objeto superficial por ser bidimensional em seu uso corriqueiro, mas que apresenta dados e informações mais complexas, ganhando múltiplas dimensões na imaginação.

Os mapas são uma forma de levar tal leitura a todos, uma leitura das realidades dadas como concretas, físicas e das realidades reconhecidas, entre o senso comum e a ciência, e entre tantas outras dicotomias que nos impedem de desenvolvermos toda potencialidade humana para nos emanciparmos.

Na produção e leitura cartográfica imagética que estamos propondo como alternativa para a epistemologias do Sul, na teoria decolonial, em um objeto tão trivial como um mapa, ainda mais um mapa com imagens que fogem as suas aparentes características diretas ao que tange os conceitos espaciais, que iremos contribuir para a transição do paradigma da ciência, de uma nova forma de saber que se apresenta neste século para transformar a humanidade.

Todavia, não podemos cair no erro de compreender os mapas da mesma forma que compreendemos as imagens no passado, como espelho fiel da realidade, como um retrato da espetacularização.

Quando o mapa tem essa leitura positivista, existe uma grande chance de ser desvirtuado e utilizado como mecanismo de dominação e alienação. Erro de leitura recorrente encontrado nas fotografias e outras formas de representações imagéticas no interior da sociedade do espetáculo, na sociedade colonial eurocêntrica.

> Apesar dos esforços teóricos (HARLEY, J.B, 2009; WOOD, 2010; dentre outros) em desconstruir a noção do mapa como uma forma objetiva de conhecimento, como espelho da realidade, a ideia do mapa como representação objetiva da realidade persiste. Segundo Seemann (2003, p. 1-2), os geógrafos em sua maioria concebem o mapa como representação fidedigna, geométrica e precisa da realidade [...] No caso específico das mídias locativas, é possível afirmar que aceitação tácita dos mapas institucionais e convencionais denota uma percepção dos mapas como 'espelhos do mundo'. Santaella (2007) denomina tal processo de "metáfora do espelho". (FRANCO, 2019, p. 37)

É na confluência de saberes (SANTOS, 2023) que vislumbramos achar respostas, alternativas para dar fim a sociedade do espetáculo. O primeiro objetivo a ser alcançado é ressignificar o senso comum como um importante saber e plural. Objetivo que vai realizar o reencontro da ciência com as necessidades da comunidade, com o cotidiano dos indivíduos.

A dicotomia presente tanto nas relações sociais, no cotidiano, e na própria ciência, somente tem como finalidade o embrutecimento do conhecimento e a manutenção de um poder estranho ao ser humano que o impede de se emancipar. É a própria fragmentação do conhecimento e da sua comunicação.

> A Cartografia Imagética, seguindo as premissas da epistemologia do Sul, deve aproximar as ciências naturais das ciências humanas, o quantitativo do qualitativo, o objetivo do subjetivo, a ciência do senso comum. O que vai revalorizar a humanidade através da racionalidade estético-expressiva, potencializando as comunidades e rompendo com as representações da modernidade baseadas no domínio do mercado e na distinção entre natureza e cultura. (SCHIAN, 2021, p.8)

A cartografia imagética vislumbra em sua utopia possível apropriar-se do mapa como ferramenta multidisciplinar, desde as ciências exatas até as humanidades. Em um sonho de afetividade e inclusão real, se permite a previsão alternativa de um futuro em que as fronteiras entre estas disciplinas científicas se dissolverão, ou pelo menos se tornarão imperceptíveis, permitindo um desenvolvimento de conhecimento fluido e integrado.

Figura 8: Cartografia Imagética

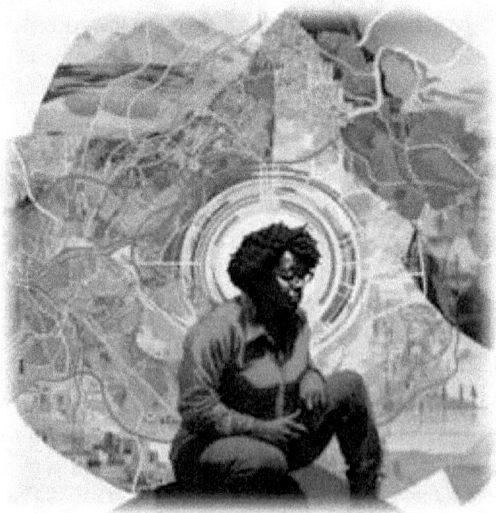

Fonte: Arquivo Pessoal

186

A forma como os mapas estão se ligando à fotografia, à música e a outras formas de representação imagética, que refletem a essência e a memória dos processos culturais, torna-se um poderoso catalisador de mudança. Esta ênfase não só inverte o conceito do mapa como meio de controle político e demarcação espacial, mas também o confere outra forma. O que era um instrumento de resistência passa a ser um instrumento revolucionário.

Lógico que não se trata de um instrumento revolucionário por ele mesmo, mas é ao encontrar espectadores emancipados decoloniais[33], quando utilizado pelo ator do Agrimensor-Flâneur.

O resultado é a transmutação do mapeamento como ferramenta dominante para uma abordagem de combate ativa na visibilidade e representatividade. Isso cria um espaço de comunicação inclusivo e envolvente, proporcionando os trajetos/caminhos para as alternativas de transformação.

É condicionado ao mapeamento imagético ir além das funções tradicionais da cartografia e da ciência moderna ocidental ao tornar-se uma ferramenta de expressão e compreensão cultural.

Assim, o conceito de Cartografia Imagética é uma extensão e presunçosa evolução do mapeamento crítico, complementado com coordenadas de territórios, com a terceira realidade, com uma metodologia sensível (afeto e amor incondicional), visando estudos multidimensionais e sensoriais de áreas geográficas e culturais.

A cartografia crítica enfatiza os aspectos sociais, culturais e geográficos da interação humana, enquanto a Cartografia Imagética vai ainda mais longe, revelando essas complexidades através da linguagem visual, da arte e da imaginação coletiva de toda a natureza. A Cartografia Imagética deve se guiar pela cosmologia.

Reconheça que a representação cartográfica tradicional muitas vezes negligencia a plenitude emocional, espiritual e sensorial intrinsecamente ligada aos lugares. Todos os cartógrafos e espectadores ativos são convidados a mergulhar nos níveis mais profundos da experiência humana, explorando as texturas, cores e significados subjetivos que permeiam os locais.

Ao incorporar elementos da psicogeografia e da percepção ambiental, a Cartografia Imagética visa captar narrativas individuais e coletivas não apenas através de coordenadas geográficas, mas também através de representações simbólicas, metáforas visuais e expressões artísticas. Proporcionando uma conexão profunda com a paisagem, revelando as interações sutis entre espaço, memória e inspiração.

---

[33] Espectadores emancipados decoloniais é uma redundância para a consciência livre, e uma hipérbole na luta cotidiana contra as influencias que herdamos do colonialismo e eurocentrismo.

Nessa conexão a comunicação decolonial desempenha o papel central na Cartografia Imagética, bem como na Cartografia Crítica, no entanto, a ênfase e diferença está na comunicação visual, onde imagens, símbolos e padrões visuais atuam como pontes de compreensão recíproca e construção de narrativas compartilhadas; com a colaboração interdisciplinar de cartógrafos, ilustradores e comunidades locais.

As coordenadas de territórios são, portanto, expostas na forma de afrescos, pinturas, instalações, músicas e outras expressões humanas que superam barreiras culturais e linguísticas. É o momento presente onde algo está acontecendo e que não é possível de ser fielmente representado. Visto que toda nossa imaginação, toda imagem, está falando de uma lembrança/memória ou de uma esperança/previsão.

O presente não é capturado por nada, por nenhum sistema ou comunicação, ele somente pode ser vivido. O que precisa ser emancipado neste colonialismo eurocêntrico é o nosso passado e futuro, é quem nós somos e quem seremos.

A temporalidade continua a ser uma dimensão fundamental na Cartografia Imagética ao intensificar a exploração do passado, do presente e do potencial futuro de um território. Contudo, em vez de serem separadas em linhas temporais distintas, esses períodos são entrelaçados e sobrepostos em uma dança visual que retrata a evolução dinâmica das relações sociais, culturais e geográficas.

Sua busca por representações autênticas e inclusivas, desafia as narrativas dominantes, amplificando vozes marginalizadas e oferecendo novos ângulos de visão sobre os territórios que habitamos.

A Cartografia Imagética não quer documentar, para isso já temos a primeira e segunda realidade. Com suas alternativas dialogando com a terceira realidade o que deseja é inspirar a coexistência, a solidariedade e a transformação; ao promover uma apreciação profunda da diversidade e da interconexão humana.

Não é pretencioso e muito menos impreciso afirmar que a Cartografia Imagética se revela como alternativa para a decolonização das representações cartográficas, para as representações imagéticas da humanidade, redefinindo os territórios como espaços onde as fronteiras são dissolvidas e as possibilidades são infinitas. É a sedução da esperança para explorar, questionar e reinventar o mundo. Iluminando caminhos para uma compreensão detalhada, atenta e empática das complexas teias que tecem a geografia da coexistência e transformação.

4.2 Contribuição da agrimensura na cartografia imagética

Poderia simplificar esse ponto ao dizer a Agrimensura contribuiu na Cartografia Imagética pelo andar livre e sistemático do agrimensor reconhecendo os territórios, pessoas, natureza e histórias; um detetive das "fronteiras e confrontações". O que inspirou o ator do Agrimensor-Flâneur. Entretanto precisamos lhe conferir um pouco mais de peso nessa confluência de saberes.

Agrimensura é uma área da ciência de engenharia que abrange a prática e a ciência de medir e mapear a superfície terrestre, determinando sua forma, posição e dimensões, frequentemente visando o planejamento, desenvolvimento e gestão territorial. Se trata de uma arte milenar, datada sua origem no antigo Egito, desempenhando um papel necessário na compreensão e organização do nosso ambiente.

O campo da imagem, comunicação, cultura, e agrimensura são aparentemente opostos e que se encontram dentro de excepcionalidades, a exemplo da fotogrametria; e na própria compreensão dos mapas se constituírem como imagens e falarem sobre espaços quantitativos, enquanto na realidade são igualmente qualitativos, são imagens hibridas em toda a sua potencialidade falando de espaços, lugares e coordenadas em um determinado tempo.

Assim como um agrimensor utiliza equipamentos de medição como teodolitos, estação total, GNSS e drones para determinar com o máximo de precisão as dimensões de uma determinada área, um profissional de comunicação faz uso de ferramentas analíticas para medir o desempenho de uma campanha, por exemplo. Isso envolve a coleta de dados sobre alcance, engajamento, conversões e outros indicadores-chave para avaliar o sucesso da estratégia de comunicação.

O agrimensor coleta dados topográficos e geodésicos para mapear e medir uma área específica, um pesquisador na área da comunicação coleta dados relevantes para sua pesquisa em um determinado recorte. Isso pode envolver a coleta de informações demográficas, opiniões públicas, comportamento do consumidor ou outras variáveis relacionadas à comunicação.

Da mesma forma a relação do agrimensor com a área da cultura pode não ser evidente, entretanto existem conexões interessantes e que devem ser exploradas, mesmo quando falamos de uma agrimensura associada a medições de áreas e planejamento urbano de modo tradicional e dentro das especificidades da engenharia.

Podemos citar por exemplo a demarcação de territórios históricos de grande valor cultural, as próprias delimitações de fronteiras entre nações, regiões ou comunidades, respeitando as suas histórias culturais e tradições; a atuação na preservação do patrimônio cultural, na sua identificação e preservação, delimitando sítios arqueológicos, áreas históricas, monumentos culturais; na fomentação do planejamento urbano sensível as questões culturais, com estudos voltados para o desenvolvimento urbano que respeite as características culturais e identidade de uma comunidade visando uma sustentabilidade cultural, preservando bairros tradicionais, espaços culturais e arquitetônicos; a demarcação das terras indígenas e quilombolas ou de outros grupos específicos, como os religiosos, tradições de uso da terra, as rotas históricas, para respeitar a sua herança e identidade cultural; o mapeamento dos recursos ambientais nas suas cinco vertentes – Meio Ambiente Natural, Meio Ambiente Artificial, Meio Ambiente Cultural, Meio Ambiente do Trabalho e o Patrimônio Genético – visando contribuir para o desenvolvimento sustentável; a delimitação e análise dos espaços públicos e sua interação cultural, para compreender como os indivíduos se relacionam com esses espaços, sejam eles permanentes como praças e parques, ou sazonais como os eventos culturais, atividades sociais e festivais.

Nestes exemplos, como podemos perceber, embora o agrimensor esteja frequentemente ligado a medições e delimitações de áreas, seu trabalho pode desempenhar um papel importante na preservação, compreensão e promoção da cultura de várias maneiras. É uma questão de ampliar a perspectiva e reconhecer os modos pelos quais a agrimensura pode contribuir para a valorização e sustentabilidade cultural.

A Agrimensura é um campo da imagem que se coloca de forma objetiva na grande área da engenharia. Todavia constrói imagens dotadas de significados e informações que precisam ser iluminadas na contemporaneidade para terem toda sua potencialidade desenvolvida.

Uma potencialidade de conhecimentos e dotada de aspectos para a transformação social que é possível quando conseguimos transitar dentro do que foi desenhado e/ou retratado de um determinado espaço e tempo – este sempre tentando retratar o presente, mas dialogando com o seu passado e futuro.

Agrimensura é uma ciência especifica da área da engenharia pelas limitações hierárquicas e acadêmicas, apesar disso pode ir além dos seus objetivos quantitativos que lhe foram postos imperativamente como função social, ou seja, da aquisição, tratamento e gerenciamento de dados e informações da superfície terrestre (do espaço).

Se trata de uma ciência que pode e deve também trabalhar o seu conhecimento, processos e técnicas para as questões qualitativas, subjetivas, almejando análises sobre as questões socioculturais (do tempo). O Agrimensor deve se tornar um verdadeiro investigador socioespacial inserido em um determinado contexto cultural.

Uma ciência que por quase todo seu desenvolvimento nas ciências exatas partiu das questões espaciais e das tentativas de se aproximar ao máximo da acurácia e precisão de suas medições para demarcação, delimitação e conhecimento de áreas (nos referindo ao espaço geográfico terrestre), que ao incorporar as questões temporais vai contribuir para análises das ciências denominadas de humanas.

É a ampliação da própria epistemologia da agrimensura, é sua incorporação dentro das ecologias de saberes; onde AGRI significa campo e MENSURA significa medição. Se medimos um campo que é imagem devemos igualmente compreender toda a sua significação além das questões métricas.

A medição de um campo não ocorre somente por suas questões físicas, mas como nos apropriamos e significamos este espaço.

Quanto de espaço precisa cada indivíduo? Hoje isso é determinado pelo seu capital, sua herança, seu poder de compra para adquirir uma determinada propriedade privada – é o espaço visto como algo útil. A reposta deveria ser pautada no que é necessário, logo é indeterminado, depende da necessidade de cada indivíduo e da coexistência harmônica com a natureza e com os outros. O equilíbrio sustentável entre o espaço privado e público.

Se a agrimensura teve em seu princípio a função social de delimitar um espaço através de conceitos matemáticos, seja para a agricultura, construções ou questões jurídicas de posse, estamos propondo o seu renascimento ao ampliar este processo através da imaginação humana. Uma ciência que pode contribuir com a transição paradigmática da ciência dentro da proposta das teorias decoloniais.

Almejamos que os seus produtos cartográficos, seus memoriais e seu trabalho de campo se tornem uma alternativa de leitura para a compreensão sociocultural. Ao transformar-se em ferramentas de emancipação, ou no mínimo, para aprimorar ações embasadas na expansão e detalhamento de informações com vistas a qualidade de vida.

Podemos neste caso citar como exemplo o projeto Dashboard da covid-19, que contemplou alguns municípios de Alagoas (ASCOM UFAL, 2020), realizado por um grupo de estudos da Engenharia de Agrimensura da Ufal (Universidade Federal de Alagoas) e com parceria privada com a empresa ESRI.

O projeto consiste na geração de um painel online de mapas e dados estatísticos de acesso público para monitorar e controlar os avanços da covid-19 nos municípios de Alagoas, a exemplo das cidades de Maceió, Marechal Deodoro, Pilar, Penedo, Rio Largo, União dos Palmares e Arapiraca.

A agrimensura ao mapear um local em seus aspectos físicos e socioculturais, no seu trabalho de campo direto com o cotidiano, com o senso comum, dialogando com as técnicas cientificas, torna-se um meio de comunicação com todas outras ciências. Salvo-conduto que todas falam dentro de um espaço e tempo determinado, na forma como imaginamos e nos apropriamos dos territórios (a necessidade).

Não se trata de desmerecer uma das principais áreas da agrimensura, que é a topografia, mas sim de compreender que ela simplesmente nos fornece questões quantitativas, o conforto em delimitar uma determinada área para conhecimento e estudo, ou até mesmo nos posicionar através das próprias coordenadas pré-estabelecidas, servindo como base para análises mais complexas, qualitativas.

A topografia bruta é a representação fiel da ciência moderna, que delimita o objeto em um recorte que somente se torna possível falar sobre aquilo, e impossibilitando dialogar com as outras realidades. É a separação do sujeito objeto, é todo o dogmatismo estranho da neutralidade científica.

Da mesma forma que não podemos descartar as grandes contribuições da ciência para a humanidade, devemos compreender a topografia como o trabalho de campo do agrimensor e importante para o ato de produzir conhecimento, fazer ciência.

Com estes dados levantados em campo que se torna possível transformar informação em conhecimento, materializados nos mapas, cartas, plantas e seus memoriais. Através da cartografia, outra hierarquização da ciência, a fragmentação do trabalho humano, que ao mesmo tempo que é independente esta estritamente ligada a agrimensura e na geografia.

Não vamos entrar no mérito de ampliarmos a epistemologia do termo cartografia, no seu significado de escrita através de cartas, mas propomos a ampliação da sua utilização. Se ela antes era vista como uma leitura de um determinado espaço, agora deve ser lida também dentro das questões temporais e ser influenciada com o desenvolvimento histórico.

É uma leitura sociocultural tanto dos seus aspectos quantitativos quanto qualitativos, abstratos e concretos, físicos e imaginados, de uso e memorialístico. Não deve ser somente uma ferramenta de leitura, é ao mesmo tempo uma ferramenta de transformação.

Seu conceito de escala é o primeiro princípio desta leitura, onde podemos representar questões complexas dentro de aparatos com dimensões apropriadas para o nosso campo de visão. Torna visível aquilo que é escondido, seja por seu tamanho colossal ou diminuto.

Outro fator dentro deste conceito de escala que pode se tornar importante para as ciências das humanidades, é que só podemos compreender os seus valores quando estão determinados pela mesma unidade, evitando comparações sem sentido, como as comparações culturais.

Não é possível mensurar a dor de uma perda com comparações de outras perdas, somente podemos dizer que ocorreu uma perda. Não é possível mensurar um sentimento, logo não é possível mensurar uma cultura, por consequência não é possível comparar uma cultura com outra.

Na ciência também poderíamos estar utilizando em analogia a diferenciação entra os mapas, cartas e plantas realizados através de suas escalas, para os estudos de objetos em sua amplitude, ou até mesmo para decidir quando um conhecimento precisa ser generalizado, transitório ou detalhado. Devemos questionar sempre se um determinado conhecimento pode ser comparado com outro, e evitarmos criarmos relações de poder e superioridade entre os diversos saberes.

Da mesma forma que as projeções cartográficas que podem levar a deformações, distorções e ausências de informações, a maneira como realizamos a leitura da sociedade também se torna igual, são dependentes das projeções da ideologia e experiências de vida do pesquisador. Claro que ainda temos quem se iluda com a neutralidade da ciência ao aplicar metodologias aceitas e normatizadas sem realizar uma análise crítica sobre o próprio método, metodologia e base teórica.

Toda forma de fazer ciência é em si um ato político, sendo impossível sua neutralidade, é necessária a autocrítica, somente minimizamos seus efeitos através das metodologias, tornando a leitura subjetiva complexa quando tentamos tornar essa leitura em uma objetividade simplificada nas generalizações e normatizações.

A projeção de um objeto, da forma como é exposto, é uma escolha direta do pesquisador, entretanto em relação direta com o objeto retratado que lhe informou de alguma maneira melhor forma de ser representado. É preciso ter sensibilidade para escutar e pensar na melhor forma de transmitir o conhecimento, sensibilidade com a visão de quem está lendo, escutando, vendo e interpretando.

É o diálogo entre as diferenças, entre as diversidades, para almejar um consenso do que fazer com a informação e saberes compartilhados.

Nunca deve ser uma escolha autoritária, seja o motivo que for. A escolha unilateral não responde a confluência de saberes, as diversas realidades, a cartografia imagética e a luta decolonial.

A escolha autoritária é a escolha da exploração colonial, é a escolha imperialista, eurocêntrica e capitalista. É a escolha de quem somente quer dominar e consumir, que não pretende construir relações afetuosas, relações autênticas[34].

O ato de confeccionar estes produtos cartográficos nesta liberdade e respeitando a diversidade, preferencialmente de forma digital (pensando na democratização imagética), somados as outras formas de imagens e conteúdos socioculturais, se assemelham ao sensoriamento remoto. Que se trata de uma área que realiza levantamentos espaciais, de superfície sem estar em contato direto com ela, ou sem estar interferindo no seu cotidiano.

A referência aqui e que devemos desenvolver em breve, está no ato de criar uma rede mapas dentro dos conceitos da decolonialidade e que esteja disponível para todos, seja para leitura ou para a confecção de novos mapas, além de contribuir com novas informações.

O próprio sensoriamento remoto na utilização de aeronaves, satélites e drones para gerar imagens aéreas é uma forte influência para pensar na junção da cartografia com as diversas imagens possibilitando diversas análises socioculturais.
Se trata de um olhar geral, em uma vista superior e ampla, possível para todos, e que pode adentrar a questões especificas, em objetos antes aparentemente amplos, que agora podem ser delimitados ao olhar sem que perca sua complexidade e detalhes. É o olhar do todo e das partes, e que por seus princípios de funcionamento, processos e técnicas só se torna possível levando em consideração a interação com o meio, com a natureza, o contexto.

Prática que se torna ainda mais precisa e nos posiciona corretamente dentro de um determinado espaço ao utilizar o GNSS (Sistema Global de Navegação por Satélite), conhecido no senso comum como GPS, além do Sistema de Informação Geográfica (SIG), tornando possível a implementação de técnicas matemáticas e computacionais para a realização do Geoprocessamento.

Com o geoprocessamento possibilitamos a construção de mapas de leituras físicas e sociais, contemplando as transformações decorrentes de um espaço e tempo, além de incorporar outras formas de imagens, as denominadas imagens culturais de amplo aspecto (o que definimos como imagens decoloniais).

---

[34] Sei que você esperou ler "amor incondicional", então aqui está, e ainda iremos desenvolver melhor essa concepção nos outros livros desta coleção.

Thürlemann (2011) define este olhar como sendo dos pássaros, na sua exposição e defesa da leitura para além das questões textuais, na leitura que abarca as questões imagéticas dos mapas.

> [...] o conceito de vista à voo de pássaro, Vogelschau ou Vogelperspektive em alemão, bird's eye view em inglês, foi imaginado por homem bem antes que ele dispusesse dos meios de alçar-se nos ares. Antes de ter tido a possibilidade de olhar a superfície da terra a partir de balões e de aviões, o homem desenhou mapas e plantas de cidades à voo de pássaro, como ainda o chamam hoje - e isto independentemente da possibilidade de uma vista real inclinada a partir de montanhas ou de torres. (THÜRLEMANN, 2011, p. 121)

O autor (THÜRLEMANN, 2011), estudando alguns mapas antigos datados do século XVI, descreve que a leitura do texto cartográfico (gênero de texto visual extraestético) é um processo que ocorre na enunciação primeira do mapa cartográfico. Sendo que em uma primeira leitura da representação em um dado meio (que iremos denominar como leitura superficial) advém o olhar sinóptico, que é totalizante; para logo depois se lançar para um olhar intricado, sobre as projeções e pontos de interesse, para então adentrar em seus diversos percursos.

Estes percursos que servem para imaginar como será produzido um mapa não são aleatórios, é guiado por variáveis que visam enunciar os melhores caminhos. Isso não quer dizer que exista somente um caminho, mas um apanhado de alternativas que dependem do objetivo do próprio leitor do mapa, de seu ponto de partida, de seu contexto, da sua leitura imagética.

Os mapas como imagens percorrem os mesmos caminhos que o espectador, seja na sua produção quanto na sua forma de visualização.

É a relação direta entre quem enunciou o mapa e quem está interpretando. Uma relação muito próxima ao pensamento de Rancière sobre a igualdade das inteligências e com o conceito de confluência de saberes de Antonio Bispo dos Santos. É a liberdade dos dois polos do conhecimento e que estão intrinsicamente ligados para a produção de um saber, de uma alternativa para sua utilização e função social.

As inúmeras variáveis que encontramos nos mapas, na nossa própria ignorância e nos caminhos metodológicos que traçamos até nosso objeto ou apontar as nossas considerações aos outros, muitas vezes carregam em si um silêncio atordoante.

O silêncio semelhante as notas não tocadas nas canções de blues ou outro estilo musical.

Na música por vezes o silêncio, o tempo, a nota não tocada, é o que lhe confere um significado ou a presença da ausência de algo, de algum sentimento. Na imagem do ausente que na própria reprodução da imagem sonora pulsa para alguma referência memorialística, que pode ter sido deliberadamente esquecida por algum motivo.

Nos mapas ocorre o mesmo fenômeno, algumas informações ou caminhos surgem como alternativas mesmo que não tenham sido desenhados. É a presença da ausência nas imagens dos mapas. É a possibilidade de múltiplas interpretações nas diversas realidades existentes.

O pesquisador decolonial dentro de uma análise da cartografia imagética deve saber escutar e ver o que lhe é apresentado, mas também deve treinar sua visão para o invisível e sua audição para o inaudito, para o silêncio.

A agrimensura se posiciona aqui como um elo necessário na concepção da Cartografia Imagética e da ciência decolonial, oferecendo uma ponte entre os campos aparentemente distintos da imagem, comunicação, cultura e espaço geográfico. Neste subcapitulo apresentamos diversas formas pelas quais a agrimensura, embora frequentemente associada a medições precisas e demarcações de áreas físicas, pode enriquecer e ampliar o entendimento da cultura e da comunicação por meio da cartografia.

Tanto sua proximidade com o senso comum, ciência, cotidiano, tecnologias e inovações, com as necessidades das instituições e anseios da população, dos estudos de afeto na compreensão de uma determinada área ou projeto, nas suas investigações sobre o passado, no seu levantamento de campo do presente, e nas suas análises para o futuro, o Agrimensor se torna o nosso cientista pós-abissal.

O que já citamos vagamente inúmeras vezes, o Agrimensor-Flâneur o nosso personagem do pesquisador na ciência decolonial.

No contexto da cartografia imagética o nosso cientista pós-abissal, o cientista decolonial, é o agrimensor da imaginação humana, um investigador capaz de migrar entre espaços concretos, a suas visibilidades, imaginações, usos e necessidades. Ou seja, ele consegue perambular pelas ruas, por guetos, estradas da realidade; ao mesmo tempo que livre na própria visibilidade que proporciona, tornando visual o espaço urbano, rural e natural, compartilha seus significados e ideais, prioriza as relações autenticas que ocorrem nesses meios. Propõe as cartas geográficas como alternativas para diferentes usos no passado, presente e futuro.

As ligações entre o agrimensor, cultura e comunicação são multifacetadas e abrangentes. Além da sua função técnica tradicional, o agrimensor desempenha um papel vital na preservação, planejamento e valorização da cultura ajudando a criar espaços que respeitem e celebram as identidades culturais únicas das comunidades em todo o mundo.

Vincular o papel do agrimensor ao campo da imagem oferece alternativas interessantes de como a percepção imagética pode estar interligada com o trabalho de medição e delineamento.

4.3 Agrimensor-flâneur

O agrimensor imagético, o agrimensor criativo, o cientista pós-abissal, o cientista decolonial pode ser um flâneur que expandiu seu conhecimento de agrimensura, ou o próprio agrimensor que entrou na vida de um flâneur. Por esta razão, denominei o explorador da ciência decolonial na metodologia da Cartografia Imagética de Agrimensor-Flâneur.

Sua finalidade é ampliar a visão e o detalhamento do objeto, das escolhas e decisões tomadas por cada ser diante das responsabilidades socioculturais que o cercam. Esta afirmativa se faz verdadeira no conhecimento compartilhado.

Tal como o ambiente físico de qualquer área pode se modificar ao longo do tempo, o panorama das comunicações também é dinâmico. Os profissionais de comunicação de todo conhecimento das humanidades devem se adaptar a novas tendências, tecnologias e mudanças no comportamento social para garantir que suas estratégias permaneçam eficazes.

A analogia entre o agrimensor e o profissional de comunicação enfatiza a importância da acurácia da estratégia do delineamento do público-alvo e do uso apropriado de ferramentas para atingir objetivos específicos em condições físicas e culturais determinadas. Ambos os aspectos envolvem medição, análise e definição do escopo dos dados físico ou comunicação, sugerindo opções para um determinado estudo ou problema.

Figura 9: Agrimensor-Flâneur

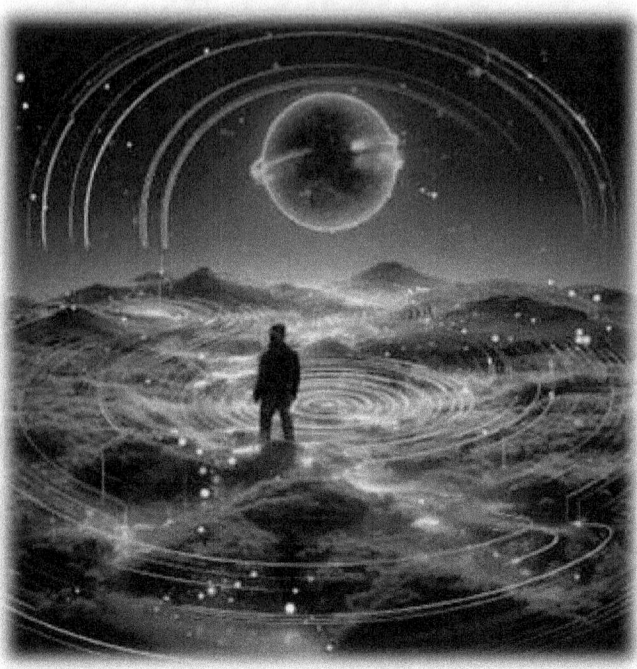

Fonte: Arquivo Pessoal

Embora digamos que os investigadores da ciência decolonial são representados por agrimensores, não excluímos investigadores de outras áreas. Neste momento estamos falando que as características do trabalho de campo, da pesquisa documental, da geração de mapas, dos memoriais descritivos e da conservação de um determinado espaço para descrever as alternativas do presente, passado e futuro, podem e devem ser adotadas e acrescentada pela pesquisa, saberes e experiências de outros pesquisadores, que não necessariamente precisam estar diplomados por uma universidade[35].

O Agrimensor é talvez o ator social mais trivial que viaja no espaço e no tempo, é ele quem frequentemente encontra encruzilhadas e tenta extrair delas informações sem se perder e sem realizar ações que contrariem a definição estabelecida da sociedade ou comunidade. A sua preocupação deve ser sempre entre a relação harmoniosa entre o espaço público e o privado.

---

[35] Isso não deve diminuir a importância da carreira acadêmica principalmente como produtora de conhecimento, somente salientamos que essa não é a única forma de produzir um saber. E existe o engano do conhecimento ser verificável através de conceitos de nota e diplomação, visto que essa afirmativa invalida a confluência de saberes.

Assim como entendemos que existe uma lacuna com os pesquisadores que não prestam atenção a esses atributos quantitativos e qualitativos para estabelecer seu apego aos objetos. Não houve nenhum momento na história em que os Agrimensores se levassem pelas questões culturais e de comunicação.

A única exceção é quanto ao propósito da representação do sistema burocrático e conservação de uma ideologia quando suas produções cartográficas são utilizadas como mecanismos de dominação de uma determinada estrutura hegemônica de poder.

Seja na ciência moderna, na ciência pós-abissal, ou na ciência decolonial, é impossível para um pesquisador e agrimensor não se deixar envolver pelo seu objeto, principalmente durante o processo de coleta de dados de campo, quando adentra a realidade do objeto.

São nestes momentos que falhamos ao nos silenciar e nos deixarmos levar pelo embrutecimento de tratar dos temas elencados no objeto com identificações de padrões e tendências, elaborando relatórios e apresentando os resultados com o máximo de detalhes possível sem se atentar para o que realmente sentia sobre aquele objeto ou qual era o sentimento do próprio objeto ou de outros diante daquele contexto.

Para não cair nessas armadilhas e lacunas é que complementamos o agrimensor com o flâneur, o batizando desta forma de Agrimensor-Flâneur. Quase um herói impossível na decolonialidade, visto que o agrimensor surge em um pensamento imperialista egípcio e o outro nas ruas eurocêntricas, colonialistas e positivistas de Paris.

Como a Cartografia Crítica visa a crítica construtiva da ciência, podemos dizer que o Agrimensor-Flâneur se aproxima da contemporaneidade com a aparência de um anti-herói, o que no futuro vai se mostrar ser somente o indivíduo emancipado decolonial.

O fato de suas origens e de reconhecer isso é que assenta a figura do pesquisador com uma autocrítica constante, é a sua posição de humildade para com os outros saberes. Seu conhecimento sobre as pirâmides ou sobre a modernidade na cidade das luzes, nos prédios tecnológicos e nas cidades virtuais, são somente fragmentos da potencialidade humana.

O flâneur, em sua descrição conceitual primeira foi sintetizado por Walter Benjamin (1994d, 1994e), na sua descrição do observador urbano perambulando pelas ruas da cidade, colecionando informações sobre a vida urbana e modernidade.

Seu caminhar contemplativo, solitário e reflexivo é à sua maneira de pertencimento. Sem objetivos específicos em suas deambulações, sem uma metodologia e normas que o limitem, consegue captar momentos, fatos, fenômenos que podem passar desapercebidos por multidões que estão ao seu lado, ou seja, no mesmo tempo, espaço, e por vezes, contexto.

Tudo que ele almeja é captar a essência e transformações que o circundam. É o sujeito capaz como espectador emancipado de explanar sobre a decolonialidade, captando de forma criativa, imaginativa e com detalhes as transformações sociais, culturais e políticas

Lembramo-nos aqui da forma do flâneur em termos culturais e literários ligado à figura de um observador errante que explora a cidade-estado de forma contemplativa e com sociabilidade. Seu papel inicial era mergulhar na atmosfera urbana, observar a vida cotidiana e coletar detalhes sobre a cidade-estado. Muitas vezes é uma forma de arte ou inspiração. Sua abordagem subjetiva e intuitiva focada nas experiências pessoais e nas suas percepções, em um caminhar livre, sem conceitos ou objetivos específicos e pré-determinados, era guiado por seus sentimentos e reflexões, por sua experiência.

Queremos que o flâneur continue se concentrando na observação e na criatividade. Atento as interações humanas, arquitetura, mudanças nas paisagens urbanas e rurais, e as emoções que essas experiências despertam. O flâneur que, se permite por muitas vezes, criar obras artísticas, literárias ou reflexivas a partir de suas observações e reflexões.

A proposta de fusão entre esses dois personagens é a fusão das abordagens quantitativa e qualitativa sem delinear uma linha fictícia entre elas.

A combinação das características do agrimensor com as do flâneur resultaria em uma figura hibrida que combina a acurácia técnica e a objetividade do agrimensor com a observação contemplativa e a sensibilidade artística do flâneur. Esta combinação pode ser personificada por um profissional que incorpora tanto a capacidade de medir e analisar detalhes tangíveis quanto a capacidade de contemplar as particularidades e emoções subjacentes de um ambiente.

A imagem do Agrimensor-Flâneur é de uma figura que se move pela paisagem com um olhar atento e contemplativo, mas que também está equipado com as ferramentas técnicas do agrimensor para captar e interpretar informações acuradas sobre o ambiente natural e humano. Esta figura híbrida pode ser revelada da seguinte forma:

1) **Exploração sensível:** perambula pelas ruas e paisagens com a mesma curiosidade e atenção aos detalhes de um flâneur tradicional, absorvendo os aspectos emocionais, sociais e estéticos do ambiente.

2) **Observação Tecnológica**: Em vez de apenas observar, também seria capaz de realizar mensurações acuradas e coletar dados topográficos, geodésicos e de localização usando ferramentas como o GNSS, ou qualquer outra forma de quantificação que se queira realizar.

3) **Interpretação contextual**: A força do Agrimensor-Flâneur reside na sua capacidade de interpretar dados técnicos no contexto mais amplo da paisagem. Conseguem ver como os aspectos físicos da terra afetam a vida das pessoas, a arquitetura, o uso do espaço e as interações humanos.

4) **Expressão artística e comunicação.** Da mesma forma que o flâneur tradicional cria obras de arte baseadas em observações e retornando ao seu estúdio; o Agrimensor-Flâneur no levantamento de campo retorna ao seu escritório para criar mapas artísticos, visualizações de dados estilizados ou elementos técnicos. Às vezes comunica suas descobertas por meio de histórias, nos moldes de um memorial, que combinam elementos emocionais.

Em última análise, combinar as características do agrimensor com as do flâneur resultaria no profissional que vai além da simples mensuração técnica, mergulhando nas profundezas emocionais e culturais do ambiente enquanto procura uma compreensão holística e inspiradora do mundo que o rodeia, uma visão cosmológica. Uma compreensão complexa dos espaços, lugares e coordenadas de território.

Não se permite limitar na visão das formas e tamanhos, desenvolve igualmente sua percepção com base em seus sentimentos, nas narrativas e interações que dão vida aos lugares que está transitando.

O impacto desta abordagem vai além da estética. O Agrimensor-Flâneur na Cartografia Imagética pode influenciar o planejamento urbano sensível e a sensibilização do público. Ao mapear não só o espaço físico, realiza as ligações emocionais e culturais, podendo formular alternativas que se tornam decisões coletivas mais informadas sobre como preservar o patrimônio, promove a inclusão e conceber espaços que tenham ressonância na comunidade.

Uma combinação de precisão e expressividade na cartografia imagética gerando uma jornada emocionante na compreensão do nosso mundo. O Agrimensor-Flâneur, com a sua habilidade de mensurar com acurácia, ao mesmo tempo que abraça a subjetividade da experiência convida-nos a olhar além das mensurações espaciais e a explorar os sentimentos, as histórias que moldam os nossos ambientes.
O mapeamento de imagens torna-se a lente através da qual olhamos não apenas a paisagem física, é a completude de emoções e significados que existem, cruzando as fronteiras entre técnica e reflexão.

Esta combinação convida-nos a mapear não só a geografia, mas também a alma, a nossa essência e existência.

A relação entre agrimensor, flâneur e cartografia imagética, a combinação destas perspectivas muito diferentes com muitos outros conceitos que definimos neste trabalho, na perspectiva decolonial, da confluência dos saberes, proporciona uma abordagem única e compreensível do que representa o nosso mundo e a nossa percepção dele.

Representação de espaço e tempo contextualizado deve tornar-se um ato de justiça cognitiva, social, cultural e ambiental. E quando imaginamos nessas relações e fusões sob o conceito colonial, o mapeamento imagético torna-se um instrumento para desafiar e moldar a narrativa espacial segundo o modo de vida de cada indivíduo. É o espaço aberto para múltiplas perspectivas e vozes que foram historicamente desfavorecidas, que tiveram as portas fechadas, seus corpos aprisionados, escondidos e eliminados.

O mapeamento imagético vai atuar como uma ferramenta para decolonizar o espaço ao potencializar as vozes dos marginalizados, e estes devem assumir o papel protagonista das pesquisas.

Nesta logica da representação imagética do espaço, tempo e contexto que posicionamos essa metodologia para não focar somente nas questões estéticas das imagens, do seu valor como arte, mas focar no seu valor enquanto ato de justiça social ao interrogar e propor alternativas para reconstruir as histórias que compõem as nossas paisagens, os nossos espaços, os nossos lugares e coordenadas de territórios.

5 APLICANDO A CARTOGRAFIA IMAGÉTICA

Até este ponto examinamos uma problemática sociedade ideal que se insere no contexto contemporâneo, enraizada tanto na esfera teórica quanto nas complexas interações das questões sociais e ambientais. Esse entrelaçamento se desenrola no cenário atual de progresso tecnológico, evolução cognitiva e transformação cultural, permeando a ampla esfera da comunicação e do conhecimento. O propósito subjacente foi o de estabelecer os alicerces que conduzirão os rumos diante dos desafios paradigmáticos e da transição inerente a uma sociedade almejada como plenamente livre e fraterna com base na decolonialidade e cosmologia humana.

Qualquer mudança social e cultural que se apresente como alternativa para uma utopia possível impõem a revisão do que compreendemos por ser humano, natureza, ciências, cultura, enfim todas as esferas da vida humana e seu entorno. Precisamos nos reconectar com as realidades – conceito de realidade que não pode mais ser visto no singular – não perdendo a nossa essência humana de imaginar e criar, de ir além da superficialidade.

Ao reconfigurarmos nossos pensamentos e condutas, desencadeamos um efeito transformador que se estende a reavaliar e reestruturar as formas de comunicação, tanto com nossos semelhantes quanto com o mundo e o Universo em si. Esta metodologia almeja enriquecer essa revolucionária e libertadora forma de comunicar ao expressar a essência de cada ser, conferindo-lhe um caráter prático e emancipatório.

Cooperando para uma sociedade com igualdade, livre e fraterna, que se torna plausível com indivíduos verdadeiramente emancipados de todas as formas de dominação humana.

Emancipação somente das dominações humanas porque devemos ter a clareza que o ser humano é parte do todo, é parte da natureza, do universo, do qual nunca será igualmente emancipado. A emancipação ocorre somente em nossa consciência (imagem) e não corpos (meio), logo é uma emancipação da forma como imaginamos e interagimos com o meio.

Concordamos com o polêmico pensamento sobre projetos de pesquisa em Comunicação, que estendemos para toda ciência, que defendeu Carrascoza (2016) na disciplina de Seminários de Pesquisa, na PPGCOM-ESPM, dando ênfase ao afeto, as paixões (pathos) em detrimento da pretenciosa fundamentação lógica da ciência moderna (logos).

> Projeto...Plano de Voo. Onde estamos e para onde vamos. Geografia vista do papel; pelas dobras insinuam-se os detalhes da paisagem [...], mas não passe de um trecho, só uma ria do rio. Como um decote: imagina-se o todo, sem desenglobá-lo [...] executa-se a semelhança da música: adágio, andante, alegro. (CARRASCOZA, 2016, p. 58)

Mas aqui o nosso plano de voo não se limita ao objeto em si, a uma ria deste rio, queremos ver a nascente e quando ele desemboca no oceano, queremos ver o antes de ser e o depois que virá – queremos ver a água correr, cair, ser quente e fria, lavar e hidratar, queremos ver a água em todos os seus estados físicos, queremos ver a água sendo sacralizada e dotada de sentimentos.

Durante todo o processo o objeto pode se mostrar maior ou menor, simples ou complexo, isolado ou conjugado. É a significação do objeto que nos guia e não as amarras limitantes de uma determinada metodologia e uma escala pré-estabelecida.

Não vamos nos contentar só com o decote, queremos nos deleitar caso o objeto nos convide, basta o seu sim e o pesquisador se perde nas suas paixões. Não queremos só escutar a música, queremos ver o disco, saber do artista, dos seus trejeitos e dos seus instrumentos, com ele conversar a luz do luar, adentrar aos seus sentimentos mais profundos sem deixar as futilidades de lado.

Não somos produtivistas da ciência, somos românticos, somos boêmios, somos mais que cientistas humanos, somos apaixonados pela humanidade, somos o que deveríamos ser conosco, com os outros e com o universo, nos tornamos diversais, seres humanos - somos cientistas decoloniais.

Como estudiosos decoloniais, somos convidados a pensar profundamente sobre a intersecção de questões sociais, ambientais e tecnológicas no contexto contemporâneo. As diretrizes adotadas enfatizam a importância de reavaliar e valorizar o nosso entendimento das diversas áreas da vida humana, que seja totalmente diferente do eurocentrismo e colonialismo; contra sua consequência devastadora das desigualdade e explorações que percorrem com a instrumentalização do capitalismo.

Necessitamos nos conectar e reconectar com múltiplas realidades, superando a superficialidade e abraçando a imaginação humana, criando e transcendendo as fronteiras tradicionais.

A proposta básica é lançar as bases de uma sociedade igualitária, livre e fraterna onde os indivíduos sejam emancipados das formas de governos totalitários e de dominação, admitindo ao mesmo tempo a sua interligação com a natureza e o universo. Sempre sublinhando a importância de uma abordagem emocional e emotiva, valorizando a paixão em detrimento de uma ênfase exagerada na lógica científica.

Antes de propor um projeto metodológico que possa servir de modelo, e simplesmente como tal, como alternativa e não como normatização e/ou padronização, e ilustrá-lo de forma prática, vamos definir o que é a já mencionada Arena JAM, qual o seu objetivo e como pensá-la.

5.1 Definição da arena JAM

Espero que tenham compreendido que tudo que foi dito até aqui foi um caminho para expressar a minha intenção de avançar no desenvolvimento de novas alternativas criativas, integrando livremente os conceitos em que tenho trabalhado sem estar vinculado a uma metodologia rígida. Nossa jornada nesta exploração, neste ensaio quase existencial, pode fluir sem seguir uma rota pré-determinada. No entanto, dado o nível de desenvolvimento cognitivo em que nos encontramos, isso parece improvável.

A metodologia funciona como um guia, um mapa que mostra o caminho. Ao reconhecermos que o objetivo não é único, que se trata de alternativas, de diversas realidades, percorremos vários itinerários interligados por desvios e atalhos, proporcionando grandes surpresas e descobertas. Nesses momentos de descobertas e aventuras que só aparentam ser aleatoriedades, novos conhecimentos surgem destas encruzilhadas.

Logo não estranhe essa tese, a sua escrita e metodologia não serem lineares.

À medida que os paradigmas da ciência moderna permanecem por resolver e rodeiam medidas provisórias ou insustentáveis, e avançamos aqui ainda enredados em conceitos e noções do passado, é a consciência de ainda estarmos nas fases iniciais do desenvolvimento do conhecimento decolonial que responda aos nossos anseios.

Como nas páginas anteriores, não vai achar algo acabado nas próximas páginas, e ao inserirmos a subjetividade como fator primordial, além da complexidade que é o próprio ser humano, dificilmente essa tese e desenvolvimento encontre seu fim[36].

A abordagem metodológica da cartografia imagética parece aproximar-se naturalmente da fenomenologia e da prática etnológica. Consequentemente, acabamos nos concentramos no estudo dos fenômenos que emergem na consciência.

Motivo que nos leva partir das regras básicas da metodologia científica no seu processo sistemático de planejamento, condução e avaliação. Todavia, organização e alguma pretensa confiabilidade no processo não podem prevalecer sobre a criatividade e imaginação dos atores envolvidos na pesquisa.

Para tornar ainda mais transparente a intenção neste momento, pretendo repensar a metodologia partindo do seu próprio significado para a ciência moderna ocidental. Esta concepção (ACADEMIA BRASILEIRA DE LETRAS, 2008) abrange não apenas o estudo das diferentes abordagens metodológicas viáveis para diferentes investigações e conhecimentos, mas também envolve a noção de um conjunto de processos direcionados para um objetivo específico.

Pretendemos integrar esta arremetida lógica com o pensamento científico, sem criar obstáculos para aplicá-lo a outras formas de conhecimento, sem elitismo e hierarquia. E nesses processos conjuntos dos procedimentos que vão sendo delineados, planejados e executados, os métodos nos auxiliam na vista para o objetivo.

Objetivo que pode ser pequeno no papel, na idealização de cada tese e pensamento se revolva como um objetivo específico, para que o seu contíguo se torne grandioso no objetivo geral que é a emancipação humana, no reconhecimento das diversidades, no fim das desigualdades e preconceitos, no reconhecimento da igualdade das inteligências e da importância das equidades através das confluência de saberes.

---

[36] Fim que nunca deve ser o seu objetivo na crença das alternativas e potencialidades infinitas na imaginação humana.

Uma metodologia cientifica que não pode deixar de tangenciar o desejo de realizar uma Arena JAM[37], onde a ciência e o senso comum vão se fundir para propor, demonstrar ou elucidar um saber sem a necessidade de definição de um percurso metodológico taxativo, dogmático.

Não existe a menor pretensão de tornar o método aqui em normas rígidas, são somente princípios de prudência e moderação, lembretes e observações, um dos trajetos que a carta/mapa/planta nos apresenta, sem que prevaleça uma ordem contrária a criatividade.

O método que vá empregar, seja ele qual for, devem incorporar sensibilidade à diversidade, devem ter afeto.

Todas as ciências, metodologias e as diversas formas de saberes devem visar sempre a emancipação humana e o desenvolvimento pleno do seu potencial. Deve promover a liberdade criativa e não o seu aprisionamento.

> Metodologia [...] Começa-se, seja o que for, agarrando-se ao que as mãos têm de mais próximo – somos todos náufragos, então cada um que pegue o que puder à sua maneira ou no desespero [...] Corpus não é amostra. Certifique-se da integridade de seus instrumentos, revise-os antes de usá-los [...] O método é, apenas, uma prescrição para a viagem. Uma bússola primitiva, como o sol. A desvantagem do método? Ser um meio per se, como a existência – e nada prepara melhor para a vida que o viver. (CARRASCOZA, 2016, p. 64)

Nesta perspectiva fenomenológica, nesta Arena JAM, e no nosso próprio objeto de análise imagética, que aqui é a exposição desta metodologia alternativa de utopia possível, lembramos das propostas da anthropological blues, descrita pelo antropólogo Roberto da Matta (1978), e da aproximação da nossa proposta e hipótese com os preceitos, ou melhor, tarefas, do etnólogo, da etnologia. Na dupla tarefa de transformar o exótico em familiar e transformar o familiar em exótico.

> Por anthropological blues se quer cobrir e descobrir, de um modo mais sistemático, os aspectos interpretativos do ofício de etnólogo. Trata-se de incorporar no campo mesmo das rotinas oficiais, já legitimadas como parte do treinamento do

---

[37] Referência a forma musical, Jam Session, onde os instrumentistas tocam de improviso, sem saber o que vem a frente, sem ensaio, sem uma banda definida.

antropólogo, aqueles aspectos extraordinários ou carismáticos, sempre pontos a emergir em todo relacionamento humano. De fato, só se tem a Antropologia Social quando se tem de algum modo o exótico, e o exótico depende invariavelmente da distância social, e a distância social tem como componente a marginalidade (relativa ou absoluta), e a marginalidade se alimenta de um sentimento de segregação e a segregação implica em estar só e tudo desemboca – para comutar rapidamente essa longa cadeia – na liminaridade e no estranhamento. (MATTA, 1978, p. 4)

O conceito de Arena JAM, conforme delineado, representa uma abordagem inovadora e flexível para a investigação científica e a compreensão da realidade. O termo JAM sugere uma convergência entre a música, a arte e o movimento, refletindo a natureza criativa, dinâmica e fluida da abordagem proposta.

Figura 10: ARENA JAM

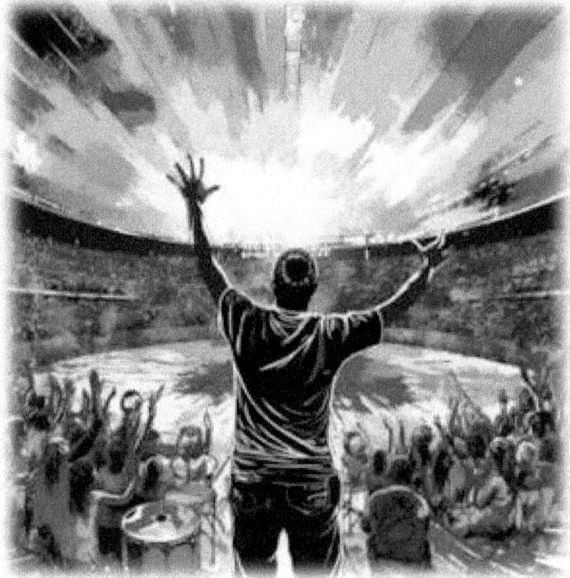

Fonte: Arquivo Pessoal

Baseia-se na premissa de que a rigidez das metodologias tradicionais podem limitar a exploração profunda e a compreensão genuína, especialmente quando se trata de questões complexas e multifacetadas.

A Arena JAM valoriza a liberdade intelectual e a criatividade dos pesquisadores, incentiva a exploração de conceitos e perspectivas, principalmente das que foram taxadas com formas não convencionais. Parte das regras básicas da metodologia científica, mas não visa impor barreiras ou hierarquias ao processo de pesquisa. Em vez disso valoriza a prudência, a contenção e a sensibilidade à diversidade, permitindo aos aventureiros e libertários decoloniais embarcarem numa viagem de descoberta que abrange tanto o exótico quanto o familiar. É o conhecimento do novo, do inesperado, junto do autoconhecimento e da autocrítica.

Que o pesquisador na Arena JAM sinta a dança entre o estranhar e conforto em todo o momento, que essa dança lhe cause excitação para buscar cada vez mais confluência com os diversos saberes.

Isso parece consistente com a fenomenologia e a prática etnográfica, enfatizando a importância de acessar fenômenos na mente consciente e buscar novas epistemologias. Contudo nos afastamos dos rigores de um percurso metodológico exaustivo e descabido, esforçando-se para integrar criativamente a ciência e o senso comum, a integração de todas as formas de saberes.

Enquanto estiverem na Arena JAM, os pesquisadores são incentivados a explorar além dos limites ordinários, admitindo o estranhamento e as fronteiras como ferramentas para serem desconstruídas com a finalidade da compreensão profunda.

É uma interpretação e oportunidade de prover alternativas que dialogam com a complexidade, diversidade e identificação da experiência humana. Um caminho não convencional na busca de conhecimentos mais profundos e significativos. E nesta abertura, os pesquisadores se permitirem adentrar em outros caminhos utilizando como ferramenta de posicionamento a Arena JAM e sua relação direta como a metodologia etnológica.

Aproximações que são possíveis quando grifamos a flexibilidade, criatividade e liberdade na pesquisa científica.

A própria metodologia etnológica que por essência se concentra na análise e compreensão das culturas humanas por meio da observação participante e da imersão nos diversos contextos sociais, já possui o intuito de realizar essa liberdade criativa e imaginativa em suas pesquisas.

Não pretendemos nos debruçar no campo da etnografia citando pensadores como o pai da etnografia Bronisław Malinowski, outros pensadores igualmente consagrados como Clifford Geertz, Annette Lareau, Pierre Bourdieu, Mary Douglas, Ruth Behar, Claude Lévi-Strauss, o que nos lembra dos pesquisadores brasileiros e que estavam presentes com suas teorias na construção do presente trabalho, no início da formulação desta tese – Ronaldo Mathias, Clarice Peixoto e Barbara Copque.

Da mesma forma que a distinção entre etnografia e etnologia se tornou menos importante à luz do atual desenvolvimento tecnológico. A presença física no local de estudo muitas vezes já não é absolutamente necessária. No entanto, isso não significa que o trabalho de campo tenha perdido importância e relevância, mas sim que ele continua a dar contribuições significantes.

Recusar o impacto deste desenvolvimento tecnológico seria o mesmo que argumentar que relações humanos autênticas não podem ser encontradas em espaços virtuais, ou mesmo ignorar a verdade de que a inteligência artificial no presente e emergente futuro próximo não é equivalente ao ser humano, sendo que é edificada na mesma inteligência/consciência.

A mensagem central que a Arena JAM transmite no seu cerne pode ser classificada tanto como etnológica como etnográfica, devido ao conceito de confluência de saberes.

Arena Jam é o espaço do Agrimensor-Flâneur, é o seu laboratório. Independentemente da natureza do estudo, objetivos da análise ou escopo de ação, este método atravessa esse espectro, baseado principalmente nas relações sociais.

À medida que essa relação atinge estágios avançados de interação, novas abordagens metodológicas são gradativamente incorporadas, como sugere a metodologia da cartografia imagética.

Arena JAM é a própria materialização da utopia da ciência decolonial, é uma arena onde todos os métodos e conhecimentos podem convergir para propor alternativas, portanto é Jam.

Na convergência de alternativas, diante da curiosidade dos pesquisadores, a Arena JAM é uma abordagem dinâmica e exploratória de pesquisa que valoriza a flexibilidade, experiência prática, sensibilidade à diversidade e encontra os elementos essenciais que podem construir novas alternativas. Sempre refletindo e tencionando as alternativas em diversas realidades, ou seja, sem esquecer do conceito de terceira realidade.

Não se constitui em uma tentativa de nomear campos ou normatizar algo, é local onde a ciência decolonial e a confluência de saberes ocorrem sem hierarquia. É uma assalto de pesquisa dinâmica e exploratória, de experiência direta, de sensibilidade à diversidade e descoberta de elementos-chave.

Isso resulta em caminhos inovadores para a compreensão de questões complexas e multifacetadas, que corresponde à fenomenologia, bem como à prática etnográfica e etnológica, possível de ser aplicada em qualquer área e não

210

necessariamente cientifica – poderia ser uma mesa em um Congresso Internacional, em um sarau recitando poesias, ou mesmo em uma mesa de bar. Os saberes se encontram em todos os lugares.

Estamos nos afastando do rigor metodológico tradicional, permitindo que os pesquisadores explorarem além das fronteiras convencionais.

A Arena JAM é uma utopia possível da ciência decolonial, onde métodos e conhecimentos convergem para propor alternativas, contribuindo assim para a emancipação e plena realização do potencial humano.

5.2 Terceira Realidade

A busca da terceira realidade da análise cartográfica imagética, na substituição do pesquisador normativo pelo sujeito do pesquisador cultural, ou seja, do Agrimensor-Flâneur na confluência de saberes, só pode ser empreendida num primeiro momento na relação direta com o cotidiano, um cotidiano etnológico. Seja local (clássico), virtual, literário, etnográfico, ou seja, todas as áreas socioculturais de uma determinada comunidade ou grupo.

Outra ressalva cabe aqui a questão da realidade, já falamos que ela é plural, e agora não devemos nos prender no sentido estrito da palavra como algo puro, real que se torna inquestionavelmente verdadeiro, ou mesmo como imitação, que seria a própria indústria cultural, na sociedade de massa que reproduz os espetáculos. Também é inaceitável a simplicidade dos seus aspectos concretos, utilitários e práticos.

Isso não é possível de ser aplicada porque aqui a nossa realidade ganha contornos imaginativos, é utópica pela sua diversidade e por suas múltiplas possibilidades de transformações. Não somos adeptos a um realismo rígido, mas somos realistas quanto as necessidades humanas, somos pragmáticos pela igualdade e fraternidade, buscando valorizar as significações subjetivas das práticas cotidianas e tradições.

Um conceito que se inspirou na terceira natureza esboçada na pesquisa de mestrado em ciências sociais na PUC-SP em 2011, também encontrou inspiração em um intelectual da cartografia crítica, Edward W. Soja.

Soja (1996) elaborou um conceito denominado de "terceiro espaço" dentro do campo da geografia e dos estudos culturais. Esse conceito faz referência a um espaço de intersecção e hibridização entre as diferentes culturas e identidades, tornando mais complexa a compreensão das relações sociais, culturais e políticas.

Esta definição de espaço é corroborada pela presente tese, onde não estamos falando apenas de espaços físicos, eles também são conceituais, significativos e imaginativos.

A integração destes espaços ocorrem exatamente como pensamos os conjuntos das realidades (que incorporam a noção de espaço, tempo e contexto), na interação e confluência entre os diferentes grupos sociais, experiências, saberes e culturas. Em uma relação dialética que sintetiza as alternativas, novas formas de identidade e significações.

Não existe uma fronteira que limite esses espaços e realidades com o intuito de valorizar a diversidade e a produção de conhecimento que surge destas relações. Uma relação dialética que não é dicotômica, que na resolução de conflitos e problemáticas se encontra em constante estado de evolução e revolução.

Uma terceira realidade movida pela terceira natureza ou através do conceito de terceiro espaço e iluminada na primeira e segunda realidade de Kossoy (2001; 2021).

Como já mencionamos a primeira realidade se trata da realidade objetiva capturada pela câmera fotográfica, ou seja, é a representação direta do objeto que se encontrava diante da lente, é o seu aspecto documental, o registro visual da realidade no momento do clique. A segunda realidade se refere a interpretação e percepção desta fotografia por espectador, ou seja, é a forma como a imagem é recebida, interpretada e compreendida por esse observador. É nessa segunda realidade que entra as questões de subjetividade, sua contextualização e interpretação, logo, podem ocorrer interpretações e significações diversas, uma dependência do conhecimento do próprio espectador.

A terceira realidade, ou sejam, nas múltiplas realidades, pensando na perspectiva fotográfica, não exclui a existência factual de uma realidade concreta, mas afirma que existem nesta relação imagética pelo menos três realidades subjetivas. A realidade do fotógrafo, a realidade do espectador e a realidade percebida pelo objeto retratado.

Na exclusão desta terceira realidade, na concepção da cartografia imagética, a primeira realidade se torna a imposição normativa da ciência moderna ocidental, colonial e eurocêntrica, e a segunda realidade se torna a espetacularização da sociedade.

O conceito de terceira realidade é a subjetividade imaginativa e criativa, são as alternativas e utopias possíveis que buscam transformar a sociedade. São as significações e formas de olhar para o espaço e tempo partilhado que cada comunidade adota como consenso nas suas etnias, tradições, culturas e práticas religiosas – é a forma como a comunidade transforma, através de suas organizações, o meio para viver, seja no seu passado, presente ou futuro.

Com esse conceito posicionamos as realidades como espaços, tempos e contextos híbridos e dinâmicos, indo além da dicotomia tradicional entre a realidade objetiva (primeira realidade) e a sua representação (segunda realidade). Que em um contexto decolonial são utilizadas para transcender as narrativas impostas com as amarras do capitalismo a serviço do eurocentrismo e colonização.

As realidades hibridas e dinâmicas afirmas as identidades e autonomias das diversas culturas.

A imagem, seja ele fotográfica ou em outro meio (suporte midiático), não tem como fim a simples documentação de uma determinada realidade, ela pode dar visibilidade a múltiplas realidades, ao mesmo tempo que também poderia gerar novas realidades e possibilidades com a confluência de saberes, sem que com isso ocorra a perda de representatividade de um determinado grupo ou mesmo seja um projeto de espetacularização e alienação. São as imagens construindo a si próprias, é cada indivíduo enquanto imagem ativa, autônoma e autêntica participando desta construção das realidades.

Com a terceira realidade também ocorre o reconhecimento da imagem como potência de saberes, de igualdade e transformação social.

A terceira realidade não pode se constituir de uma verdade, é um conjunto de verdades, ou melhor, de consensos, dialogando para construir a humanidade na sua pluralidade e compreender o universo. É o reconhecimento da nossa ignorância diante da realidade do outro, sobre as realidades inesperadas, novas ou que simplesmente não nos eram visíveis.

São realidades que se apresentam quando estamos abertos a conhecer o novo, o inesperado, o diferente, quando nos encontramos emancipados e, portanto, livres de preconceitos.

Nesta realidade que inserimos a ação prática do etnógrafo, junto a ampliação do seu campo com o desenvolvimento tecnológico, as novas formas de comunicação e imaginários.

Lembrando que a própria presença do pesquisador se tornou relativa vista pela ótica do virtual, como uma imagem que representa a presença da ausência. O próprio conhecimento acadêmico deve igualmente ser questionado no que tange a possível disseminação do conhecimento através dos meios digitais; além do fato de não reconhecermos mais a ciência como única racionalidade, como única fonte de conhecimento e saberes.

Tenta-se delimitar a escala do mundo na virtualidade contemporânea através de um ecrã, mas para quem mantém o espírito crítico e curioso, cada pesquisa se depara com uma surpresa, cada caminhar um despertar, algo que transforma a própria realidade e a do outro, algo que lhe estranha. Surge o inesperado, algo novo ou que até o momento desconhecíamos[38].

O elemento inesperado é o que demarca a área de estudo da anthropological blues (MATTA,1978). É um elemento que surpreende a ignorância e que surge na prática etnológica, dando uma nova significação ao objeto estudado. Objeto inesperado que surgi sem ser planejado por uma metodologia ou estratégia, e modificar toda direção e entendimento da pesquisa, que pode descortinar a face oculta do objeto, ou até mesmo demonstrar que estávamos namorando o objeto errado.

É como andar na mesma rua por anos e um dia se deparar com algo extraordinário ou trivial que sempre esteve lá, mas que nunca percebemos, ganhando novas significações para o olhar.

A face oculta em analogia com o estilo da composição e letras do blues, que tem como característica melódica a harmonia ganhando força através das repetições das frases, sejam elas notas musicais ou palavras, tornando este elemento inesperado, oculto, nesta repetição de ideias e imaginários se torna cada vez mais perceptível.

Um elemento inesperado que se revela e desmonta tudo aquilo que julgávamos natural, conceitual, normal, dado como certo; é o princípio do exótico se tornando familiar, e o familiar se tornando exótico. Momento que o próprio pesquisador em um sentimento de estranhamento percebe que ali se encontra em uma posição de marginalização, de isolamento, desejando o retorno ao conforto de seus domínios.

O inesperado é a própria voz da subjetividade na ciência que tanto se procurou silenciar com a eloquência da objetividade. O inesperado torna a subjetividade, que por muitas vezes é descartada, em um dado sistemático, em uma ato fenomenológico importante e central.

É neste momento paradoxal da subjetividade do inesperado que o pesquisador percebe que o conhecimento está se construindo fora dele, por forças externas, as

---

[38] Tudo é desconhecido até que ele seja imaginado por alguém. Logo nada é novo, e quando é, somente fala sobre a nossa ignorância para a natureza do Universo.

quais ele não deve interferir para não contaminar o processo, ou pelo menos tentar minimizar sua intervenção.

Os conhecimentos são imagens que o pesquisador descreve, não é uma criação individual sua. É ter a consciência que quando descreve essa imagem está contribuindo para a confluência de saberes, até porque não existe neutralidade neste processo. Não existe a neutralidade do pesquisador, da confluência de saberes e muito menos do objeto. Ou seja, essa objetividade pura e neutra é algo que somente existe por uma questão conceitual, não encontra lastro em nenhuma das realidades possíveis.

Logo não se trata de abordar a neutralidade do pesquisador ou dos outros envolvidos, por ser intangível na sua totalidade; o que devemos nos preocupar é em não criar uma relação de poder, de dominação. Devemos criar um espaço de liberdade a todos os envolvidos, um espaço de afeto, de escuta atenta e interessada em todas as histórias, e sobretudo proporcionar o desenvolvimento autônomo e autêntico de cada ser.

Não podemos correr os mesmos riscos da antropologia, não em sua totalidade, mas que acabou seguindo os anseios dos empiricistas ingleses e americanos em tornar essa uma ciência natural, por consequência estranha ao próprio desenvolvimento da cultura, dos indivíduos. Ao mesmo tempo que não podemos separar o animal humano (seu corpo) da sua essência (consciência/alma/conhecimento).

Almejamos uma ciência interpretativa, trabalhando constantemente com a subjetividade e que constantemente desloca a nossa própria relação e visão de mundo, que ganhou historicamente contornos racionalistas e objetivos. O que obscureceu os nossos sentidos para fatos além daqueles que foram determinados por alguma externalidade como certos, fechados e imutáveis.

Indagação que deve servir a todas as ciências humanas, e mesmo as outras ciências mais duras, como a exatas e biológicas - que podem se beneficiar desta abordagem. Isso ocorre quando essas percebem que seus resultados são constantemente alterados na significação de uma determinada realidade social, que se imagina e cria a sua própria existência, que determina o que é real.

Um grande exemplo disso é a transdisciplinaridade da sustentabilidade ambiental, que demonstra claramente que não estamos propriamente preocupados com as vontades e necessidades da natureza, e sim com o desenvolvimento saudável e futuro da espécie humana dentro de uma determinada lógica e ideologia – que hoje infelizmente em essência é produtivista e economicista.

Até a própria significação da natureza é dada pela consciência humana e não por ela, não é sequer a realidade que lhe determina. Todavia isso ocorre na objetividade que conferimos ao conhecimento humano como único catalizador de transformações. Em uma teoria que enfatize a subjetividade é possível dialogar com a natureza e permitir que ela própria se ressignifique. Se as imagens falam, a natureza grita, canta, compõe novas notas, frases e acordes nunca escutados e que são regidos pelo Universo

> [...] anthropological blues [...] uma dedução possível, entre muitas outras, é a de que, em Antropologia, é preciso recuperar esse lado extraordinário e estático das relações entre pesquisador/nativo. Se este é o lado menos rotineiro e o mais difícil de ser apanhado da situação antropológica, é certamente porque ele se constitui no aspecto mais humano da nossa rotina. É o que realmente permite escrever a boa etnografia. Porque sem ele, como coloca Geertz, manipulando habilmente um exemplo do filósofo inglês Ryle, não se distingue um pescar de olhos de uma piscadela marota. E é isso, precisamente, que distingue a 'descrição densa" – tipicamente antropológica – da descrição inversa, fotográfica ou mecânica, do viajante ou do missionário. Mas para distinguir o piscar mecânico e fisiológico de uma piscadela sutil e comunicativa, é preciso sentir a marginalidade, a solidão e a saudade. É preciso cruzar os caminhos da empatia e da humanidade. (MATTA, 1978, p. 11)

Dito isso, abreviamos o conceito de Terceira Realidade como um espaço de entendimento que transcende a dicotomia tradicional entre realidades objetivas e subjetivas, buscando uma síntese criativa e imaginativa que se origina do diálogo entre múltiplas perspectivas e significados. Esse enfoque procura ir além das definições estritas de realidade, reconhecendo-a como um conjunto de verdades interconectadas, construídas coletivamente e em constante transformação.

A Terceira Realidade não se fixa em uma única verdade, mas sim na interação e na harmonia das diferentes interpretações que se entrelaçam para compor uma abrangência ampla e enriquecedora.

Conceito que também incorpora as transformações originadas no desenvolvimento tecnológico e novas formas de comunicação. A presença do pesquisador se expande para o ambiente virtual, onde as interações e as relações são moldadas de jeito diferente (com afeto).

A disseminação do conhecimento através de meios digitais desafia a noção tradicional de autoridade acadêmica, é a coexistência de espaço das diferentes vozes e perspectivas.

Essa investida transcende a busca pela neutralidade e reconhece a importância da subjetividade na construção do conhecimento. O elemento inesperado, tão presente na prática etnológica ou etnográfica, é valorizado como uma fonte de enriquecimento da compreensão humana. Adota que o conhecimento é coletivo, o que não poderia ser diferente, podendo ser influenciado e moldado por forças externas e, está em constante evolução.

O pesquisador deve assumir o papel de facilitador e colaborador do processo em vez de um mero observador distante, contra a falácia de qualquer objetividade e neutralidade.

Assim como a harmonia se desenvolve no blues através da repetição e do elemento inesperado, a Terceira Realidade também encontra sua riqueza na interação contínua e cíclica entre o familiar e o exótico, entre a subjetividade e a objetividade. Destacando sua natureza interpretativa e dinâmica ao afirmar que todas as formas de conhecimento são permeadas por subjetividade e que a busca pela verdade é uma utopia possível enraizada na diversidade de perspectivas.

Portanto, a Terceira Realidade é alternativa de abarcar a complexidade do mundo, romper com noções rígidas de realidade e conhecimento, e criar um espaço de diálogo, transformação e coexistência de múltiplas verdades e significados.

É o olhar humano e afetuoso para a pesquisa, sociedades e culturas, abrindo caminhos para outras possíveis visões inclusiva e enriquecedoras da existência.

A Terceira Realidade é o resultado das confluências de saberes, da ciência decolonial no interior da Arena JAM. Um resultado que deve ser sensível com a diversidade, afetuoso nas suas alternativas.

5.3 Metodologia sensível

Cruzar os caminhos da empatia e da humanidade foi o empenho de Muniz Sodré, em sua obra "As estratégias sensíveis: afeto, mídia e política" (2006). Onde o autor define estratégias que podemos equiparar aos métodos em nossa metodologia, sobre a ação etnológica ou etnográfica se posicionado em ação afetiva para com o outro sem necessidade de um marco racional. Como resultado nesta estratégia, nesta relação de entrega e comunhão encontraremos alternativas e singularidades.

É trazer o sensível em uma estratégia metodológica para abarcar as diferenças e somente depois pensar em uma teoria que lhe revista. Para tanto devemos fazer justiça a outros intelectuais e ativistas da teoria decolonial que compõe essa defesa do afeto, a exemplo de bell hooks, Sueli Carneiro, Paulo Freire, Djamila Ribeiro, Conceição Evaristo, Angela Davis, Silvia Rivera Cusicanqui, Vandana Chiva, Sônia Guajajara, Maria Lugones, Achille Mbembe e tantos outros que atravessam a nossa encruzilhada decolonial.

A estratégia de entrega afetiva nas relações para com o outro e para com tudo que nos circunda se trata da própria ação da práxis, para que se constitua um conhecimento coletivo, em construção e acesso. É o conhecimento, "de um saber que, mesmo sendo inteligível, nada deve à racionalidade crítico-instrumental do conceito ou às figurações abstratas do pensamento" (SODRÉ, 2006, p.10).

Conhecimento que não necessita de comparações e equivalências, de imperativos racionalistas. Este conhecimento se vale por seu momento e contexto, pela própria necessidade e problemática do sujeito sensível e/ou do objeto.

São operações singulares, fenômenos únicos, que não está diretamente ligadas ao individual ou ao grupal, mas ao sentido que ela dá, as suas significações, a afetividade em si.

> O singular não é o individual, nem o grupal, mas o sentido em potência [...] é um afeto, isento de representação e sem atribuição de predicados a sujeitos – que irrompe num aqui e agora, fora da medida (ratio) limitativa [...] Não é o mesmo o que Michel Foucault chamou de 'estratégia direta' ou 'estratégia sem estrategista' para referir-se à

autolegitimação da racionalidade que regula as normas do funcionamento social. As experiências sensíveis podem orientar-se por estratégias espontâneas de ajustamento e contato nas situações interativas, mas salvaguardando sempre para o indivíduo um lugar exterior aos atos puramente linguísticos, o lugar singularíssimo do afeto. (SODRÉ, 2006, p. 11)

Para responder a tais indagações partimos do pressuposto que a contemporaneidade, em sua dicotomia tradicional, está se percebendo e reproduzindo partindo de duas realidades, o que nos leva novamente a defender o conceito de terceira realidade como alternativa ao caos sociocultural e ambiental vigente.

Na contemporaneidade vivemos na falsa percepção de dualidade entre duas realidades: a primeira realidade que é a concreta, histórica, o que poderia ser definido como quantitativo e; temos a segunda realidade, que se trata de como imaginamos e conferimos os significados para a sua utilização.

Muito próximo do que compreendemos por mundo real e virtual, sendo que real ou virtual são as mesmas realidades e significações, a diferença se encontra somente no meio ou espaço que estamos produzindo e nos relacionando com o outro. O que se torna quase impossível definir suas fronteiras, e quando o fazemos simplesmente os limitamos aos aparatos tecnológicos utilizados.

A grande diferença entre este suposto mundo real e o mundo virtual que erroneamente se colocam em oposição, e na pior das hipóteses que se queira dizer que um é concreto e outro é ficção, para nossa teoria somente diz como devemos tratar as escalas e as coordenadas de território. Principalmente neste último conceito que precisamos estar mais atentos, pois no cotidiano da vida física as coordenadas de território são singulares para as relações sociais, já na vida digital essas coordenadas de territórios se tornam plurais e dependente do local de análise. Exemplo: poderia estar tendo uma relação social em Moçambique agora caso estivesse na perspectiva do outro desta localização, mas estaria em uma relação social no Brasil caso o referencial muda-se para a análise do meu computador ou outro aparato tecnológico. E ainda ambos poderíamos estar passeando virtualmente em uma terceira localização conhecida por todos ou imaginadas por um pequeno grupo, ou ainda poderíamos estar dialogando com um grupo diverso e pertencentes a diferentes pontos do planeta.

São relações reais mesmo que em tempo e espaço diferentes, são relações reais mesmo que ela tenha ocorrido em um passado e seja somente uma gravação, são relações sociais autênticas porque faz parte do contexto da realidade de um indivíduo.

O que diz se uma relação é autêntica ou não é a intensidade de afeto que existe nela, logo estar em uma relação autêntica é estar vivendo o amor incondicional.

Motivos para pensarmos a terceira realidade como conjunto das ações realizadas através do amor incondicional. Essa é uma realidade transformadora e inclusiva dialogando com a diversidade, não impositiva, de respeito as diferenças ao mesmo tempo que integra a pluralidade em uma única comunidade – a comunidade cosmológica humana. Uma realidade que não se coloque no singular, e sim no seu plural, são realidades possíveis de coexistência, que em um único momento de comunicação se torna singular ao falarmos que essa pluralidade é a realidade humana.

Como já foi mencionado, a terceira realidade não deve ser ou servir uma razão única, ela deve ser um conjunto de realidades, ser o meio da comunicação das diferenças e base da transformação que as diversidades e pluralidades precisam para se manter em pleno desenvolvimento e garantir a possibilidade de existência, de liberdade para todos.

Uma realidade partindo das teorias decoloniais refletindo as epistemologias do Sul, expandindo a imaginação política e intelectual para além do ocidentalismo, cultura eurocêntrica, colonialismo.

A terceira realidade é composta pelas vivências e experiências dos seres compartilhantes, conceito de Antonio Bispo dos Santos (2023), na concepção que vivemos em um ambiente onde compartilhamos tudo, inclusive a nossa própria existência, que somente nos pertence momentaneamente pela causalidade biológica.

Ampliando esta concepção, dentro ainda do que estamos trabalhando no jogo de palavras ensinado por este mestre quilombola, e para alcançar o que pretendemos utilizando o afeto na pesquisa, falamos de um conceito ou ideia que vamos denominar de Compartilhante Cultural Comunitário.

A concepção do compartilhante cultural comunitário se refere a uma abordagem inclusiva e participativa para compartilhar e transmitir estilos de vida, expressões artísticas e valores dentro de uma comunidade e para outras comunidades. Com base na visão da cultura como um conjunto dinâmico de formas de ver, sentir e fazer as coisas. O conceito enfatiza a importância de partilhar essas formas de fazer entre os membros de uma comunidade para fortalecer os laços culturais e promover um relacionamento profundo e amplo.

Ao contrário da cultura padronizada e mercantilizada, onde um conjunto específico de normas e valores é imposto, o Compartilhante Cultural Comunitário reconhece a diversidade e a riqueza dos modos de vida individuais e coletivos. Manifesta-se em diversas práticas como rituais, danças, musicalidade, comidas e outros elementos que refletem experiências e perspectivas únicas da comunidade.

Ao partilhar ativamente estes caminhos, os indivíduos ligam-se às suas raízes culturais, enriquecem a sua experiência de vida e fortalecem a coesão social.

Este conceito desafia concepções eurocêntricas de cultura, que muitas vezes excluem expressões multiculturais e locais, como as associadas ao som de tambores, formas de expressar o afeto e outras tradições. Afirma o valor intrínseco dos modos de vida autênticos e experiências, realçando que a verdadeira cultura reside na habilidade de viver e interagir harmoniosamente com o meio ambiente e com outros membros da comunidade.

O Compartilhante Cultural Comunitário pode ser definido sinteticamente como a ação pela qual o indivíduo promove uma compreensão profunda da cultura como algo em constante evolução, onde a troca ativa de modos de vida individuais e coletivos fortificam os laços sociais, promovem a coesão comunitária e enriquece a experiência humana. É a sua entrega afetiva na confluência de saberes sem esperar nada em troca.

Com base nestas premissas, propomos outro conceito denominado de Afeto Transformador e Inclusivo, na busca pela harmonização de estratégias sensíveis com as epistemologias do Sul, com a confluência de saberes e principalmente para a luta decolonial. Forjando uma abordagem metodológica que transcenda os limites da racionalidade instrumental, que abrace a multiplicidade de realidades e experiências em toda ação e pensamento decolonial.

Afeto deve ir além da simples empatia, procurando atingir um nível mais profundo de conexão emocional e sensível com o outro. Baseia-se na ação etnológica ou etnográfica movida pela comunicação decolonial e entrega sem estar vinculada a medidas racionais. Estratégias que combinam sensibilidade metodológica para que as diferenças e singularidades possam ser consideradas antes mesmo da teoria ser criada ou pensada.

A aplicação prática torna-se fundamental para a construção do conhecimento coletivo em constante evolução, na medida em que o próprio conhecimento é moldado através de necessidades e problemas dos sujeitos e/ou objetos sensíveis analisados.

Esse conhecimento afetivo não se trata de comparações ou equivalências, mas de interpretar as experiências em seu contexto e tempo. É um conhecimento que vai além de indivíduos e grupos. Ele se concentra no significado e na emoção contidos em cada experiência específica.

Experiências específicas que são singulares, mas não significa nessa singularidade que se trata de uma pessoa ou um grupo. Ao contrário, refere-se ao possível significado do amor que surge sem referência ao sujeito, irrompendo no momento presente fora da esfera da medida racional e que lhe garante toda sua existência e individualidade enquanto fenômeno em um determinado tempo, espaço e contexto.

A abordagem à Terceira Realidade não se configura com um motivo especifico, mas visa superar a dicotomia ao manter um conjunto de perspectivas e realidades se relacionando na comunicação das diferenças que proporcione a transformação necessária para a convivência e o desenvolvimento da diversidade.

Portanto, discutir abordagens sensíveis que envolvem o afeto transformador e inclusivo é uma metodologia que prioriza a conexão emocional e compassiva com a outra pessoa, é assumir a posição humana. É a superação do raciocínio instrumental puro no consentimento várias realidades ao buscar constantemente alternativas, utopias possíveis, uma terceira realidade inclusiva.

Ao integrar sensibilidades e metodologias, esta abordagem amplifica às vozes silenciadas, potencializa e reconhece a força das culturas marginalizadas, reflete alternativas de coexistência de diferentes perspectivas e busca garantir, ou no mínimo reflita, que toda mudança deve ocorrer de forma sustentável, ou seja, cosmológica.

5.4 Exercitando a cartografia imagética

Partindo da abordagem metodológica convencional da ciência, para a compreensão de todos, seguiremos neste exercício de pesquisa no formato de um processo sistemático para o planejamento, execução e avaliação da pesquisa, visando uma organização e confiabilidade para replicar essa forma de imaginar e criar.

O ponto de partida é a seleção do tópico e a definição precisa do problema de pesquisa. Aqui, o catalisador é a sua própria curiosidade, que o conduz a uma encruzilhada em busca de respostas. Portanto, é necessário delinear claramente o problema, identificando aquilo que despertou a sua inquietação intelectual. Enquanto a formulação da pergunta certa é valiosa na compreensão de que acharemos uma resposta com o mesmo peso, construindo assim o alicerce da pesquisa.

A pesquisa deve ser primordialmente instigante e relevante ao pesquisador, considerando o esforço e o tempo dedicados a esse empreendimento. No desenrolar do processo, é inevitável que críticas surgirão, mas também haverá indivíduos igualmente interessados no tema. Portanto, a motivação intrínseca deve prevalecer, pois enquanto você investe recursos e energia, o impacto e o interesse crescerão, englobando um público mais amplo.

A curiosidade que nos guiou a encruzilhada neste momento e suscitou algumas perguntas, é uma foto encontrada em uma pesquisa realizada no acervo do Museu Histórico Sorocabano.

Figura 11: Rua Barão do Rio Branco, Sorocaba – 1926.

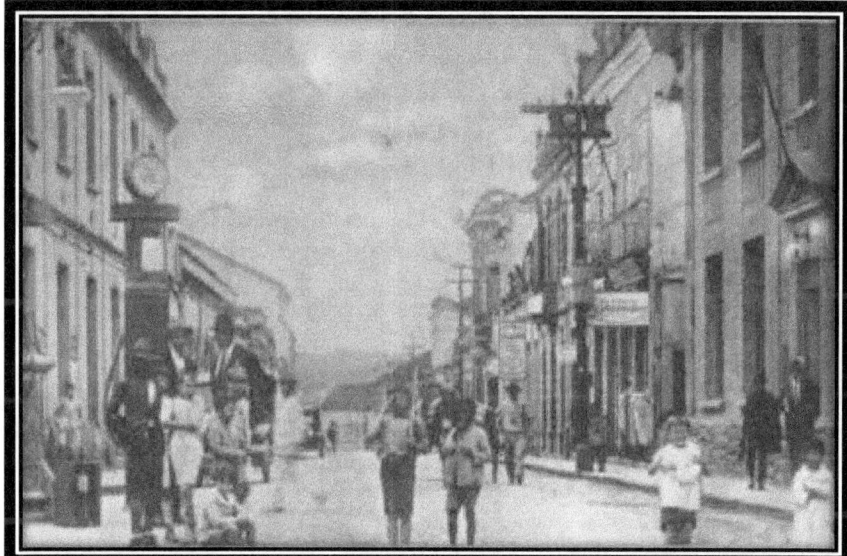

Fonte: Arquivo do Museu Histórico Sorocabano

Em um primeiro momento o que nos desperta na fotografia é pensar como era o centro de uma das maiores cidades do interior do Estado de São Paulo há quase um século, com crianças brincando nas ruas centrais de Sorocaba, onde pedestres, carroças e carros parecem dividir o mesmo espaço.

Tomados por essa curiosidade nostálgica continuamos analisando a imagem e reparamos que na parte central existe um menino imitando um soldado com seu rifle de madeira no ombro esquerdo e batendo continência com a mão direita.

Só por esta pose para a foto já poderíamos questionar muitas coisas, mas o que realmente nos causa espanto, ou melhor, curiosidade, é a pilastra no canto esquerdo da imagem.

Reparem que no topo desta pilastra existe um símbolo associado ao nazismo, a suástica.

Então nos perguntamos: o que faz a suástica no centro de Sorocaba, no estado de São Paulo, Brasil? Seria a cidade, o estado ou o país adepto a essa ideologia? Estaria nesta cidade uma organização, uma célula do nazismo alemão? Seria Sorocaba uma Terra Rasgada[39] por essa ideologia nefasta?

O segundo momento de uma metodologia convencional é a revisão de literatura para identificar as lacunas na pesquisa que sua metodologia pode abordar. O que não faremos aqui com tanta profundidade, visto que se trata tão somente de um exercício da metodologia da Cartográfica Imagética que estamos apresentando dentro da concepção da Arena Jam, para se pensar nas Epistemologia do Sul e na construção de uma Ciência Decolonial na Confluência dos Saberes.

Para a história e dados da cidade de Sorocaba, aqui nos basta o conhecimento do pesquisador, que é um sorocabano, vivendo boa parte de sua vida nesta cidade, escutando muitas histórias orais deste local, da excelente professora de história Regina Ferrari que lhe ensinou muitas coisas sobre este município e seus arredores, e também das conversas com o seu orientador no doutorado, o Prof. Dr. Paulo Celso Silva – outro apaixonado pela história desta cidade.

Podemos afirmar que a nossa fonte são as histórias orais.

Pesquisando sobre a imagem no Museu Histórico Sorocabano, tudo que se encontra é a legenda da foto, alguns relatos espaços na internet que se referem a essa mesma imagem da suástica em outras cidades e; o artigo "O Conceito de Emancipação no Pensamento de Rancière: Alfabetização ou Autodidatismos", de Rodolfo Medeiros Schian, apresentado no XIII Encontro de Pesquisadores em Comunicação e Cultura e II Encontro Internacional de Pesquisadores em Comunicação e Cultura, em setembro de 2019, na UNISO.

No terceiro momento da pesquisa que se trata da definição de objetivos e hipóteses. Nosso objetivo principal é compreender o que faz a suástica no centro de Sorocaba, e nossos objetivos secundários ficam na indagação da influência desta ideologia na cidade e quais as suas implicações.

Nestes simplificados objetivos a nossa hipótese não poderia deixar de ser esse questionamento: Sorocaba é uma cidade nazista?

---

[39] Referência ao nome de Sorocaba, termo cujas raízes remontam à língua Tupi-guarani, desvela sua essência como "terra" (aba) "fendida" ou "rasgada" (çoro).

Com essas informações e definições podemos partir para o quarto momento da pesquisa que é o seu próprio desenho. Como estamos falando da Metodologia da Cartografia Imagética, a nossa pesquisa se torna um híbrido entre questões qualitativas e quantitativas. Com ênfase nas questões qualitativas, lembrando que definimos no decorrer do livro que toda pesquisa na ciência decolonial deve ocorrer através das confluências de saberes, e por isso devem partir de questões próxima da etnologia, do cotidiano e da cultura – lógica próxima das questões qualitativas.

A pesquisa ao utilizar essa metodologia deve despertar a criatividade do pesquisador dentro dos seus conhecimento, que em um primeiro momento se depara com um estudo de caso (a primeira fotografia) que atravessa uma pesquisa experimental (visto que é uma nova abordagem) até chegar a um estudo de campo com o Agrimensor-Flâneur.

Desta forma podemos transitar das técnicas que abordam questões da agrimensura para diferentes áreas da pesquisa na área de humanas - principalmente coletando e investigando outras imagens que descrevam a trajetória da imagem da primeira análise.

Voltamos então a análise da fotografia da Rua Barão do Rio Branco, centro de Sorocaba de 1926.

Pesquisando a imagem no Google, de seus símbolos e palavras-chaves, chegamos a um infográfico no site do Portal Terra, onde mostra que a suástica que temos na fotografia não se trata propriamente do símbolo nazista e sim da empresa Anglo-Mexican Petroleum Company, que no período compreendido entre 1920 e 1933 incorporou a suástica como seu emblema.

Entretanto, em consonância com o surgimento do movimento nazista na Alemanha no mesmo ano, a empresa optou por substituir esse símbolo, anunciando através dos jornais a adoção de uma nova identidade visual: a icônica concha. Essa mudança marcou o início da transformação da empresa em um nome globalmente reconhecido, agora associado à "Shell".

Figura 12: Montagem Logos Anglo Mexican Petroleum Company

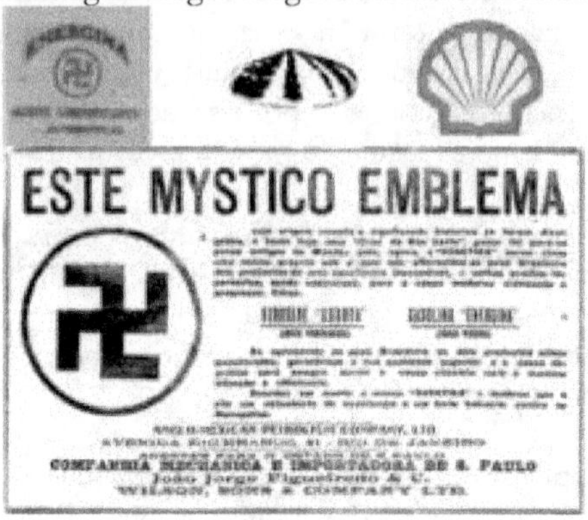

Fonte: Arquivo Pessoal

Neste panfleto, abaixo do primeiro, segundo e atual logo da empresa Shell, temos o seguinte texto:

"ESTE MYSTICO EMBLEMA - Cuja origem remota e significação histórica já foram divulgadas, é tanto hoje uma "Cruz da Boa Sorte", como foi para os povos antigos do Mundo; pois, agora, a "SVASTIKA" serve como uma marca própria sob a qual são offerecidos ao povo Brasileiro dois productos de uma excellencia inexcedivel, e ambos auxilios importantes, senão essenciaes, para nossa moderna civilisação a progresso. Eil-os: Kerosene "Aurora" (Cruz Vermelha); Gasolina "Energina" (Cruz Verde) - Ao apresentar ao povo Brasileiro dois productos acima mencionados, garantimos a sua qualidade superior e. nosso objectivo será sempre servir a nossa clientela com a máxima attenção e efficiencia. Guardae um em mente a marca "SVASTIKA" e lembrae que é estandarte de excellencia e um forte baluarte contra os Monopolios. - Anglo-mexican petroleum company, ltd. avenida rio branco, 41-rio de janeiro - agentes para o estado de s. paulo. companhia mechanica e importadora de s. paulo. joão jorge figueiredo & c. wilson, sons & company ltd."

Além da possibilidade de verificar a evolução da língua portuguesa com este texto antigo, sabemos agora que aquela pilastra na fotografia é na realidade uma bomba de óleo da Anglo-Mexican Petroleum Company, atual Shell.

Empresa que se encontra em solo brasileiro desde o início do século passado, e que em 1913 construiu sua primeira fábrica de lubrificantes na cidade do Rio de Janeiro, firmando sua presença no mercado nacional.

Ao longo da década de 1920, a Shell expandiu suas operações no Brasil, introduzindo combustíveis e lubrificantes, conquistando um espaço significativo entre os consumidores. Foi nesse período que o emblemático símbolo da suástica, que a empresa havia adotado na sua origem, deu lugar à conhecida concha em 1930, em suposta resposta à ascensão do nazismo na Alemanha que manchou com seus atos bárbaros o símbolo da suástica.

As décadas seguintes testemunharam um crescimento contínuo da Shell no Brasil. Nos anos 1960, a empresa participou da descoberta do campo de petróleo de Guaricema, na Bacia de Campos, contribuindo para o desenvolvimento da indústria petrolífera nacional.

Com a nacionalização da indústria do petróleo na década de 1970, a Shell firmou parcerias estratégicas com a Petrobras e outras empresas locais, consolidando ainda mais sua presença no país. À medida que adentramos nas décadas mais recentes, a Shell manteve seus investimentos em terras brasileiras.

Figura 13: PROPAGANDA DA SHELL, 1933

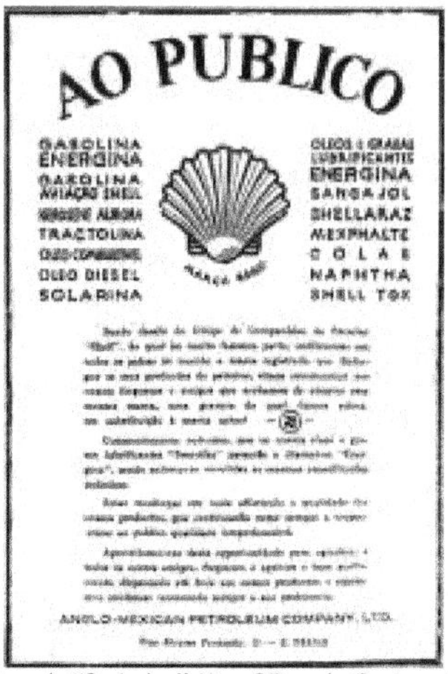

Fonte: NASCIMENT, Douglas. A "Suástica" Em SP – A Curiosa História do Símbolo da Shell. São Paulo Antiga. 18/11/2016. Disponível em: https://www.saopauloinfoco.com.br/suastica-simbolo-shell/ Acesso em: 15/09/2022

Nesta publicidade, que marca o início da empresa com o nome Shell, temos os seguinte texto:

> "Ao Publico - Gasolina Energina Gasolina Aviação Shell Kerosene Aurora Tractolina Oleo Combustivel Oleo Diesel Solarina Oleos E Graxas Lubrificantes Energina Sanga Jol Shellaraz Mexphalte Colas Naphtha Shell Tox - Sendo desejo do Grupo de Companhias de Petroleo "Shell", do qual ha muito fazemos parte, uniformisar em todos os países do mundo a marca registrada que distingue os seus productos de petroleo, vimos communicar aos nossos freguezes amigos que acabamos de adoptar essa marca, uma gravura da qual damos acima, em substituição à marca actual. Communicamos, outrosim, que os nossos oleos e graxas lubrificantes "Swastika" passarão a chamar-se "Energina", sendo entretanto mantidas as mesmas especificações technicas. Estas mudanças em nada affectarão a qualidade dos nossos productos, que continuarão como sempre a proporcionar ao publico qualidade irreprechensivel. Aproveitamo-nos desta opportunidade para agradecer a todos os nossos amigos, freguezes e agentes o bom acolhimento dispensado até hoje aos nossos productos e esperamos continuar merecendo sempre sua preferencia." (Figura 13: Propaganda da SHELL, 1933)

Independentemente do emblema que a empresa utilizou nos seus primeiros anos, mesmo que as suas tendências sejam diferentes daquelas associadas ao nazismo, uma vez que os emblemas budistas são amplamente reconhecidos, não se pode esconder que isso levanta questões sobre os motivos da mudança do logótipo da empresa ter ocorrido tardiamente, sendo que os nazistas já estavam utilizando essa simbologia antes desta mudança e já era de conhecimento global. É estranha a coincidência com a época em que os próprios nazistas incorporaram um emblema semelhante em suas bandeiras e uniformes. Esta curiosidade leva-nos a refletir sobre o posicionamento da empresa face à vil ideologia que afligia o mundo na época, e cuja sombra se projeta até hoje.

A sombra do nazismo como uma processo do imperialismo colonial eurocêntrico. O nazismo é uma crise dentro do sistema capitalista e eurocêntrico para determinar a nação que comandaria o colonialismo. Independente da ideologia a população do Sul continuaria sendo explorada e massacrada.

Deve-se notar que a Shell ainda não abordou esta questão e é praticamente impossível encontrar qualquer evidência desta história no seu site oficial. A escolha da empresa de permanecer em silêncio e esquecer esse fato com o passar do tempo é claro e levanta questões pertinentes.

É possível que exista o receio de participar desta discussão importante para a sociedade. Um receio que pode ser justificado por se tratar de uma corporação norte-americana de forte viés imperialista (colonial, patriarcal, eurocêntrica, capitalista) que opera num campo nefasto semelhante à ideologia nazista, como a indústria petrolífera, que muitas vezes causa danos semelhantes ou piores à sociedade e natureza. Ficaria evidente a contradição ao denunciar os crimes do nazismo sem realizar a autocrítica sobre os seus próprios crimes.

Ocorrência semelhante pode ser colocado no Brasil durante a Segunda Guerra Mundial, quando o clube "Palestra Itália", da cidade de São Paulo, foi obrigado a mudar de nome e trocar seus emblemas representativos, para renascer com o nome de "Sociedade Esportiva Palmeiras". Fato que se deve à oposição do Brasil a Mussolini e aos fascistas italianos, uma ideologia igualmente repulsiva que ainda reverbera em nossa história. Com a ressalva de que neste clube e parte de sua torcida essas questões não são esquecidas e ainda são discutidas em busca de entendimento e desenvolvimento pessoal e coletivo. O que ainda enfatizamos não significa que não haja entre eles pessoas que ainda possam defender absurdos iguais ou semelhantes ao fascismo.

A aparente mudança de posição pode muitas vezes transformar-se em mera retórica, mascarando a xenofobia subjacente ao querer uma determinada cultura. Da mesma forma, embora a mudança possa ter removido o nome e os emblemas que poderiam ser associados à ideologia fascista, não garante a remoção completa dos adeptos dessa ideologia vil dentro do grupo. O criminoso também persiste, agora mascarado e com novas roupagens, enquanto a vítima permanece vulnerável, evidente e indefesa.

Simplificando, este é um exemplo de como as mudanças superficiais nem sempre refletem mudanças profundas e significativas. Avaliar tanto as medidas visíveis, como as características subjacentes, é essencial para compreender o impacto real destas mudanças e para garantir uma abordagem eficaz para a construção de uma sociedade cada vez mais justa através de efetivas transformações.

É o que denominamos de "espetacularização" na concepção de transformar experiências em representações abstratas e imagens ocas de conteúdo humano, gerando um distanciamento entre os indivíduos e a realidade iminente, promovendo assim uma conexão alienante com o mundo. O espetáculo usa uma estrutura de visão de mundo que se concentra apenas na aparência, consumismo e minam a verdadeira compreensão da existência crítica.

Quantas coisas ficaram no subconsciente do povo de Sorocaba, que via a empresa e seu potencial de crescimento como algo encorajador e acabaram associando ao nazismo por conta do símbolo compartilhado, que era retratado de forma positiva nos jornais rádios e outros meios de comunicação da época?

Mesmo com o nazismo defendendo uma raça pura, ariana, e subjugando todas outras etnias e culturas, e voltando o olhar para a foto da cidade de Sorocaba e constatar que boa parte das pessoas daquela rua eram negras, é difícil prever hoje as consequências daquela comunicação.

Ver o menino ao centro imitando um soldado e ao seu lado um outro menino negro desarmado me parece bastante emblemático neste contexto e suscita no mínimo algumas dúvidas sobre a representatividade e significação. Principalmente em uma sociedade que cresceu com o trabalho escravo tendo obviamente uma herança racista.

Realizando o trabalho de campo fui até essa rua e suas adjacências para procurar por vestígios deste passado, também para realizar um mapeamento topográfico simplificado.

No local não encontramos nenhuma menção da ideologia nazista[40]. Hoje felizmente se trata de um local de livre trajeto de pedestres, sendo proibido a circulação de carros. É uma rua ladrilhada para conferir um maior conforto ao pedestre, mas impede o seu contato direto com a natureza, não existe nenhuma vegetação; o maior contato que temos são com as pombas e cachorros abandonados. Somente encontramos edificações, comércios, um prédio maçônico, pessoas apressadas, ambulantes e moradores de rua.

É uma das poucas ruas do centro da cidade que parece ainda resistir ao modismo dos grandes centros comerciais e das vendas virtuais.

---

[40] Salvo eleitores que votam em discursos semelhantes ou iguais ao nazismo. Muitos destes discursos estão fantasiados de tradicionalismo ou adornos religiosos.

Figura 14: Mapa Georreferenciado Da Rua Barão Do Rio Branco.

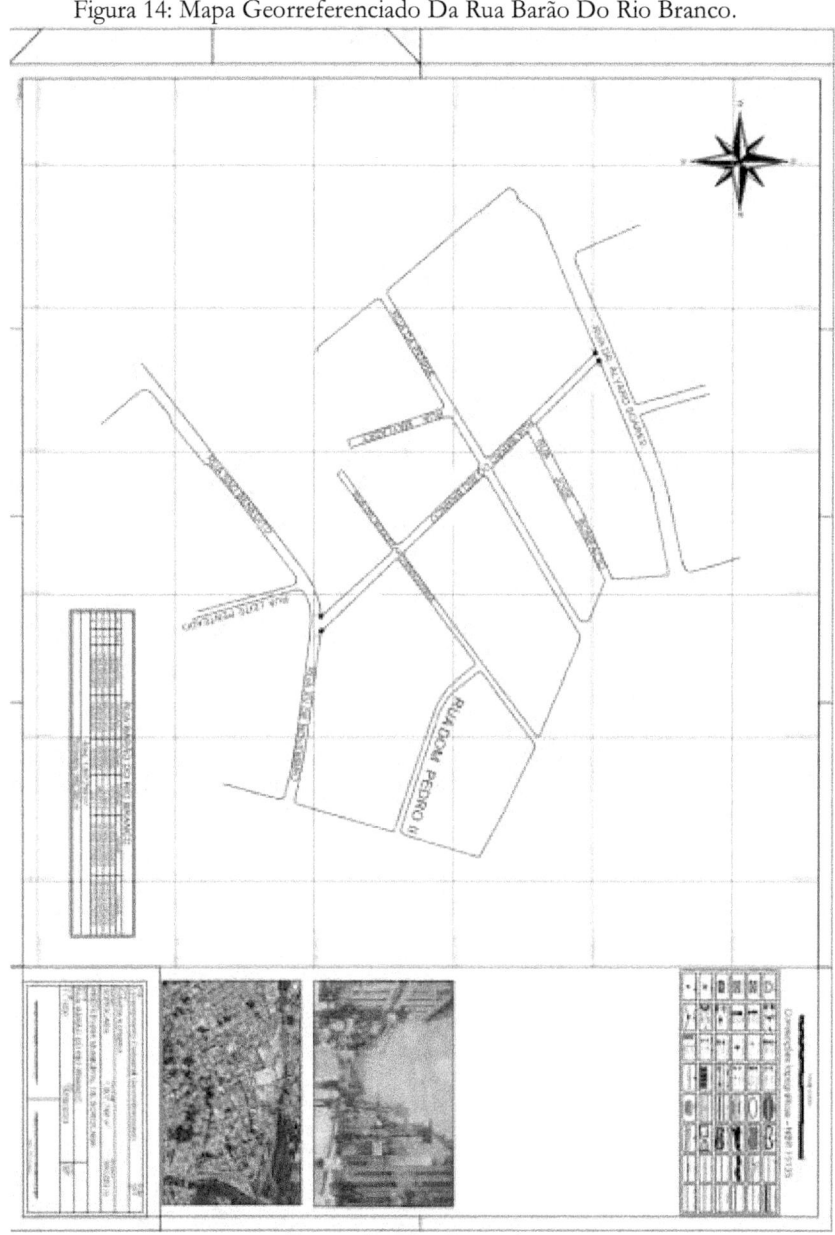

Fonte: Arquivo Pessoal

Seguindo o trajeto desta planta topográfica, pensando como um Agrimensor-Flâneur, do ponto mais ao norte da Rua Barão do Rio Branco, cruzamento com a Rua Dr. Álvaro Soares, seguimos descendo ao Sul, precisamente, a sudeste. Passaremos por três cruzamentos, o primeiro é com a Rua José Bonifácio, o segundo com a Rua da Penha e o terceiro com a Rua Dr. Boulevard Braguinha. Seguindo chegaremos ao seu fim, encontrando a Rua XV de Novembro.

Neste final de rua, depois de passar por duas encruzilhadas, fica a dúvida se realmente não existe nenhum vestígio, nenhuma memória do sorocabano com a suástica. Será que essa memória consciente ou subconsciente nunca atrelou aquele símbolo no centro da cidade ao nazismo alemão? O sorocabano não teria uma memória de elefante?

Vamos seguir com o Agrimensor-Flâneur descendo a Rua XV de Novembro em busca de mais dados e informações. Por sinal quem sabe não proclamamos algo neste trajeto e construímos algum entendimento, como ocorreu em 15 de novembro de 1889 com a Proclamação da República do Brasil, mas desta vez realmente pensamos em uma sociedade para todos, livre dos preconceitos e desigualdades.

Ao seguir por essa rua, antes de chegarmos a Avenida Dom Aguirre, que não pode mais ser chamada de marginal[41], em outra clara tentativa de alterar nomes para não configurar desentendimentos e debater o que é necessário.

Descendo a sudeste, do lado direito, chegamos a Rua Leopoldo Machado.

Não saberia lhe dizer se o sorocabano tem memória de elefante, o que provavelmente não tem, mas nesta rua em 1931, dois anos antes da Shell alterar seu logo e nome, na distância horizontal de 459,660 metros da rua Barão do Rio Branco, passou um ser que possui tal memória.

---

[41] Mesmo que esteja margeando o rio e não acusando ou inocentando Dom Aguirre.

Figura 15: Elefante na rua Leopoldo Machado, Sorocaba – 1931.

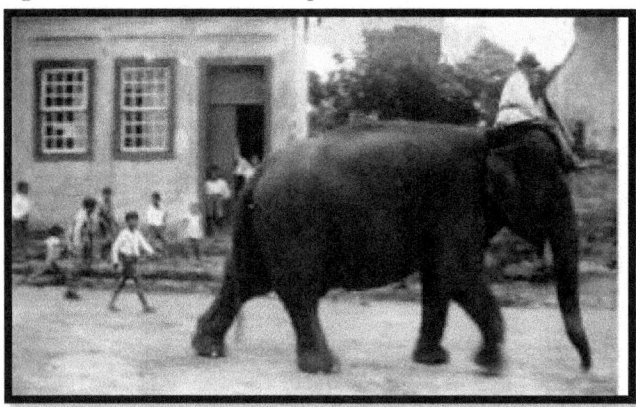

Fonte: Arquivo do Museu Histórico Sorocabano

Provavelmente se trate de algum animal promovendo a chegada do circo na cidade, enquanto o pobre elefante deve estar somente pensando em sua terra natal, seja ele do continente africano ou asiático.

Foram longos anos até estes seres selvagens[42], para estes seres naturais e magníficos, fossem proibidos de serem maltratados como atrações destes espetáculos – a lei que iria lhes beneficiar neste sentido somente viria em 2005.

Óbvio que muitas crianças e adultos que estavam na Rua Barão do Rio Branco se divertiram e ficaram maravilhadas em ver nesta rua de pavimentação de terra do continente americano, passando um animal deste porte, o maior animal terrestre. Infelizmente poucos naquela época tinham a consciência dos maus tratos sofridos por estes seres naturais, o quanto eles sofriam. Possivelmente muitos de nós (com o conhecimento de hoje) não teríamos essa consciência na época e ali estaríamos nos divertindo nesta situação.

O trágico desta imagem é que ela evidencia que atualmente ainda continuamos sem essa consciência cosmológica necessária, sem vivenciar o amor incondicional.

Então não ficaremos muito tempo nesta rua, o Agrimensor-Flâneur não pretende medir toda sua extensão, somente uma pequena parte para nos localizarmos. Ao que parece essa rua no centro da cidade era majoritariamente residencial; hoje ela comporta poucas casas, existem algumas árvores, está repleta de comércios e prestadores de serviço, fundo do imóvel de dois serviços públicos – Poupa Tempo e o Terminal de Ônibus São Paulo. As pessoas ali parecem correr mais do que em outros lugares, elas querem transitar de forma rápida, e os poucos que ali ficam parecem ser esquecidos, são marginalizados.

---

[42] Selvagem me parece um termo distante da natureza e próximo da colonialidade.

Figura 16: Mapa Georreferenciado Da Rua Barão Do Rio Branco.

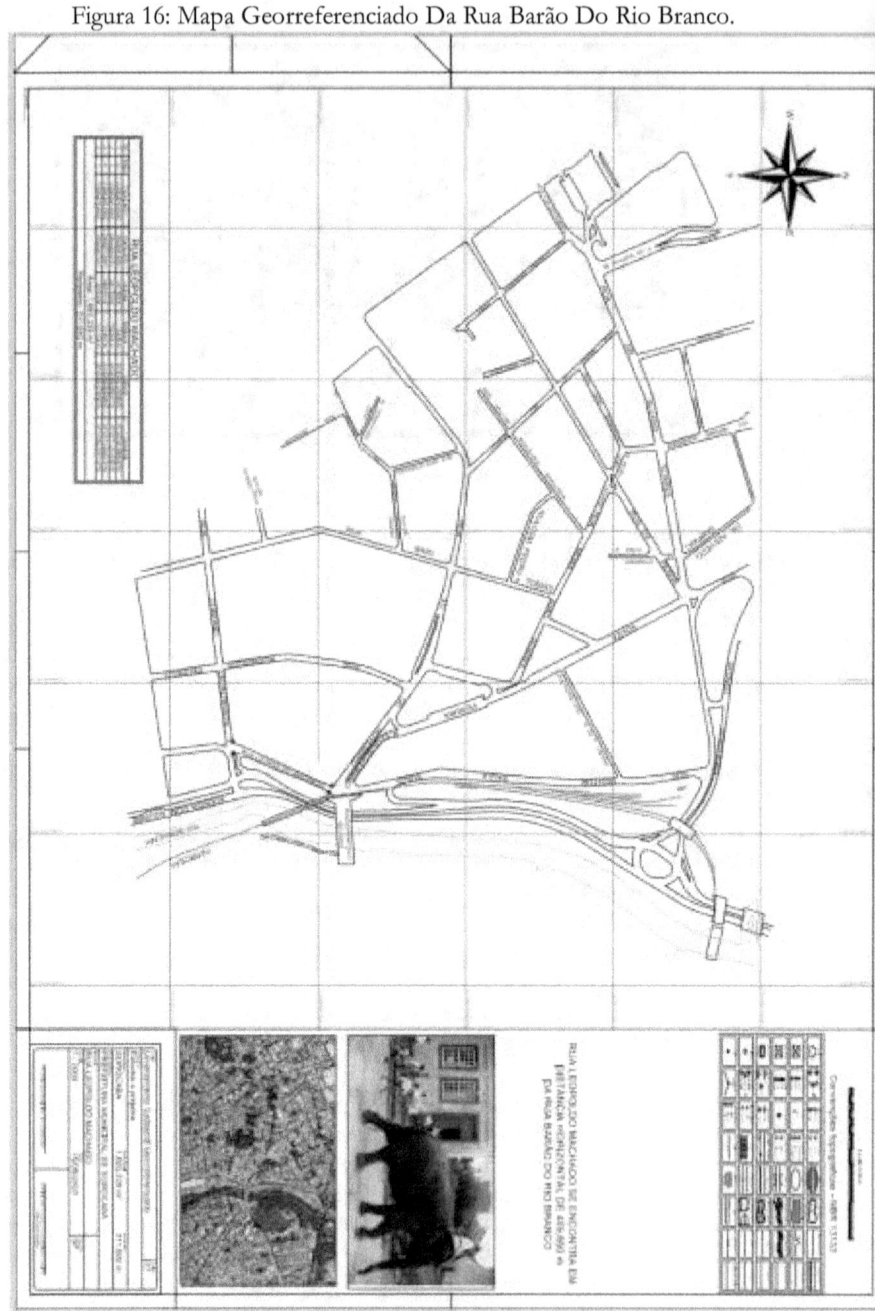

Fonte: Arquivo Pessoal

Seguindo o mapa (a planta topográfica), retornamos para a Rua XV de Novembro e continuamos descendo a sudeste, chegando a Avenida Dom Aguirre, que poderia ser uma marginal, visto que ela está margeando o Rio Sorocaba. Mas que não pode assim ser denominada pela imposição da lei para não nos lembrarmos que muitas pessoas que se escondem atrás de uma suposta religiosidade podem ser igualmente marginais e atentar contra pessoas indefesas, explorar, segregar e matar. Enquanto outros verdadeiros insultos e preconceitos ainda são mantidos, a exemplo do que sofre a comunidade negra, indígena, outras religiões não cristãs, mulheres, LGBTQIA+ e tantos outros modos de vida e cultura que encontramos na diversidade humana.

Chegando na Avenida Dom Aguirre nos deparamos com o Rio Sorocaba, e estando com o nosso amigo Elefante em companhia para que se refresque nestas águas. É o mínimo que podemos fazer para minimizar o seu sofrimento.

O pensamento de proclamação da república, mesmo estando nas margens de um rio neste momento já deve ter ficado no passado, é um pensamento passado aguardando por seu futuro.

Nosso amigo elefante com a sua bela memória e senso de coletividade fala da importância de manter essa esperança na liberdade. Ele nos lembra que primeiramente precisamos ser livres, com autonomia individual e responsabilidades coletivas. Não adianta nada buscar uma mudança, um significado para a humanidade sem essa concepção. Mas aqui não vamos fantasiar ainda mais a história de Dom Pedro a margem do Rio Ipiranga, gritando "Independência ou Morte" olhando para o saudoso Rio Sorocaba, no risco de ser chamado de Marginal por querer libertar e não alienar.

Existem ações a serem tomadas, lutas a serem travadas, afetos a serem entregues. Seria um exercício de futilidade, quase que igual aos trabalhos acadêmicos que nunca são lidos, na tentativa de apenas mudar uma palavra no discurso: a mudança de agora nos chamarmos de livres, nos enganando que alguma coisa realmente tenha mudado.

Nosso amigo paquiderme vai ainda nos dar outra lição valiosa, não podemos esquecer os nossos trajetos, o que foram feitos com ele e como a natureza se comporta nele.

Estando em frente a Ponte Francisco Dellosso, como uma reunião de criminosos ligando uma marginal a outra, o elefante nos conta que em uma ponte semelhante e no local, com o rio bem ao fundo – onde pessoas pescavam, nadavam e lavavam as suas roupas – na ponte onde passavam pessoas, animais, carroças, trens e carros, quase não era possível de ser vista em janeiro de 1929, na pior enchente até então ou por menos que se tenha memória disso[43].

Figura 17: Enchente em Sorocaba – 1929.

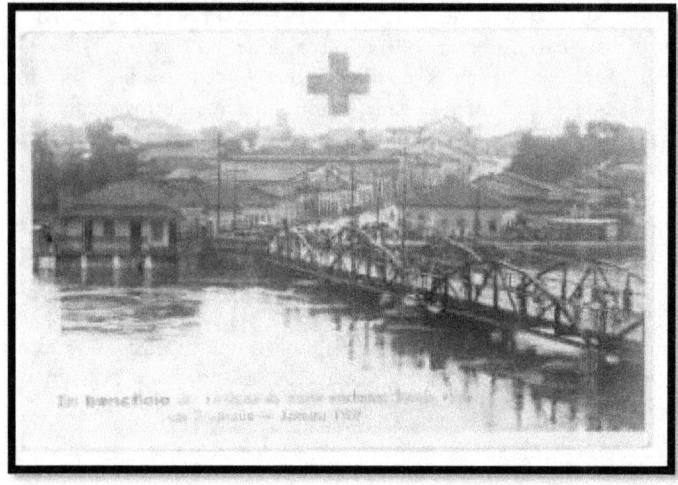

Fonte: Arquivo do Museu Histórico Sorocabano

Neste momento, a reflexão se torna inescapável: diante das tragédias ambientais que ceifaram inúmeras vidas em enchentes como estas, por que ainda não nos sentimos compelidos a planejar e repensar profundamente nosso estilo de vida? Persistimos na expansão urbana ao redor de rios e na contaminação de corpos d'água que pontilham nossa cidade, na ignorância assoreamos, canalizamos e poluímos.

Será que estamos, de alguma forma, silenciando nossa memória coletiva em prol de um desenvolvimento e lucro restritos a uma minoria? Quanto custou em vidas — todas as formas de vida — esse caminho que trilhamos? Poderia nossa maior contribuição consistir na dilapidação de tudo em troca do conforto de poucos? São esses poucos, como deuses, desprendidos de qualquer necessidade pela natureza e por nossa presença?

---

[43] Afirmar isso, que essa é a memória da pior enchente é provar que nossa memória é curta, visto as enchentes que experenciamos nos últimos anos de 2023 e 2024 na cidade de Sorocaba com o requinte de crueldade da espetacularização do descaso público e privado, uma lembrança da Rua Barão do Rio Branco, e dos marginais que não podem ser nomeados.

Figura 18: Ponte do Rio Sorocaba – 1928.

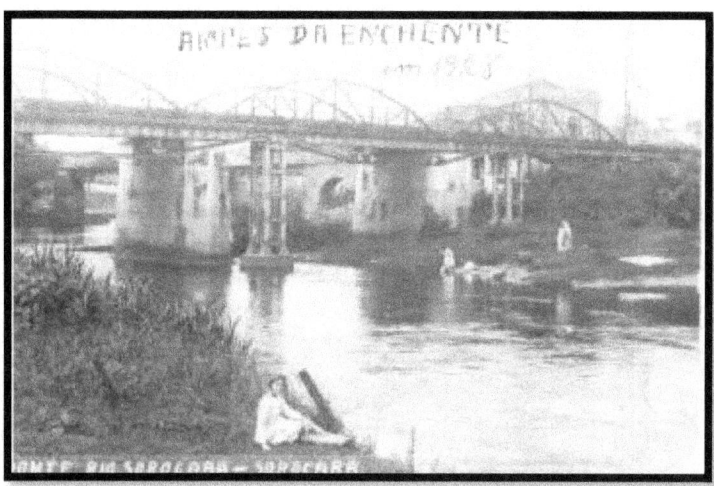

Fonte: Arquivo do Museu Histórico Sorocabano

Figura 19: Ponte do rio Sorocaba na enchente – 1929.

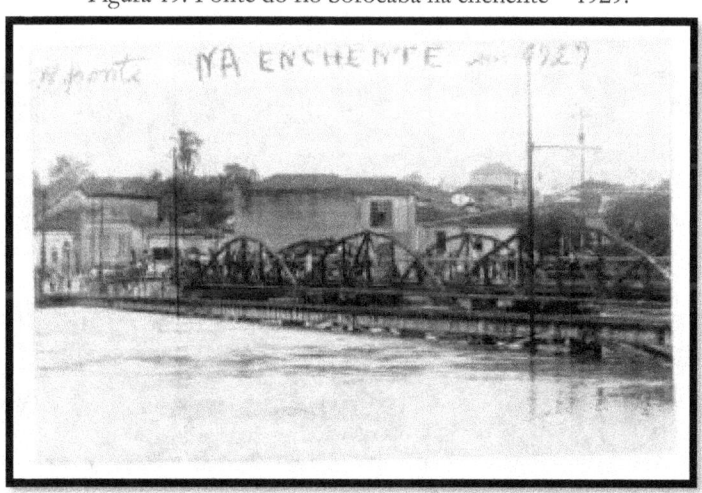

Fonte: Arquivo do Museu Histórico Sorocabano

Figura 20: Duplicação da Avenida Dom Aguirre – década de 70.

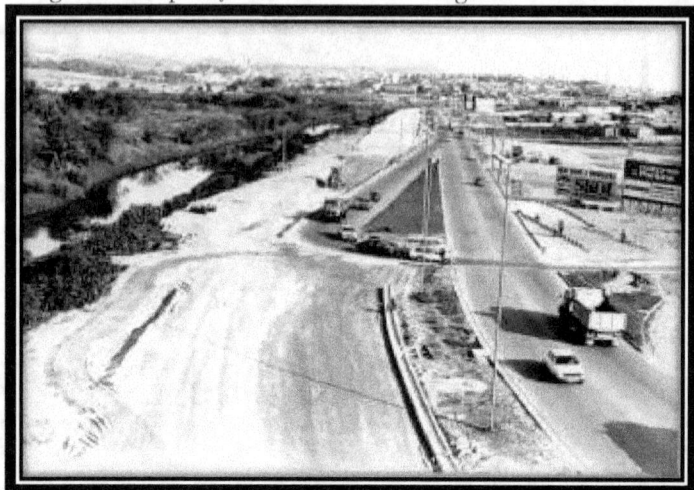

Fonte: Arquivo do Museu Histórico Sorocabano

Figura 21: Vista Da Marginal Dom Aguirre – 2020.

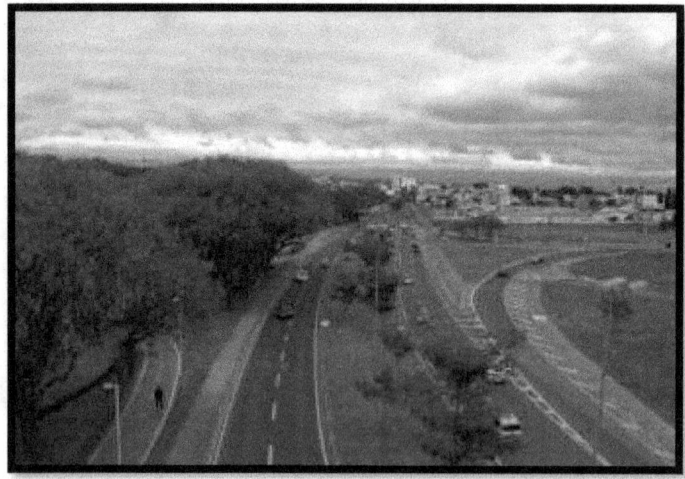

Fonte: Arquivo Pessoal

É inegável que exista uma certa beleza na Avenida Dom Aguirre atualmente, que ela consiga dar uma certa fluidez a cidade. Mas ainda continua com seus pontos de alagamento, por muitas vezes ocorrem congestionamentos, acidentes, animais são atropelados, e a natureza ali é quase morta. Existem tentativas de salvar o pouco que resta na natureza neste local, mas são somente placebos, precisamos alterar o nosso modo de vida para realmente poder pensar em harmonia, em sustentabilidade.

Nosso amigo, balançando a sua tromba e jogando terra em seu corpo para se refrescar, compartilha uma observação perspicaz: as pessoas frequentemente se deixam envolver por pensamentos grandiosos, perdendo-se nas miragens dos espetáculos ou na busca incessante por riquezas. Em alguns casos, até cedem sua preciosa liberdade de ser, permitindo que outros ditem seus caminhos. Nesse processo, parece que muitos abandonam os volantes de suas próprias vidas, entregando-se à deriva, desprovidos de direção.

Um exemplo emblemático que ele evoca, remonta um dia na década de 20, quando um incidente peculiar cativou a atenção dos transeuntes de Sorocaba e culminou em um acidente quase inacreditável. É um lembrete vívido de como o espetáculo muitas vezes prevalece sobre a própria existência, obscurecendo reflexões significativas e impedindo crescimento pessoal. Infelizmente, tal fenômeno persiste, visto os inúmeros acidentes e tragédias no trânsito, frutos da imprudência humana.

Isso nos convida a contemplar com mais atenção como o fascínio por espetáculos, nas suas alienações e a submissão às influências externas podem obscurecer a essência da vida. Acabamos presos nesses padrões, abdicamos de nossa responsabilidade como condutores das nossas próprias jornadas e a oportunidade de aprendizado. A evolução se perde no caminho, ela recua e fica e é sufocada pela ignorância. Até porque a evolução dos saberes, como o tempo, não é linear e igual em todos os espaços.

Existem momentos na verdade que involuímos e os discursos políticos raivosos, intolerantes de hoje em dia estão aí para não esquecermos disso.

Figura 22: acidente entre um caminhão e trem – década de 20, Sorocaba.

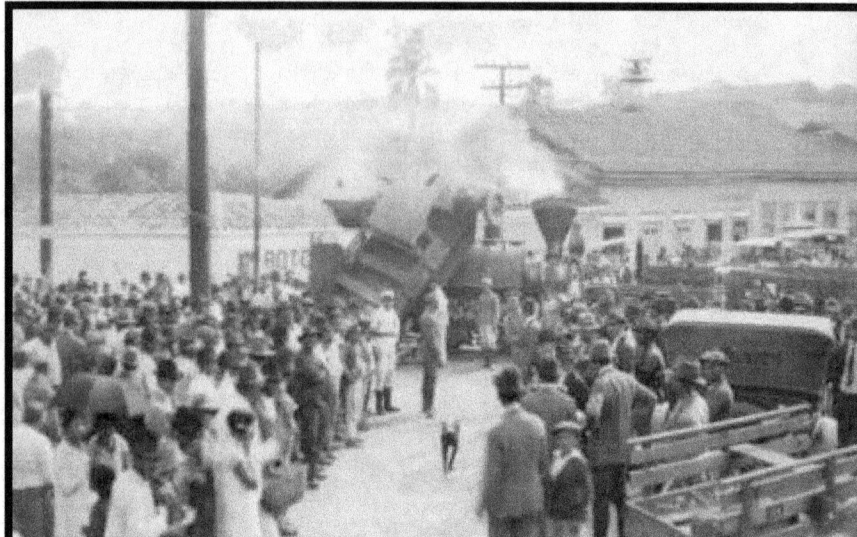

Fonte: arquivo do Museu Histórico Sorocabano

Perguntemos ao nosso grande em conhecimento e afetuoso elefante[44]: Mas como poderíamos refletir a vida na atualidade, do passado traumático de insistência presente? Como poderíamos criar um modo de vida com mais harmonia na contemporaneidade?

A resposta a essas interrogações podem estar nos nossos antepassados, não que eles tivessem uma forma de vida melhor; até porque são formas de vidas diferentes, pensamentos, contextos diferentes, um outro espaço e tempo. Mas toda explicação ou tudo se inicia nas suas raízes, lá é um bom começo.

Entretanto essa é uma jornada de desprendimento da prepotência da sociedade, tarefa nada fácil para o vazio existencial deixar de lado as máscaras do orgulho. Uma sociedade que se julga avançada, moderna, civilizada, e que continua destruindo e aprisionando o afeto, o amor em lugares inacessíveis.

---

[44] O que realmente assusta as pessoas é o conhecimento e o amor incondicional. A fragilidade da ignorância é adorada, mas mortal como o veneno da mais peçonhenta serpente.

Figura 23: Desenho da vista de Sorocaba - 1831 – Hercule Florence.

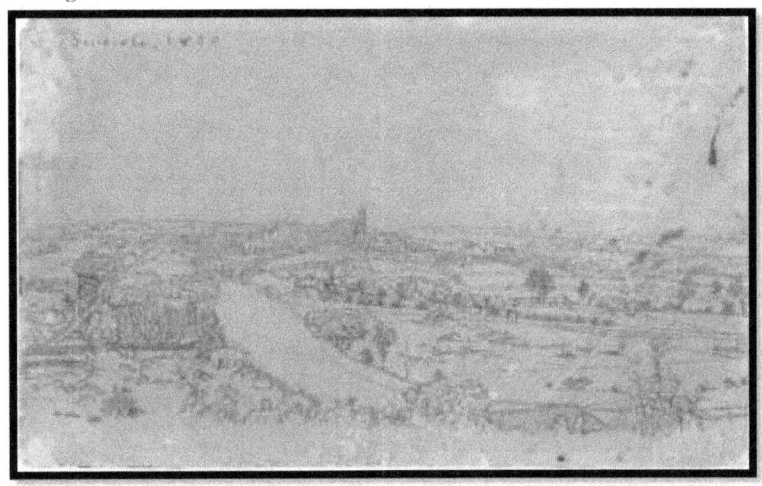

Fonte: Arquivo do Museu Histórico Sorocabano

O caso do franco-brasileiro Hercule Florence, que teve uma passagem por Sorocaba, exemplifica de maneira clara esse fenômeno. Apesar de ser amplamente reconhecido como um dos precursores da fotografia e, inclusive, ter cunhado o termo antes mesmo de Louis Daguerre, tendemos a priorizar as inovações e teorias europeias que perduraram no continente. Parece que, no contexto das Américas, especialmente na América Central e do Sul, subestimamos o valor de nossas próprias realizações.

A relutância em reconhecer o pensamento ou as contribuições significativas de europeus em nosso território reflete as complexidades arraigadas em valorizar nosso próprio pensamento, nossa cultura e, sobretudo, os povos originários. A espetacularização que se formou em torno do colonialismo e do eurocentrismo parece ter se enraizado de forma tão profunda que prejudica até mesmo nossa capacidade de conceber plenamente nossa própria liberdade.

Se não reconhecemos o conhecimento de um herdeiro do eurocentrismo realizado em solo americano, no Sul, imagina quando falamos dos saberes dos nossos povos. Esses conhecimentos são queimados em fogueiras na ideologia vigente, são as imagens das bruxas de ontem morrendo nos guetos da modernidade. É crucial enfrentar essa tendência radicada, desvincular-nos dessas ideias preconcebidas e abraçar nossa própria história, nosso conhecimento e nossa diversidade. Somente ao rejeitarmos a influência paralisante dessas narrativas antiquadas seremos capazes de afirmar nossa identidade e libertar nosso pensamento da armadilha do eurocentrismo. Pavimentando um caminho em direção a uma verdadeira compreensão e valorização do que é nosso.

Então no nosso caso devemos voltar aos tropeiros, a exemplo de Baltazar Fernandes (fundador de Sorocaba), aos portugueses que vieram aqui colonizar e criaram vínculos de pertencimento com a terra, ou aos africanos que aqui residiram e sofreram das piores agressões já vista na história, a sua escravidão?

Claramente o elefante com a sua memória está rindo de nós e deve estar rindo até agora com toda razão. São personagens importantes para repensarmos as nossas raízes (principalmente dos africanos), até para não esquecermos dos crimes cometidos e tentarmos reparar os danos que ainda são sentidos, contudo precisamos ir um pouco além e encontrar os povos nativos.

Da mesma forma como o leite não vem da caixinha, Sorocaba não nasceu dos portugueses, dos tropeiros, do sangue dos africanos – eles contribuíram em muito, claro que falamos dos africanos – estamos no Brasil, na cidade de Sorocaba, que não só no nome de sua língua nativa, é um povoamento que começou com os tupis-guaranis.

Figura 24: Lembrança do III Centenário da Fundação de Sorocaba - 1954.

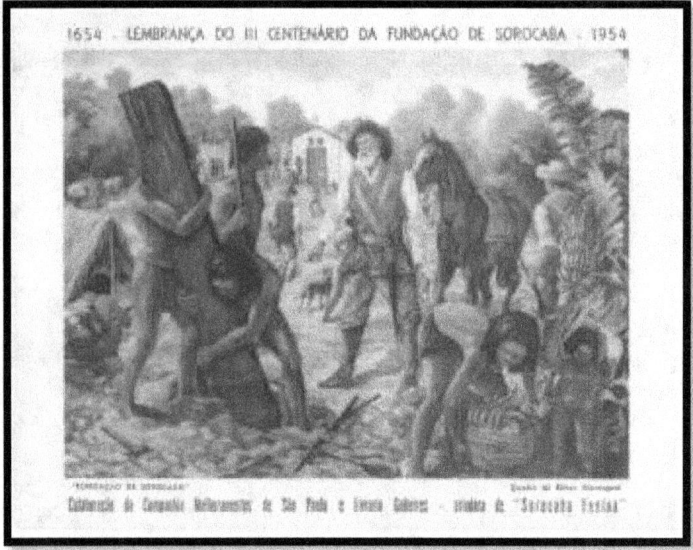

Fonte: Arquivo do Museu Histórico Sorocabano

A dificuldade em se encontrar estes ancestrais nativos aqui no Brasil é que eles foram dizimados a quase nada, foram totalmente expulsos de suas terras e quando ousaram resistir foram mortos, silenciados. Podem até ter trocado seus nomes na tentativa de que esquecessem de quem eram. Seus corpos e mentes foram submetidos a grandes barbaridades, como ainda são hoje os poucos que resistem e tentam sobreviver.

O conhecimento que eles vão lhe dar é a relação harmoniosa com a natureza, do ser natureza e crescer sem a necessidade de destruir tudo e a todos. Isso não quer dizer que seja necessário viver como nossos ancestrais, abandonar todos os "avanços" que a humanidade nos trouxe até aqui. Mas que precisamos repensar o nosso modo de vida e como nos relacionamos com os outros, com a natureza e com o universo.

Que aos procurarmos as nossas raízes, tão profundas e ricas, vamos perceber que as respostas aos problemas que buscamos também não são tão superficiais. Que a ascensão do nazismo e do fascismo por exemplo não estão com Hitler ou Mussolini, que não são apenas fantasmas e sombras na contemporaneidade, são construções de raízes igualmente profundas, mesmo que sejam raízes nefastas e muitas vezes transvestidas de uma suposta humanidade, de uma suposta fraternidade e boas intenções dos "cidadãos de bem". Que sejam discursos que falem de nossas famílias.

Dito isso, nosso majestoso elefante pede gentilmente licença, almejando um merecido repouso após enfrentar um trajeto exaustivo, um trajeto que lhe retirou tudo em nome de estranhos conceitos de divindade, de pertencimento e de família. Carregou consigo as marcas de uma jornada árdua e ecoa seu desejo fervoroso por liberdade. Deixa-nos, como legado, sua rica memória e a valiosa lição de que buscar o conhecimento de outras fontes e compartilhar o nosso próprio são alicerces do crescimento.

É necessário construirmos lugares para depositar esses conhecimentos e saberes, para que exista o descanso e valorização merecida de quem tanto lutou e experienciou a vida. Por isso convidamos nosso amigo a encontrar o seu espaço na Arena JAM, que ali encontre um lugar de descanso e conforto, um lugar que valorize as suas diferenças.

Precisamos lembrar que na nossa existência este é o nosso tempo de ação, de procurar alternativas e construir um mundo cada vez melhor. O passado nos ensina, no presente que transformamos e com o futuro sonhamos.

Com a promessa de um retorno futuro em nossa memória do nosso sábio amigo, antes de se despedir sussurra em nossos ouvidos a instrução de seguir o fluxo do rio, uma analogia ao próprio fluxo da vida.

Recorda-nos que ao vivermos em harmonia com a natureza, encontraremos as respostas que tanto aspiramos em nossa busca incansável. Nas margens desse fluxo encontraremos outros afluentes desbravando suas trilhas até a grandiosidade do mar. Nesse ponto culminante a harmonia da natureza se desenha de forma notável como sempre faz.

A natureza sempre encontra o caminho de volta à origem primordial, pronta para recomeçar o eterno ciclo da renovação.

Seguimos então o fluxo do Rio Sorocaba, viajamos ao norte, quem sabe no caminho não achamos as respostas que tanto desejamos e temos o prazer de reencontrar com as nossas origens. Como a própria vida, este é um caminho árduo com a esperança de ser longo, sem grandes imediatismos, mas de gratas surpresas.

O Agrimensor-Flâneur seguiu nesse percurso realizando as suas medições. Partindo do ponto da Rua Leopoldo Machado percorrermos quase 3 quilômetros e nos deparamos com uma placa.

Essa placa que fica na principal saída da cidade para a Rodovia Senador José Ermírio de Moraes, carinhosamente apelidada de Castelinho pelo povo sorocabano. Apelido motivado por ser a via de acesso para a Rodovia Castelo Branco sentido interior ou sentido capital – São Paulo.

Figura 25: Placa "Sorocaba É Do Senhor Jesus Cristo" – 2020.

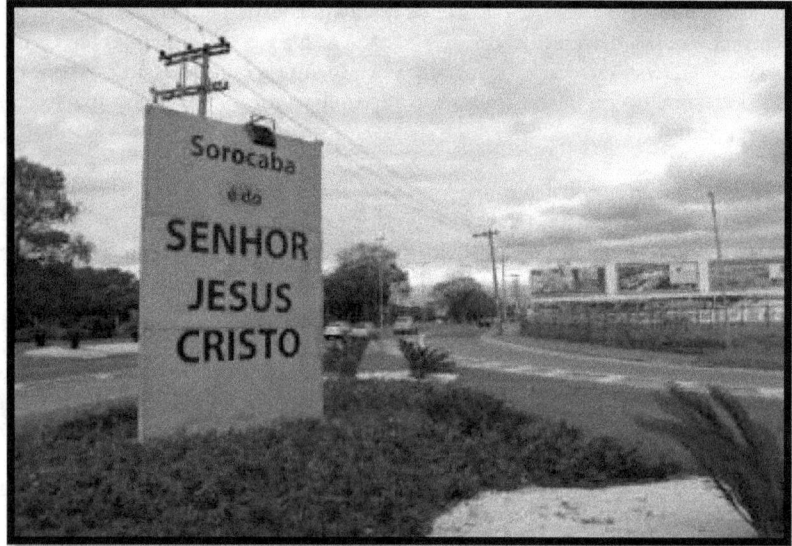

Fonte: Arquivo Pessoal

À primeira vista, pensando na placa, poderia ser um ponto reconfortante para quem se inquietava e temia com a possibilidade de encontrar vestígios de influências nazistas ou fascistas na cidade.

O eco da sabedoria do nosso amigo elefante e das interseções do conhecimento, das confluências dos saberes e do respeito a diversidade nos leva a contemplar essa placa de uma perspectiva diferente. Ela surge como uma expressão religiosa imposta, ocupando um espaço público, e parece excluir outras divindades e crenças religiosas, contrariando um sentimento de pertencimento diversificado.

A erradicação das diferenças sempre foi uma premissa do nazismo e do fascismo, mas essa ideia se desvia dos princípios que conhecemos através da história de Jesus.

Jesus enfatizava a inclusão e a fraternidade, dialogando abertamente com indivíduos de todas as esferas, sem menosprezar ninguém. Era um indivíduo compartilhante e afetuoso com todos, sem distinção. Portanto, por que não compartilhar o espaço da cidade com igualdade? Ou melhor, com equidade?

Além de usurpar a sensação de pertencimento de quem não segue a fé cristã, essa placa parece comprometer a visibilidade dos legítimos guardiões desta terra: os povos nativos[45]. As sombras do passado, como aquelas que obscureciam as festividades brutais no Coliseu Romano, insinuam-se mais uma vez.

A prática ancestral de silenciar e erradicar por meio de violência física e psicológica parece persistir, ecoando a advertência sobre a profundidade dessas raízes. O nazismo e o fascismo, como se de uma analogia religiosa se tratasse, emergem dessas raízes profundas, tocando as chamas do submundo e se nutrindo de seu ódio.

Este tipo de ação, de imagens e discursos parecem criar cada vez mais desunião, intrigas e indiferenças, gerando relações conflituosas que no final somente levam a destruição das alternativas de emancipação e equidade.

Placas como essas, por sua natureza, às vezes provocam respostas contraditórias. Infelizmente, tais respostas podem erroneamente insinuar que todos os seguidores da fé cristã se alinham com ideologias nazistas.

---

[45] É estranho que hoje em uma deturpação se defenda a desigualdade em nome de Jesus lhe constituindo um lugar estranho a ele, ao mesmo tempo que se defende o devastação do lugar que lhe originou, a Palestina. Claro que essa placa e a guerra contra a Palestina não tem nenhuma conotação religiosa, é puro poder político. É a destruição da diversidade que está em jogo.

Figura 16: Pichação Placa Nazista – 2020.

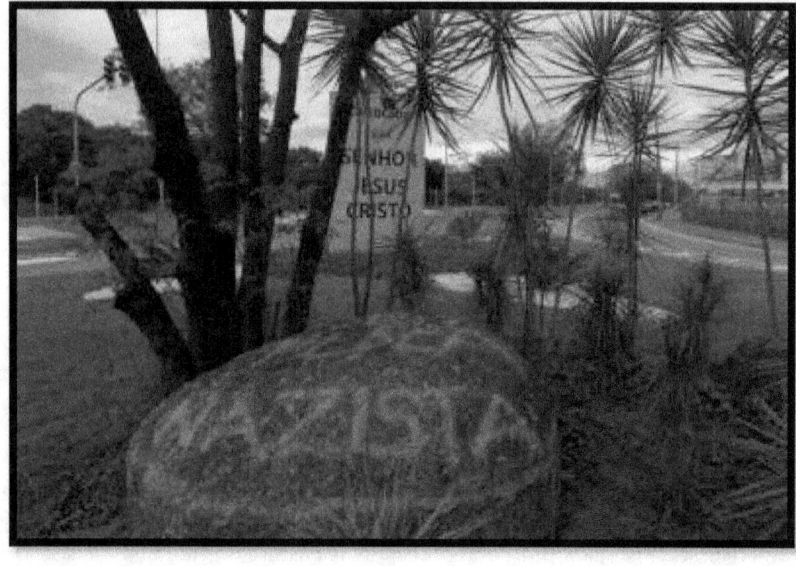

Fonte: Arquivo Pessoal

Placas como essas, por sua natureza, às vezes provocam respostas contraditórias. Infelizmente, tais respostas podem erroneamente insinuar que todos os seguidores da fé cristã se alinham com ideologias nazistas.

A pichação sobre a pedra, contudo, revela seu propósito inequívoco. São essas manifestações de imposição que, ironicamente, aproximam aqueles que perpetraram tal ação do nazismo, e não a própria fé cristã, que inerentemente pode e deve ser vista como algo positivo - contanto que não seja deturpada para fomentar segregação e preconceito.

São atitudes como essas atreladas a ânsia de poder e enriquecimento que gerou boa parte das guerras, que ainda causam muitos conflitos, mantém barreiras e divisas imaginárias, que separam amigos e familiares, que nos impedem de confluir com plenitude com todos, com a natureza, com o universo.

Que nos impedem de nos tornamos seres cosmológicos.

Provavelmente essa é a principal encruzilhada da cidade de Sorocaba, é onde nos deparamos e questionamos se as nossas almas estarão a serviço da segregação, desigualdades e exploração ou do compartilhamento, da confluência e do afeto.

246

Uma alternativa seria criar um espaço para todas as manifestações religiosas e culturais. Ou até mesmo, de forma mais saudável e sustentável guardar em nossos corações a quem queremos conferir o pertencimento da cidade e respeitar a escolha do outro.

Ainda não nos parece certo afirmar algo a respeito. Essa é uma encruzilhada que demanda confluência de saberes com todas as culturas, para quem sabe apresentar alternativas viáveis e afastarmos de nossa Terra Rasgada qualquer vestígio que possa existir consciente ou inconscientemente de alguma ideologia usurpadora da liberdade de cada indivíduo.

Precisamos exorcizar e nomear os demônios que flertaram na Rua Barão do Rio Branco e tantas outras ruas.

Precisamos dar liberdade e descanso aos nossos elefantes e guardar conosco as suas memórias, os seus saberes. Não devemos nunca esquecer da nossa história, seja ela boa ou ruim, não precisamos perdoar a quem nos feriu, basta encontrar uma alternativa harmoniosa de convivência.

Como escrito em outra página deste livro, não queremos somente conhecer uma ria do rio, queremos conhecer o rio inteiro ou ao menos até acharmos uma resposta satisfatória.

Confluindo um dia nos tornaremos oceanos para renascermos sempre com nascentes de esperança.

O rio como a vida tem um longo percurso, atravessa cidades e pode chegar ao outro lado do planeta, não existem fronteiras para a natureza e muito menos para a imaginação. Continuaremos mapeando e seguindo ao norte, hora aumentando nossa escala e, em outros momentos, desacelerando, diminuindo.

Quem decide isso é o sujeito do protagonista, o objeto da análise, em seu contexto, o espaço e tempo, é quem encontramos no trajeto e compartilha seu afeto e saberes – esperamos um dia encontrar nossas raízes e como o elefante descansar.

Figura 26: Planta De Trecho Do Rio Sorocaba – 2023.

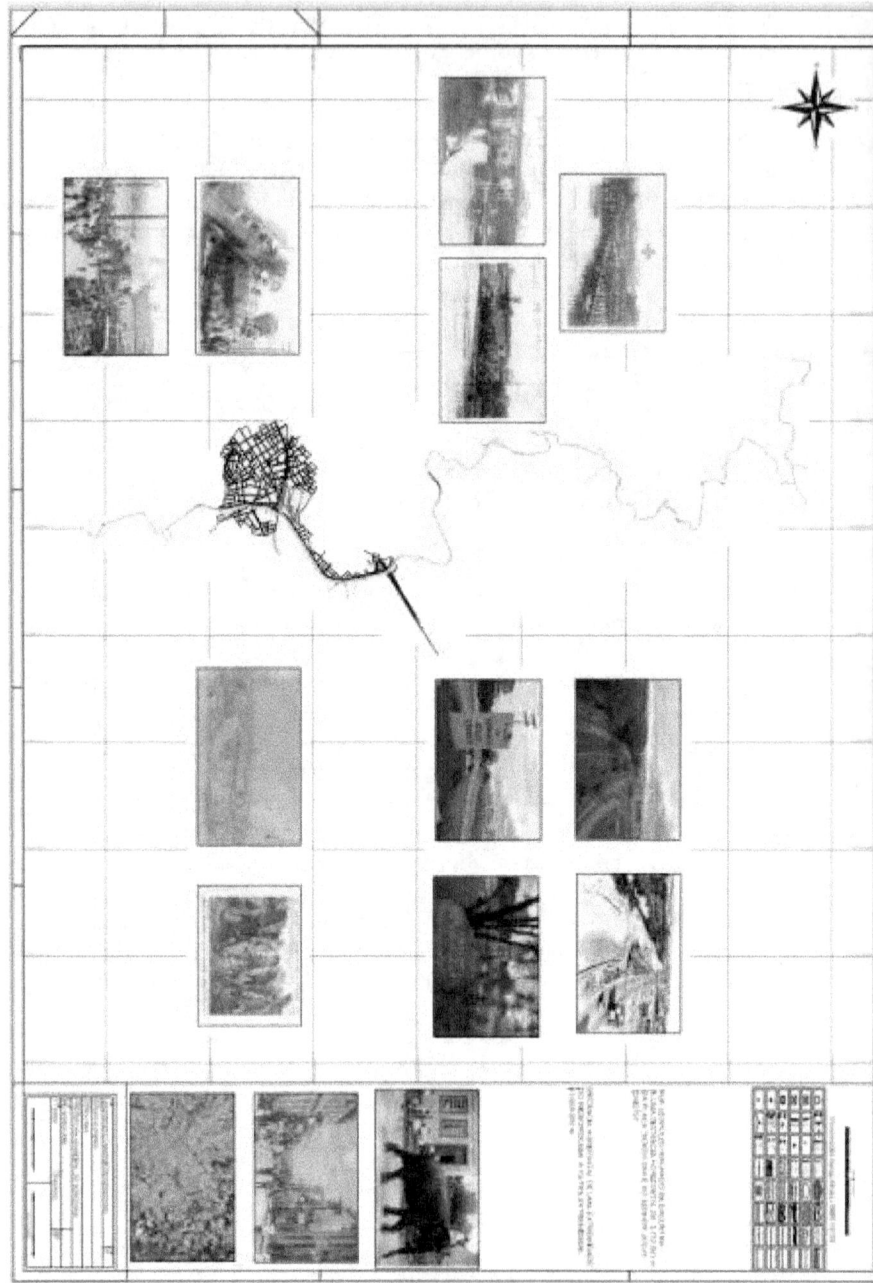

Fonte: Arquivo Pessoal

Tendo explorado de forma livre e criativa a figura do Agrimensor-Flâneur através destas imagens, histórias, contextos, ruas e coordenadas de territórios, edificando assim a narrativa central da nossa análise na convergência da confluência de saberes, chegamos agora à fase final dessa pesquisa. Esta etapa envolve tecer considerações sobre a metodologia da Cartografia Imagética com as ideias que delineamos em todo livro, para compreendermos qual devem ser os próximos passos.

Para finalizar as regras académicas de pesquisa, não podemos deixar de compartilhar as descobertas que realizamos com a comunidade, transmitindo as alternativas que verificamos. E este é todo o sentido deste livro para a coletividade.

Nas considerações finais refletirei sobre o percurso de exploração e conceções através dos conceitos abordados nos textos e nessa exemplificação prática – mostrando onde a metodologia e os conceitos podem ser vistos.

Esta jornada revela a capacidade do indivíduo de transcender fronteiras mentais e emocionais, expandir o conhecimento e promover mudanças positivas. Os conceitos explorados nos inspiram a questionar normas, abraçar a diversidade e agir como agentes de mudança. Ao solenizar o nosso conhecimento acumulado e participar numa busca constante para fortalecemos a nossa vontade de compreender e contribuir para um mundo mais inclusivo, harmonioso, humano e cosmológico.

6 CONSIDERAÇÕES FINAIS – POR UMA CIÊNCIA DECOLONIAL

Em um olhar rápido e leviano a proposta Metodológica da Cartografia Imagética na Ciência Decolonial que apresentamos pode lembrar os ideais do Manifesto Antropofágico (ANDRADE, 2017), também denominado de Movimento Antropofágico.

No Manifesto Antropofágico[46], documento de grande importância cultural e artística, a metáfora central é a imagem de antropofagia, ou seja, da prática de comer carne humana. Mas dentro do seu contexto essa ideia é usada de forma figurativa para representar a assimilação e transformação criativa de elementos culturais estrangeiros, especialmente europeus, pela cultura brasileira.

Já "Nas Encruzilhadas das Epistemologias do Sul: Um Blues em Sul Maior" a ideia é de diálogo para romper com as linhas abissais entre as diversidades culturais sem que isso represente deixar de lado as individualidades. A imagem da antropofagia é ressignificada na imagem da confluência de saberes.

Nessa confluência de saberes que nos aproximamos as celebrações do Movimento Antropofágico ao valorizar a diversidade cultural, com particularidade ao Brasil, na capacidade de uma cultura conseguir assimilar influências e elementos de outras culturas de forma criativa, autêntica e singular, na manutenção das identidades, ao mesmo tempo que rejeita a mera imitação.

Por isso que poderíamos facilmente herdar em nosso contexto o termo antropofagia para simbolizar o ato de devorar e transformar culturalmente elementos de outras culturas, de modo a criar algo novo e genuíno. Além deste conceito também possuir conotações políticas e sociais, em uma abordagem mais ampla de caráter provocativo e de confronto com a cultura europeia dominante, uma imposição colonial.

---

[46] Considero leitura obrigatória na Ciência Decolonial.

O Manifesto Antropofágico foi, e ainda é, provocativo, de resistência e com viés revolucionário, fez o primeiro embate cultural brasileiro para romper com as tradições estabelecidas ao buscar novas formas de se expressar para a construção de uma identidade nacional e tangenciando a relação harmoniosa com a natureza.

Os antropófagos surgiram como alternativa de subversão das relações de poder e dominação cultural através de uma transgressão criativa, desafiando as normas, experimentando novas formas e estilos, se libertando das convenções rígidas na ênfase da identidade híbrida da diversidade étnica e cultural.

Tudo isso para nós deve ser a representação imagética de um ato decolonial, são objetivos da ciência decolonial. Só que precisamos ir além, precisamos responder outras indagações, precisamos responder ao caos histórico do nosso próprio contexto.

Hoje poderíamos dizer que a ideia de antropofagia acaba por vezes simplificando a complexidade cultural e histórica de cada grupo, comunidade ou sociedade ao reduzir suas transformações no bucólico ato de absorção, apropriação, para ocorrer uma transformação. Na ideia de transformar em algo genuinamente brasileiro, o que aqui vamos extrapolar para a ideia de transformar em algo genuinamente decolonial.

Existem os erros de retificação da cultura ocidental, existem lacunas com as culturas marginalizadas e silenciadas, existe um colonialismo interno que ainda precisamos exorcizar.

Obviamente não temos a pretensão de anular esse importante manifesto, um dos importantes pilares do modernismo brasileiro, quando utilizamos termos que parecem simplificar sua contribuição, é necessário ressaltar e reconhecer o impacto duradouro e transformador na sociedade brasileira, latina e para o mundo.

É necessário reconhecer, enaltecer e contemplar os esforços e contribuições sociais, políticas e culturais de Oswald de Andrade, Tarsila do Amaral, Anita Malfatti, Raul BoppFGuy, Heitor Villa-Lobos, Santa Rosa, Menotti Del Picchia, Sérgio Buarque de Holanda, Tácito de Almeida, Pagu (Patrícia Galvão), os contemporâneos Caetano Veloso, Gilberto Gil, Chico Buarque, Arnaldo Antunes, Adriana Calcanhotto, Regina Casé, entre tantos outros artistas e pesquisadores que continuam a levantar essa bandeira.

O que pretendo nesta crítica construtiva, nos mesmos moldes da crítica realizada na temática do cancelamento, é trazer um olhar aprofundado na complexidade da sociedade contemporânea em torno de uma união possível, na comunidade humana global. Quero demonstrar que existem muitos outros saberes que estavam invisíveis neste manifesto e que precisam ter o seu espaço de honra. Estamos caminhando junto dessas novas perspectivas e alternativas, ao mesmo tempo que valorizamos nossa história e a história do outro.

Da mesma forma que o blues é pai do rock, temos como nossa mãe a figura importante do Manifesto Antropofágico; fato que vai ficar evidente na sexta parte desta obra, onde apresentaremos do Manifesto da Encruzilhada.

252

A metáfora antropofágica se torna aqui a metáfora da encruzilhada, fomos gestados na antropofagia, fomos engolidos, digeridos e retornamos ao mundo aprendemos realizar a crítica à imitação cega. Aprendemos que valorizar a miscigenação é imperativo na confluência de saberes e na afetividade, no amor incondicional que ponderamos.

Aprendemos a valorizar as identidades culturais, sobretudo a nossa, e buscar por nossa originalidade e origem; inovando diariamente sem perder a nossa individualidade, sendo autênticos. Essa é uma breve síntese do tanto que aprendemos com esse manifesto.

Como pássaros queremos voar, sair do ninho, conhecer novos lugares, novos saberes. Queremos nos deliciar com os frutos que encontraremos e levar suas sementes de prosperidade a outros lugares.

Considere que já existem dentro de outras culturas suas próprias formas de resistência, confrontando as influências externas que tentam subjugá-las. Que a revolução através do conhecimento, da cultura, não pode ser elitista, não pode ser puramente estética ou ficar no discurso político da democratização cultural e das outras esferas sociais. As mudanças devem partir diretamente do cotidiano dos indivíduos, de suas próprias experiências, de suas identidades.

Em conjunto, é necessário considerar que mesmo em uma sociedade utopicamente fraterna e com afeto, ainda vão existir conflitos e contradições nas interações culturais como sugere uma terceira realidade. É a valorização de todas as formas de cultura que nos importa e não procurar eliminar e hierarquizar essa diversidade.

Neste reconhecimento e valorização das diversas influências culturais, com a abordagem sensível e crítica à apropriação cultural, desafiando todas as formas de hierarquias que perpetuam das relações de poder eurocêntricas, colonialistas, patriarcais e colonialista, e no reconhecimento que essas mazelas fazem parte de nossa própria formação, é que estamos propondo a metodologia da cartografia imagética.

A suposta separação ou afastamento que podemos falar com o Manifesto Antropofágico só ocorre porque queremos voar livremente com a confluência dos saberes. Confluência que vai dar cor e sonoridade ao Manifesto da Encruzilhada.

Consequentemente, afirmamos que a ciência moderna ocidental, que é base do Manifesto Antropofágico e que ainda respinga em nossas ideias presentes, deve dar lugar a ciência decolonial, uma ciência da epistemologia do Sul que convergirá para outros conhecimentos, não com a pretensão de se tornar a única verdade. Mas na ponte de comunicação que estará para nós na Arena JAM dentro do conceito da Terceira Realidade, ou seja, nas diferentes percepções das realidades que estão na diversidade do ser humano.

Os ideais implícitos na nossa aplicação prática da Metodologia da Cartografia Imagética revelam como as ideias tradicionais, modernas e contemporâneas estão interligadas na complexa teia das experiências humanas. Ela molda nossa percepção e compreensão do mundo que nos rodeia.

Na busca constante por compreensão e significado nosso caminho nos leva através do labirinto do conhecimento e obriga-nos a decifrar os mistérios que ressoam através dos tempos que representam as normas regras e tradições. Um desses mistérios é a perpetuação da espetacularização, um conceito curioso que, com as suas raízes profundamente entrelaçadas na cultura e na sociedade obscurece as interseções entre as realidades e as suas representações.

A espetacularização desta viagem engenhosa acontece como um processo que transcende o tempo e o espaço. Tornou-se um fenômeno que molda a maneira como interpretamos e assimilamos o mundo que nos rodeia, claramente de forma negativa na manipulação e massificação dos modos de vida. Neste contexto, a metamorfose das experiências humanas em representações abstratas e imagens ocas de conteúdo humano essencial emerge como o cerne deste conceito de alienação.

A experiência humana, rica em detalhes e complexidade, muitas vezes cede à tentação da simplificação excessiva se escondendo em leis, metodologias, métodos e normas de aparência complexa. Ocorre uma tradução simplista na objetividade para o espectro visual, escondendo as profundidades das subjetividades emocionais, racionais e contextuais que enriquecem a nossa compreensão.

Dessa forma, o fenômeno do espetáculo oferece um prisma que permite examinar a dinâmica da sociedade moderna, no consumismo imediato das próprias relações sociais. E na superficialidade da análise perdemos a oportunidade de realizar um esforço de compreensão genuína e crítica. Como protagonistas modernos do espetáculo que nos mina e aliena, é uma realidade estranha e mediada por algo não natural, estamos presos nesta falsa realidade de real exploração. Onde a procura constante do próximo estímulo visual nos rechaça da contemplação profunda e de uma ligação íntima com o nosso ambiente, com a nossa essência.

Contudo, a espetacularização não é um fenômeno moderno. Encontra-se ecos em histórias anteriores atado com a memória coletiva e influencia ainda a forma como interpretamos as histórias e imagens de outros tempos.

Um exemplo dessa constatação histórica e contemporânea é a análise que empreendemos com a imagem de uma rua de Sorocaba. O exame atento das imagens provocaram a reflexão sobre a superficialidade das mudanças e seu real impacto nas profundezas da consciência humana, ou melhor, dos viventes sorocabanos.

Ao entrar no reino da espetacularização estamos diante de uma encruzilhada de questões, problemas e desafios. A superficialidade do fenômeno espetacularizado utilizando de uma máscara que encobre significados e contextos mais profundos.

Aqui fazemos um convite a interrogar transformações aparentes que nem sempre refletem mudanças genuínas. É também um chamado para explorar sutilezas ocultas.

Como um canto de blues que serve de alerta para os perigos da colonização, que se encontra disfarçado para a não compreensão dos capatazes e senhores das fazendas. São nestas palavras não ditas ou trocadas, nas notas não tocadas, que podemos encontrar o verdadeiro pulso da existência.

Enquanto apreciamos a beleza efêmera do espetáculo por estarmos alienados, urge a necessidade de nos aprofundarmos e descobrir o que está por trás do brilhante véu imagético e artificial que precisa urgentemente ser desvelado e/ou revelado.

A tensão deste processo coloca-nos numa posição em que temos de nos rebelar se quisermos realmente conquistar a liberdade. Devemos revitalizar e revolucionar a nossa relação com o mundo para descobrir ou tornar visível o que está oculto e moldar a nossa realidade, ao concentrar-nos numa compreensão plena e verdadeira da condição humana.

Na medida que navegamos nesta narrativa complexa e multifacetada, e nos questionamos se estamos na polpa da caravela ou nos seus porões, é importante não apenas reconhecer o espetáculo como uma realidade contemporânea, mas também como uma força que reverbera através do tempo, moldando as perspectivas daqueles que vieram antes de nós e daqueles que herdarão o legado que foi deixado.

Se trata de uma força colonialista e eurocêntrica que devemos desconstruir, que somente com um olhar crítico, profundo, na busca constante de autenticidade que podemos quebrar as grades e muros das cadeias da superficialidade espetacular. Esse é um mapa para encontrar os caminhos da verdade subjacente que tece a intrincada teia da vida, dos seres compartilhantes e afetuosos; dos seres pensantes na ciência decolonial em uma perspectiva cosmológica.

Na encruzilhada da avenida Don Aguirre, onde o rio Sorocaba acaricia a marginal e o elefante da grandiosa memória histórica deu o seu testemunho do fluxo do tempo, os conceitos e objetivos da cartografia imagética foram apresentados enquanto uma história subjetiva se desenrolava cuidadosamente diante de nossos olhos. Neste cenário, a espetacularização revela-se um elemento central para a compreensão do passado, da identidade coletiva e do desenvolvimento urbano.

À primeira vista, imagens pitorescas e discursos bem elaborados podem nos envolver e nos dar uma visão idealizada e romantizada da história. Contudo, tal como o rio que percorre pela paisagem, as verdades, as realidades muitas vezes correm profunda e turbulentas abaixo da superfície.

O embrutecimento colonial e eurocêntrico é um fenômeno que ocorre quando acontecimentos históricos e culturais se moldam em torno de uma determinada narrativa, obscurecendo características e contornos inconvenientes para a imagem emancipadora. Neste embrutecimento somente nos é permitido ter acesso as imagens de dominação, manipulação e exploração.

Neste contexto, a proclamação da república citada é um exemplo paradigmático. O momento histórico em que o grito de liberdade ressoou às margens do Rio Ipiranga se converteu em um espetáculo, um retumbante domínio espetacular. Tornou-se uma imagem forte que evocou a grandeza do feito heroico. No entanto, esta cena marcante também vem acompanhada da complexidade das batalhas políticas em benefício próprio e as tensões sociais que permeiam o processo de mudança de regime. Esse fenômeno na maioria das vezes tornam tais eventos marcos no cotidiano a ser constantemente rememorados como heroicos e românticos, obscurecendo pequenas nuances que podem nos dar a compreensão das realidades silenciadas.

Tal como os elefantes a memória coletiva tem um sentido de comunidade e ligações complexas com a história da cidade, mesmo quando essas memórias são voltadas para o esquecimento de todos. No entanto, o nosso elefante também nos lembra como abordamos o passado e como edificamos nossa identidade, na busca pela independência pessoal e pela responsabilidade coletiva, um lembrete de que esse pensamento colonial e eurocêntrico, que a coisificação de tudo no capitalismo reluzindo como ouro podem ofuscar os olhos às complexidades das relações humanas e das realidades sociais.

Os fenômenos coloniais e eurocêntricos também se estendem ao desenvolvimento urbano. A avenida Dom Aguirre, com sua beleza aparente, esconde os pontos de alagamento, os engarrafamentos caóticos e os impactos ambientais que muitas vezes resultam da expansão urbana.

A construção da imagem espetacular de uma cidade leva à negação de fatos perturbadores, que são impedimentos para enfrentar questões importantes como o planejamento sustentável, a conservação da natureza e a qualidade de vida dos seus moradores.

O percurso imagético que abordamos também nos lembra a importância dos valores da diversidade cultural e religiosa. A placa enquanto um tipo de monumento colocado na saída ou entrada da cidade, depende do sentido de sua encruzilhada, apesar da sua intenção aparentemente espiritual e de liberdade religiosa, levanta a questão da inclusão e do respeito pelas diferentes crenças. Outro aspecto é o fato do escalonamento de crenças que pode levar à exclusão e à alienação em vez de unir e fortalecer os laços sociais.

Traçando paralelos entre o fascínio histórico e contemporâneo, o exercício que desenvolvemos convidam-nos a examinar criticamente a nossa sociedade e a nossa função e lugar de pertencimento. Devemos reconhecer que o espetáculo não é um fenômeno isolado, mas um reflexo da nossa tendência de simplificar, idealizar e até mesmo distorcer as realidades em uma única realidade na busca por narrativas mais convincentes ou até reconfortantes – a dor não é sentida na ignorância, mas isso não quer dizer que ela não exista.

Os desafios que enfrentamos são oportunidades para ultrapassarmos o estado de ignorância e refletir em alternativas para eliminar ou minimizar as dores. Encontrar uma compreensão profunda, valorizar a diversidade, promover a sustentabilidade e construir uma identidade coletiva inclusiva é a base para a construção de um futuro resiliente e harmonioso.

Assim como o elefante nos lembra que o passado não pode ser esquecido, também indica que a transformação e a renovação são possíveis quando nos libertamos das prisões espetaculares e aceitamos a complexidade da vida na sua plenitude.

É neste cenário da experiência humana que o espetáculo se revela como um fenômeno que molda a nossa compreensão do mundo transformando as experiências em representações superficiais, onde o consumismo e a aparência distorcem a busca pela compreensão genuína da existência, de edificar uma sociedade inclusiva e consciente.

O que foi apresentado no subcapitulo "As Vozes de Nossa Ciência". Ao refletir no papel da educação e o conhecimento proveniente do Sul Global, dos saberes marginalizados e esquecidos, se entrelaçam com uma narrativa complexa. O fascínio da modernidade simplifica e idealiza a história, embora já exista em parte a educação transformadora que desafia esta visão ao promover o pensamento crítico e buscando quebrar estereótipos.

Enfatizar as perspectivas epistemológicos do Sul contrariaria a esfera hegemônica de conhecimento do Norte. Intelectuais como hooks, Freire, Fanon e Ribeiro oferecem ferramentas para decolonizar a mente e a sociedade, promovendo narrativas autênticas e inclusivas.

Este caminho exige empatia, diálogo e ação para criar um mundo verdadeiramente justo, equitativo e afetuoso. Um mundo de liberdades conscientes.

Conectando o conhecimento da epistemologia do Sul, de todos os saberes decoloniais e da educação transformadora, exploramos alternativas na tentativa de desmantelar estruturas de poder repressivas enraizadas em ideias eurocêntricas. As perspectivas coloniais orientam a compreensão de diferentes perspectivas de conhecimento, desafiando a dominação cultural e intelectual imposta por colonialismo.

Salientando a importância da educação e comunicação decolonial no desmantelamento das estruturas coloniais estamos constantemente enfatizando a necessidade de desenvolver o pensamento crítico, do fazer indagações ao recontar uma história e revitalizar. É a ação de trazer esses saberes ao centro do enredo como personagem principal, desmistificando as identidades culturais reprimidas.

Acentuar a sensibilização para as estruturas de opressão se faz instrumentalizando a luta decolonial no reflexo de uma abordagem independente face às influências persistentes do passado.

A comunicação decolonial, como citada, desempenha um papel central na dinâmica decolonial. Com a comunicação livre das amarras da ideologia vigente e opressora podemos armar e apreender coletivamente novas estratégias os oprimidos pelo sistema. Poderemos realizar perguntas relevantes e recuperar identidades culturais suprimidas; promover abertura para negociações, troca de opiniões, sendo a compreensão recíproca constituída como pedra angular na procura por alternativas que levem a decolonização das comunidades e de toda a sociedade.

No núcleo desta narrativa está a luta contra o colonialismo e a promoção da igualdade das inteligências. A perspectiva decolonial lembra-nos que esta peleja é contínua e multifacetada. Isto requer ações concretas, alianças entre diferentes grupos e um compromisso firme para desconstruir as estruturas de poder colonial que persistem na nossa sociedade.

O conceito de colonialismo apresentado mostra-nos que o percurso contra esta colonização moderna é complexo e interdisciplinar. Inclui reconhecer e desafiar as influências coloniais em todos os aspectos da nossa sociedade, desde a educação até às representações culturais e de produção. É uma busca por uma compreensão mais completa e autêntica da história da cultura e das relações humanos.

Reconhecer a forma como os colonizadores se utilizam do capitalismo e da descabida superioridade eurocêntrica.

A comunicação sobre a decolonização vai além da simples transmissão de informação, para se tornar um ato de resistência e de transformação cultural. Centra-se na reconstrução do conhecimento emancipatório, unificando o conhecimento e saberes tradicionais e científicos para remodelar a compreensão da realidade. Valoriza a conexão com a comunidade ao compartilhar histórias para preservar a identidade cultural e desafiar as narrativas impostas por colonialismo.

O centro da comunicação decolonial que aqui praticamos foi a "guerra das denominações", ou o jogo de palavras que falamos algumas vezes, jargão de Antonio Bispo dos Santos (SANTOS, 2023), que envolve a reintrodução de ideias científicas baseadas em conhecimentos tradicionais e perspectivas diversas. Isto desafia a dominação colonial da língua e do pensamento, contribui para o desmantelamento das estruturas de poder.

Em resumo, a comunicação decolonial vai além da partilha de informação. É a valorização do conhecimento ancestral, desafiando narrativas coloniais na revitalização do conhecimento emancipador.

Esta abordagem é consistente com a perspectiva da ciência decolonial e métodos da Cartografia Imagética, à medida que se esforçam para criar uma compreensão do mundo mais inclusiva, sincera e sustentável. Fazendo da comunicação uma ferramenta de empoderamento e sustentabilidade dos saberes e/ou ciência[47].

A ética da investigação científica é uma área central de interesse na ciência decolonial que considera as consequências sociais e culturais das descobertas e proposições de alternativas. Uma ética que realiza a autocrítica e questionamentos sobre a hierarquia dentro da comunidade científica.

A ciência decolonial visa desmantelar as estruturas interpretativas coloniais ao promover a colaboração e a equidade na construção do conhecimento emancipatório. Conhecimento que seja verdadeiramente inclusivo e relevante para todas as comunidades, refletindo a interligação entre diferentes formas de saber e a importância de compreender o mundo de forma holística, ou melhor, cosmológica.

O conceito apresentado da convergência de conhecimentos que se trata da Confluência de Saberes é um dos temas centrais deste enredo. Realçando a importância de valorizar e integrar o conhecimento em diversas formas, na promoção da cooperação e diálogo entre culturas, na busca

---

[47] Os saberes ou conhecimentos podem ser nomeados de qualquer forma, quando livres na confluência, isso realmente não importa, pois continuam mantendo a sua essência, são saberes.

por uma compreensão profunda e autêntica da história da sociedade e da experiência humana em geral.

Reafirma que a forma de saber e produzir o conhecimento é multifacetada e intrincada, envolvida em narrativas históricas de estrutura de poder que precisam ser desconstruídas e perspectivas culturais massificadas que precisam ser criticadas.

O conceito de confluência transcende as fronteiras disciplinares, culturais e temporais, em um diálogo enriquecedor e de profunda reavaliação da forma como interpretamos o mundo que nos rodeia.

Na encruzilhada do espetáculo, da comunicação decolonial e ciência decolonial surge a convergência destes saberes. Essas são as encruzilhadas que encontramos em nossa existência. Surgem em nosso caminho alternativas, são convites para participarmos de alternativas para adaptar o conhecimento emancipação e busca coletiva por uma nova estrutura social, na apreciação de diferentes perspectivas e modos de vida.

Neste cenário, a comunicação decolonial retorna como os raios do sol que iluminam o dia e nos permitem ver a lua à noite[48], denotando a necessidade de descentralizar as perspectivas eurocêntricas, valorizar o conhecimento tradicional e o diálogo respeitoso e colaborativo.

A confluência combinada com a comunicação torna-se por si só um meio de resistência, aprendizagem e de significação e representatividade coletiva.

O enfoque aqui dado também reflete na análise da Cartografia Imagética, nos quais os mapas são reconhecidos como representações culturais e sociais que podem ser recontextualizadas e redefinidas para incluir múltiplas representações.

Além disso, a ciência decolonial apela sabiamente à procura da convergência por novos conhecimentos constantemente, o que desafia a força das abordagens científicas tradicionais.

Com a combinação do conhecimento tradicional e local, a ciência decolonial procurou criar uma compreensão cosmológica que abrangesse tanto a natureza como a cultura.

Celebra-se a interligação entre o ser humano, o meio ambiente e os saberes da diversidade e infinito universo imaginativo, permitindo que diferentes perspectivas se combinem em busca de respostas para questões complexos.

A Confluência de Saberes, próxima da Ecologia[49] de Saberes, é uma tratativa que transcende as fronteiras disciplinares, culturais e temporais na promoção de diálogo, redefinição de poder e

---

[48] Com conhecimento, com saberes, tudo é possível.

[49] Abandonados definitivamente o termo ou conceito de ecologia de saberes dentro da concepção do jogo da "guerra das denominações". Onde creditamos que a o termo ecologia de saberes nos lembrava algo sistêmico e como pouco espaço para a imaginação e criatividade, para se pensar na pluralidade de realidades. Enquanto confluência de saberes nos parece um termo que respeita as individualidades, mostra as responsabilidade do todo e empoderam as diversidades.

valorização de perspectivas diversas. Conecta os conceitos de espetacularização e comunicação decolonial para trabalhar o desenvolvimento da ciência decolonial, destacando a importância de reconstruir conhecimento emancipatório e incorporar saberes diferentes, desconsiderados pelo embrutecimento da ciência e até marginalizados.

Essa é uma perspectiva de resistência, empoderamento e colaboração, contribuindo para uma compreensão autêntica e inclusiva, que transcende narrativas impostas pelo mercado e outros ideais estranhos ao próprio desenvolvimento humano.

A Confluência de Saberes visa a construção de uma jornada coletiva de transformação, conectando culturas, tempos e saberes.

Em outra encruzilhada das ideias, as imagens decoloniais são colocadas em foco, representando a concretização e aplicação prática dos princípios em discussão. Não desafia apenas as representações visuais da era colonial como também promove ações para a mudança, empoderando as comunidades para reinterpretarem as suas próprias imagens, rememorar, ao mesmo tempo que promove uma compreensão autêntica e diversificada.

A imagem decolonial é uma janela para a reconstrução do conhecimento emancipação através da cultura e edificação de uma sociedade mais justa, inclusiva e consciente. As imagens decoloniais têm a missão de quebrar as narrativas visuais coloniais, dando um novo significado e fortalecendo perspectivas marginalizadas.

É nesta abordagem que encontramos o conceito de escala decolonial, uma perspectiva crítica que procura desconstruir as tradicionais hierarquias de importância atribuídas a diferentes elementos com justificativas externas a uma determinada cultura, individuo, perspectivas e contextos.

A escala tem o poder de iluminar a complexidade que está subjacente à atribuição de relevância nas diversas ciências, campos do conhecimento e da sociedade. Inspirada na necessidade de representações autênticas e de diversidade, revelando um apor a uma reflexão profunda sobre como notamos e avaliamos elementos e perspectivas numa concepção decolonial.

No contexto da análise cartográfica imagética, a escala decolonial procura um lugar para interrogar e desafiar as normas de poder coloniais/eurocêntricas que influenciaram o mapeamento ao longo da história, desconstruindo a narrativa visual criada pela colonização. As escalas permitem explorar e indagar por que os mapas não são apenas representações geográficas, mas também um produto social que reflete cultura, afeto e contexto.

É o convite a explorar como certas imagens cartográficas foram postas para consolidar poderes coloniais, desmascarar e analisar criticamente as visualizações que mantêm vivas essas ideias em suas ampliações ou reduções.

A escala de decolonial na aplicação da análise das imagens históricas de Sorocaba ficou destacada na importância de contextualizar a atribuição de protagonismo e valor às representações visuais.

Durante o exercício imaginativo proposto na metodologia da cartografia imagética, o Agrimensor-Flâneur reconheceu a importância da escala na representação das imagens cartográficas, fazendo escolhas estratégicas na elaboração de seus desenhos.

Na primeira planta escolheu a escala 1:1000 para permitir uma visão minuciosa e pormenorizada do que está representado. Esta abordagem permitiu destacar claramente os elementos individuais, oferecendo uma visão detalhada do contexto.

Com a segunda planta, o Agrimensor-Flâneur ampliou a sua representação, refletindo uma mudança de escala para 1:2000. Esta decisão sublinha o seu compromisso em explorar o equilíbrio entre detalhes e um contexto mais amplo. Mesmo com o espaço maior da imagem foi possível captar os detalhes e peculiaridades das diversas ruas representadas.

Surpreendentemente, o Agrimensor-Flâneur escolheu uma escala ainda maior, 1:20000, para terceira e última planta topográfica. À primeira vista, esta abordagem pode sugerir uma perda de detalhes, generalizações e estereótipos. Contudo, esta escolha estratégica revelou a sua busca por novas perspectivas e caminhos. Representar nesta escala permitiu uma visão panorâmica, possibilitando alternativas de explorar outros caminhos e ver além dos detalhes individuais, que é uma das funções na confluência de saberes.

Através destas mudanças de escala, o Agrimensor-Flâneur demonstrou uma profunda compreensão da importância da escala na representação visual. A sua abordagem sensível e estratégica ilustra como a escolha da escala pode influenciar a percepção e interpretação das imagens cartográficas, enfatizando tanto os detalhes como o contexto mais amplo.

Esta exploração de diferentes escalas realça a complexidade e o potencial da representação visual e a necessidade de uma avaliação sensível e aberta das diferentes interpretações que a Escala Decolonial procura promover.

Ao nos depararmos com a ideia de confluência de saberes, interpretamos que a escala decolonial amplia as possibilidades de diálogo interdisciplinar ao desconstruir fronteiras, divisas artificiais das relações de poder.

São temas colaborativos e de promoção de compartilhamento entre disciplinas, contribuindo na compreensão do impacto político, estético e cultural da representação visual. Além disso, a Escala Decolonial amplifica a visibilidade e representatividade das comunidades marginalizadas, desafia a narrativa única e possibilita reconfigurar o espaço nas diversas vozes e histórias.

Demonstra que há espaço para todos quando se altera o olhar. Que existe uma coordenada de território para todas as histórias, culturas e saberes.

Em conjunto ao conceito de imagem decolonial, a escala decolonial também serve como uma ferramenta poderosa para desafiar e redefinir a relação da sociedade contemporânea com as próprias imagens que lhe representam.

Enquanto a imagem decolonial tenta separar a percepção e a compreensão da imagem da colonialidade, a escala decolonial intensifica esse processo ao romper com a estrutura hierárquica tradicional que é importante e prioritária na representação visual e manutenção do colonialismo.

Por fim, ao relacionarmos estas ideias com a ciência decolonial, notamos que a escala decolonial, uma das suas possíveis ferramentas, partilha o espírito de transmutação estrutural na procura de uma compreensão ampla e equitativa do conhecimento. Apoiando um dos principais objetivos da ciência decolonial ao desafiar e tornar visível as abordagens científicas tradicionais.

Nesta visibilidade encontramos as particularidade das coordenadas de territórios entrelaçadas com os conceitos de confluência de saberes, imagem decolonial, escala decolonial e comunicação decolonial.

Estes pontos de encontro e interação representam espaços onde diferentes formas de conhecimento se hibridizam, imagens são reconsideradas e hierarquias de importância são desafiadas. As coordenadas territoriais são os locais onde ocorre a comunicação autônoma, onde personagens marginalizados encontram espaço para compartilhar e reconhecer suas experiências.

As coordenadas de territórios é onde ocorre a criação, maturação e renascimento cultural e social.

Em outras palavras, as coordenadas de territórios são como pontos de convergência dos diferentes conceitos da cartografia imagética, de outros conceitos que podem emergir na ciência decolonial e de outros saberes, representando espaços de encontro e interação onde convergem o conhecimento, a reinterpretação das imagens, a redefinição de padrões e comunicação decolonial.

Convergência que ocorre na Arena JAM, lugar de visibilidade de todas essas coordenadas de território.

Coordenadas não são apenas lugares geográficos, e podem até não ser. São pontos onde as complexidades da experiência humana se desdobram e promovem uma compreensão complexa, justa e enriquecedora do conhecimento, da cultura e do mundo.

Complexidade que é ilustrada pelo pesquisador, o indivíduo curioso, criativo e imaginativo, o Agrimensor-Flâneur. Apesar de sua denominação carecer de criatividade, representa uma abordagem única na medida em que combina a sensibilidade artística do flâneur com as habilidades tecnológicos e tratativas do agrimensor para compreensão e mapeamento qualitativo e quantitativo de um determinado objeto.

O Agrimensor-Flâneur reúne dados técnicos absorvendo traços emocionais, sociais e culturais, desafiando narrativas tradicionais e se tornando um facilitador na inclusão de conhecimentos

262

marginalizados. Representa os princípios da confluência de saberes, escala decolonial, coordenadas de territórios, da própria cartografia imagética.

É o pesquisador/investigador, do ser consciente e emancipado com sua compreensão profunda e abrangente do mundo reimaginando o espaço como um verdadeiro reflexo da diversidade humana.

Este personagem de pesquisador tem como objetivo encontrar no campo da comunicação as alternativas que estão sendo trabalhadas na Arena JAM. Local de encontra libertário e autônomo do diálogo sobre as competências técnicas, sensibilidade artística e subjetiva de cada indivíduo.

Ao considerar essas interconexões, podemos aperceber-se como a Arena JAM atua na representação de catalisadora, fomentando a convivência e o diálogo entre as diferenças.

Se trata do espaço público de uma utopia possível de sociedade que celebra a diversidade.

E nestas utopias possíveis encontramos a Terceira Realidade, tal como é conceituada e desenvolvida durante esta reflexão metodológica e epistemológica. Que nesta primeira parte da obra se configura como o objetivo principal deste desenvolvimento teórico e raiz da compreensão de todos os outros princípios explorados.

Quando falamos em confluência de saberes, a terceira realidade surge como um espaço onde diversas formas de conhecimento (tradicional, científico, indígena e local) estão em diálogo e entrelaçadas com sínteses criativas. Ele transcende a divisão entre conhecimento material e conhecimento subjetivo. Permite que perspectivas coexistam e, promova uma compreensão cosmológica e abrangente da terra.

Realidades que transcendem as limitações dos corpos e das fronteiras, permitindo que todos consigam fluir no mesmo rio sem se chocarem e sem que cada um perca a sua particularidade, a sua essência.

Estar no mesmo rio, contudo em uma relação diferente com o meio, afirma que não existe nada de errado em viver em uma realidade paralela, porque na verdade não existe uma realidade pura, de normalidade, como se coloca a racionalidade ocidental. O erro é quando a minha realidade impede a existência do outro – lembrando do pensamento crítico, ou seria a realidade do outro que está impedindo a minha existência? Como achar a alternativa de consenso?

Em outro exemplo, se estamos falando da escala decolonial, uma terceira realidade torna-se aparente quando desafiamos as prioridades hierárquicas tradicionais. Reconhece que a realidade não é uma entidade estática e monolítica, mas sim uma interligação dinâmica de múltiplas verdades interdependentes.

A filosofia da terceira realidade torna-se na busca da compreensão flexível e humanística da complexidade das relações sociais, culturais e geográficas.

Motivos que me levam a afirmar que o fato que aparenta permitir até aqui transcender as normas, valores e tradições do colonialismo é a terceira realidade.

Na proposta realizada, considere que o mapeamento tradicional é frequentemente limitado por representações lineares e objetivas, a terceira realidade complementa significativamente e transformando não só o mapeamento ao incluir elementos subjetivos, emocionais e simbólicos.

Estamos desafiando a ideia de que um mapa é apenas uma representação geográfica ao transformá-lo em uma representação imagética de espaço e tempo em que a imaginação, a arte e a cultura possam coexistir e inter-relacionar-se.

Isso permite dizer que existem diversas possibilidades de pensar e criar os percursos que iremos ter durante a existência. Que somos capazes de criar o nosso próprio futuro quando aceitamos e reconhecemos as nossas potencialidades e limitações na cosmologia.

A terceira realidade é a base e o objetivo da metodologia cartográfica imagética, e talvez até da ciência decolonial.

Todas estas ideias e abordagens na aplicação da metodologia da Cartografia Imagética e na construção da ciência decolonial se tornam inúteis se não incluirmos a temática do afeto, do amor incondicional. É preciso amar para pesquisar e compreender, principal principalmente quando se trata da nossa relações com outros seres.

Tentamos transmitir esta sensibilidade à epistemologia do Sul, as teorias decoloniais, ao Sul e principalmente a Cartografia Imagética, através do conceito de Compartilhante Cultural e Comunitário e; Afeto Transformador e Inclusivo.

O compartilhante cultural e comunitário no contexto da confluência de saberes confere sentido prático a partilha ativa de modos de vida e expressões culturais dentro das comunidades para convergir a diversidade de conhecimentos.

Conhecimento tradicional, acadêmico, indígena e local, em diversas formas unindo-se como uma aliança cultural. Fortificando a identidade cultural geral e garantindo a identidade cultural individual.

Compartilhar esta colaboração não enriquece apenas a experiência humana, mas também promove a sustentabilidade e afirma que em todos os espaços, tempo e contextos as vozes das pessoas marginalizadas devem ser ouvidas atentamente, todas as vozes devem ser valorizadas.

A própria imagem decolonial encontra sinergia com o compartilhante cultural e comunitário. Isso ocorre no fato das imagens funcionarem como expressões partilhadas onde as comunidades compartilham as suas histórias e culturas. Logo as próprias imagens são compartilhantes que trazem à luz modos de vida e visões de mundo que podem ter sido subjugadas nas narrativas coloniais ou em outros momentos históricos.

As visualizações devem ser reinventadas e repensadas através do diálogo ativo e da promoção da mudança cultural e valorização das identidades.

Enfatiza o entusiasmo, a partilha de modos de vida e expressões culturais dentro da comunidade ao fortalecer a identidade cultural. Promovendo a necessária coesão social ao agregar valor à experiência humana do cotidiano. Ou seja, uma abordagem emocional conectada, com mudanças positivas e inclusivas na forma como esses saberes interagem e enriquecem-se mutuamente.

O compartilhante cultural comunitário com o afeto transformador e inclusivo instiga um ambiente emocionalmente conectado em que a coesão social, a diversidade e a colaboração são essenciais para alcançar mudanças significativas.

Devemos reconhecer que na Cartografia Imagética, ou em qualquer outro pensamento humano libertário e cosmológico, existe a necessidade de incorporar elementos de sustentabilidade e sensibilidade na representação dos seres, integrando subjetividade e expressão artística. Existe a necessidade da reflexão e ação do afeto transformador e inclusivo na criação de um espaço para a manifestação de identidades culturais e histórias pessoais.

É a paisagem visual, imaginada, percebida e experenciada sendo transformada para incorporar um ambiente emocional que seja inclusivo.

Realizando a análise crítica do que introduzimos até agora em termos de metodologia da cartografia imagética, considero seu desenvolvimento como princípio de uma revelação de um pensamento e metodologia inovadora e reflexiva, na tentativa de transcender os limites da ciência tradicional e encontrar novas formas de compreender e explorar a representação de realidades sociais e culturais.

Com isso volta a afirmar de não versar sobre uma metodologia acabada, o que possivelmente não vai ocorrer mesmo depois da publicação das outras 5 partes. Não é uma tarefa que deva ser realizada por uma única pessoa, é um trabalho coletivo, constante e cíclico, vai ocorrer na confluência de saberes – como deve ser o desenvolvimento da ciência decolonial.

Este método na Cartografia Imagética até este ponto de desenvolvimento têm as seguintes vantagens:

- Sensibilidade e subjetividade: A abordagem sensível na metodologia da Cartografia Imagética é um dos pontos fortes, destacando a importância do apego emocional e do afeto na pesquisa. Isso permite que os pesquisadores se aprofundem na realidade do tema de pesquisa com prazer e paixão, reconhecendo a subjetividade e a experiência do indivíduo ao abraçar com o amor incondicional.
- Inclusão de perspectivas marginalizadas: A confluência de saberes e a ênfase no Compartilhante Cultural e Comunitário demonstram um compromisso com perspectivas marginalizadas e formas alternativas de conhecimento. Isto melhora a

pesquisa proporcionando oportunidades para que as opiniões sejam ouvidas e apreciadas.

- Terceira realidade: A demanda da terceira realidade reflete um anseio de compreender profundamente as realidades sociais. Esta abordagem permite a coexistência de diferentes realidades e uma mudança abrangente de perspectiva, com o objetivo de contribuir com uma sociedade igualitária e harmônica nas possibilidades das diversidades.

- Crítica ao Eurocentrismo: O argumento nas epistemologias do Sul, das teorias decoloniais e a crítica ao Eurocentrismo amplificam a consciência das limitações das perspectivas dominantes na produção de conhecimento. Encoraja a abertura de diferentes formas de saberes e a reavaliação das narrativas hegemônicas.

- Aplicação em diferentes contextos: A metodologia da Cartografia Imagética baseia-se em exemplos específicos de aplicação em diferentes contextos. Isso ajuda a compreender como os princípios teóricos são incorporados à prática real de cada pesquisa.

Obviamente, ao longo do caminho e neste ousado projeto, encontramos algumas dificuldades e problemas, que podem ser definidos nos seguintes termos:

- Rigor metodológico: O viés sensível e subjetivo pode levantar preocupações sobre a objetividade e a acurácia científica, principalmente quando existe a necessidade de aplicação dentro da ciência moderna ocidental. É importante equilibrar a sensibilidade com um método de teste confiável que garanta a precisão dos resultados para uma realização da necessária e urgente virada epistemológica na racionalidade humana.

- Generalização versus singularidade: O valor da singularidade e da individualidade pode dificultar a obtenção de conclusões que consigam se tornar generalizadas. Devem ser exploradas maneiras de tirar conclusões gerais sem perder a riqueza da experiência individual e dos contextos particulares, sem perder a essência da diversidade das realidades e das inúmeras utopias possíveis configuradas em suas alternativas.

- Equilíbrio com neutralidade e objetividade: A reflexão da terceira realidade e assentimento de pontos de vista pessoais podem entrar em conflito com a necessidade de neutralidade científica. Encontrar um equilíbrio entre as individualidades e neutralidade[50] é uma tarefa a ser refletida em toda etapa da metodologia tão somente para corrigirmos os equívocos de igualdade, preconceitos e exclusões. Sem que isso nos torne tolerantes com as intolerâncias, em creditar que alguns modos de vida tenham o direito de serem excludentes – inadmissível em um ambiente finito e compartilhado como é o nosso planeta.

- A complexidade do Agrimensor-Flâneur: A maneira do Agrimensor-Flâneur como pesquisador é uma combinação interessante da objetividade do explorador e da

---

[50] Neutralidade que somente pode ser pensada aqui como igualdade das inteligências e valorização das diferenças.

subjetividade de Flâneur. No entanto, esta complexidade pode criar problemas práticos. Como conciliar a observação meticulosa da realidade com a sensibilidade ao ambiente e às emoções envolventes? Como exigir alguns conhecimentos técnicos de todos os envolvidos em uma pesquisa? Desempenhar este papel requer uma abordagem cuidadosamente equilibrada.

- O Desafio de realizar a Terceira Realidade: A proposta da Terceira Realidade é ambiciosa e procura superar a dicotomia ao integrar múltiplas perspectivas. No entanto, definir e implementar com acurácia esta ideia pode ser complicado e existirem barreiras culturais a serem desmistificadas. Como chegar a um consenso sobre o que constitui estas realidades transformadoras e inclusivas? Como evitar que isso se torne uma abstração indefinida que acaba eliminando ou obscurecendo algumas realidades?

- Possibilidades transformadoras e inclusivas: A abordagem metodológica proposta enfatiza a importância da transformação e da participação. A ênfase no Compartilhante Cultural Comunitário e na Confluência de Saberes promove a compreensão do conhecimento local e de saberes tradicionais. Isto pode fortalecer as comunidades marginalizadas. Contudo, é preciso levar em conta as realidades práticas, especialmente em situações em que as estruturas de poder possam resistir a esta transformação no simples fato de existir uma resistência através da comunicação e educação. Os perigos das práticas de violência devem ser pensados e repensados a todo momento – seria melhor dizer, evitar em todos os momentos.

- Interdisciplinar e Colaborativa: Uma metodologia ou pensamento que aborda a necessidade de pesquisa interdisciplinar e colaborativa. A Cartografia Imagética inclui elementos de etnologia, geografia, comunicações e outras disciplinas que podem agregar valor à análise. Entretanto, também pode ser um desafio logístico e epistemológico, demandando uma compreensão profunda de diferentes abordagens e terminologias.

- Sensibilidade cultural e contextual: As técnicas da Cartografia Imagética sugerem a sensibilidade cultural no contexto local. Porém, é importante considerar que esta sensibilidade não pode justificar a glorificação, romantização ou ausência de questionamentos de práticas prejudiciais. A procura de uma Terceira Realidade deve ser equilibrada com a responsabilidade de abordar questões críticas como as desigualdades e injustiças.

- A necessidade de formação contemplativa: A aplicação da Metodologia da Cartografia Imagética requer formação contemplativa contínua, da formação de práticas reflexivas contínuas. Os pesquisadores devem estar preparados para explorar incessantemente suas próprias perspectivas e influências. Isto é muito importante não só para melhorar a qualidade da investigação, mas também para evitar preconceitos e distorções. Aqui reside a dificuldade de perceber a própria alienação quando estamos debatendo os saberes em busca de alternativas para emancipação.

A prática da Metodologia da Cartografia Imagética, embora rica em conceitos e ideias, pode ser desafiadora principalmente pela liberdade que ela se constitui. A sensibilidade necessária para equilibrar objetividade, subjetividade e a coordenação interdisciplinar podem dificultar a implementação em ambientes menos flexíveis culturalmente, o que são problemas de implementação prática.

Todavia existe um potencial latente nesta metodologia, o que volto a dizer, um potencial latente nesta utopia possível. O que nos deixa esperançosos na sua relevância para a contribuição na transformação social necessária. Principalmente na procura de alternativas para diferentes realidades (Terceira Realidade), na promoção da inclusão e diversidade, acarretando efeitos profundos na concepção de humanidade.

A Metodologia da Cartografia Imagética não só explora as realidades existentes, mas também visa contribuir para realidades mais justas e equitativas. Com potencial para expandir o conhecimento filosófico desta metodologia e de outros saberes, por ser uma constante inacabada. No mínimo se oferece uma alternativa para expandir as fronteiras do conhecimento.

Este ciclo constante do conhecimento gera novas alternativas e procura preencher as lacunas deixadas pelas abordagens tradicionais. Principalmente das lacunas geradas por pressupostos de normalidades, padronizações e normatizações.

Isto inclui diversas perspectivas e vozes em uma relação cosmológica se desdobrando sobre algum fenômeno, na luta contra o eurocentrismo e colonialismo.

Por si mesma a proposta de um Agrimensor-Flâneur e a inclusão de estratégias afetuosas já figuram uma inovação no campo da pesquisa. Esta metodologia desafia as metodologias tradicionais e incentiva os pesquisadores a deixarem o escritório e a envolverem-se de forma empática e participativa com os espaços, com os tempos próprios e com as pessoas que estudam e estão contribuindo com seus saberes.

A Cartografia Imagética enfatiza o envolvimento e a participação de todos. Sem essa premissa tudo se torna um discurso vazio, imagens espetaculares e sem nenhuma significação.

A metodologia que acabamos de nos debruçar, que mencionamos lembrar o Manifesto Antropofágico, nossa figura maternal brasileira para a cartografia imagética, igualmente se assemelha ao "Atlas Mnemosyne", de Aby Warburg (2010)[51]. E nesse caso, aprendendo com a prática da antropofagia, serviu como fonte de inspiração quando ainda pensávamos somente em uma alfabetização ou autodidatismo imagético nas etapas iniciais desta curiosidade e imaginativa forma de pensamento.

Nos apropriamos destas ideias e devolvemos algo nos limites da autenticidade. A originalidade depende de suas referências, depende da confluência de saberes e reconhecimento das diversas realidades.

---

[51] *Aby Warburg (1866-1929) foi um historiador da arte e ensaísta alemão conhecido por sua contribuição para a compreensão da história da arte e da cultura visual. Ele é particularmente famoso por seu projeto inacabado chamado "Atlas Mnemosyne".*

O "Atlas Mnemosyne" (WARBURG, 2010) não é um atlas no sentido convencional de um livro de mapas geográficos, mas sim uma coleção de imagens organizadas de maneira não linear para explorar associações visuais, conceituais e culturais entre diferentes épocas e culturas. Aby Warburg acreditava que a história da arte deveria ser vista de forma holística, considerando não apenas os movimentos artísticos, mas também as influências culturais, seus contextos, as conexões entre imagens e as transformações do significado ao longo do tempo.

O projeto consistia em uma série de pranchas com fundo preto, nas quais Warburg colava imagens recortadas de revistas, livros e outras fontes, criando arranjos visuais que exploravam temas, padrões e motivos recorrentes na arte e cultura. O objetivo do "Atlas Mnemosyne" era mapear a migração de símbolos e temas através da história da arte e da cultura, destacando como ideias e imagens se deslocavam e eram reinterpretadas ao longo dos séculos.

Infelizmente, Aby Warburg morreu em 1929 (um ano depois do lançamento do Manifesto Antropofágico) e não conseguiu concluir totalmente seu projeto ("Atlas Mnemosyne"), deixando uma série de pranchas e esboços que foram posteriormente estudados e organizados por outros acadêmicos/pesquisadores.

Embora o projeto não tenha sido concluído conforme originalmente foi pensado, ficou um legado ao questionar as abordagens tradicionalistas do pensar e fazer história da arte e ao explorar a interconexão complexa da cultura imagética.

Hoje, "Átlas Mnemosyne" continua a inspirar especialistas e artistas que procuram compreender as relações entre imagens, símbolos e culturas na sua complexidade e interdisciplinaridade. E neste contexto, a Cartografia Imagética pode também contribuir para a continuidade deste atlas com outras vertentes; pode trazer uma estrutura de organização diferente, interativa e contextualizada ao "Átlas Mnemosyne" de Aby Warburg, permitindo uma exploração com outro olhar da escala das significativas conexões visuais e culturais ao longo da história.

Pode até parecer ser um exercício de futilidade pensar na utilização da metodologia da Cartografia Imagética que apresentamos "somente" para dar uma continuidade no "Átlas Mnemosyne" de Aby Warburg. Estamos abordando um exercício criativo e demonstrativo do alcance deste pensamento em outras áreas do saber, além da construção de um pensamento decolonial, configurando sempre em novas alternativas.

A cartografia que vai empreender não precisa ser necessariamente a que realizamos aqui com a planta topográfica. Seja criativo, pense na melhor forma de diálogo entre você e o objeto, na melhor forma de comunicação entre você, o objeto e o espectador. O que importa é empreender uma maneira de se expressar imageticamente que seja compreensível a todos, não só compreenderem o que está falando, mas para que encontrem os seus próprios caminhos, para que utilizem das suas próprias vozes.

Se aventure na cartografia clássica, antiga e moderna, crie mapas com seus desenhos e memórias da infância, que seus mapas se tornem álbuns de fotografias, colagens ou belas partituras musicais.

Figura 27: Mapa Moderno

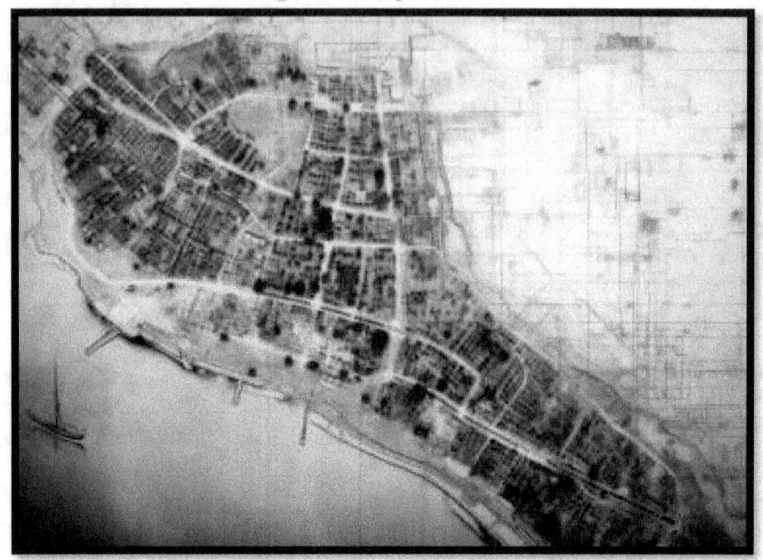

Fonte: Arquivo Pessoal

Figura 28: Mapas Antigos

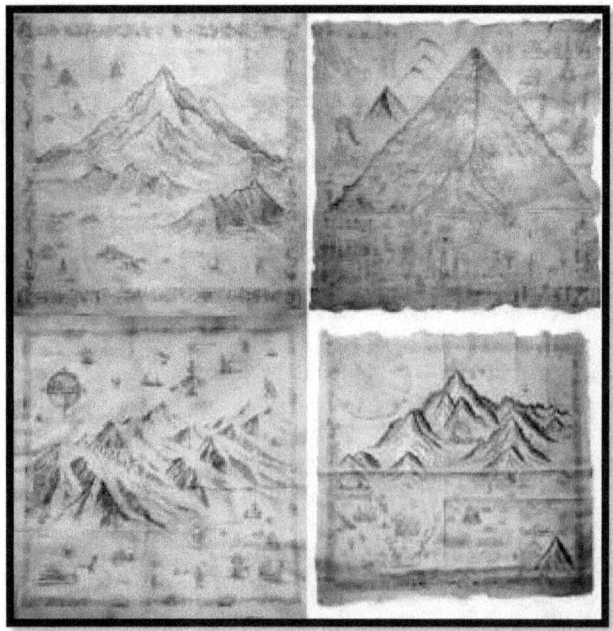

Fonte: Arquivo Pessoal

Figura 29: Cartografia Colagem Fotográfica

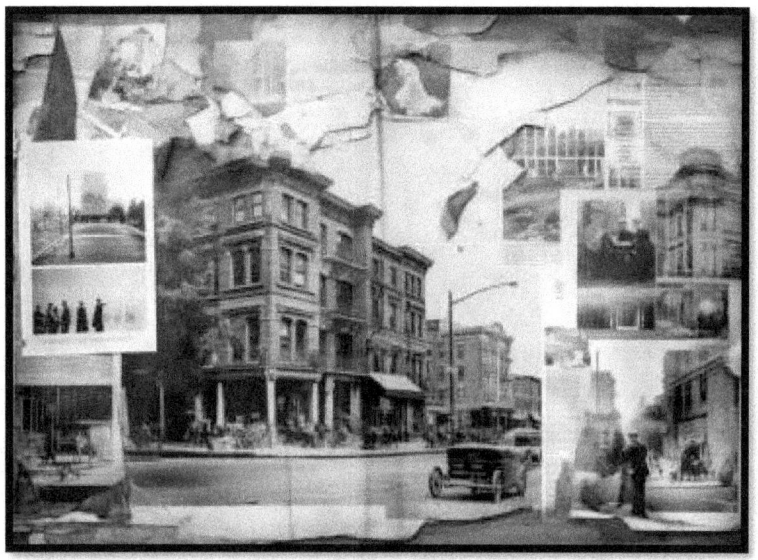

Fonte: Arquivo Pessoal

Figura 30: Cartografia da Infância

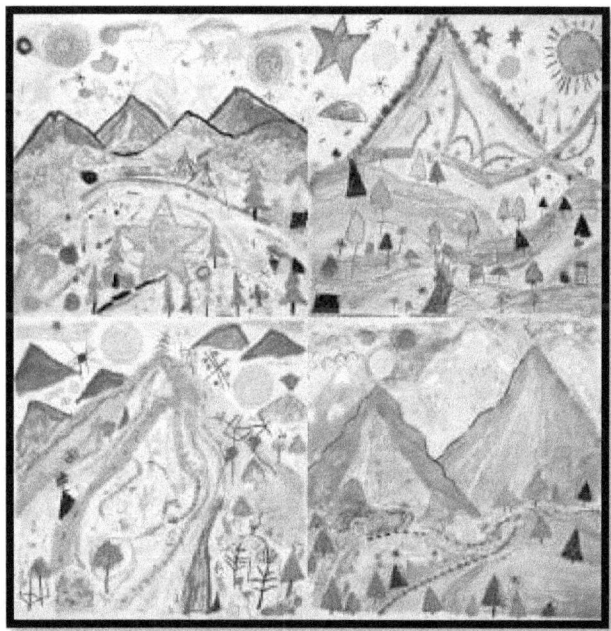

Fonte: Arquivo Pessoal

Figura 31: Cartografia Partitura Musical

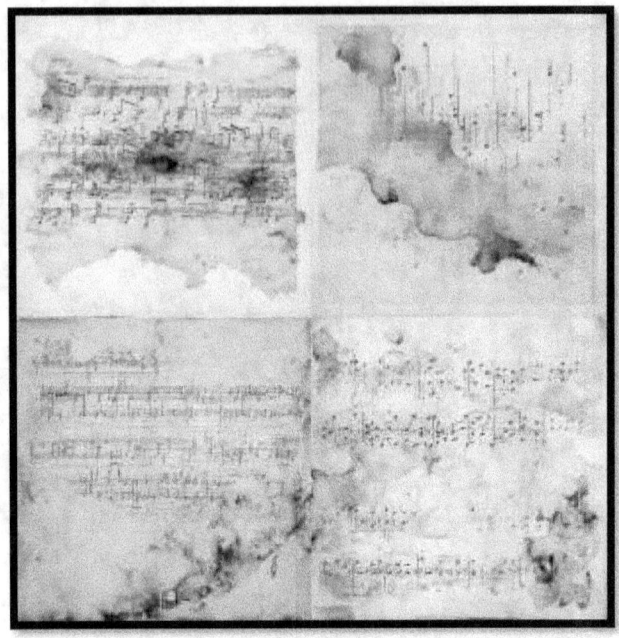

Fonte: Arquivo Pessoal

Claramente a metodologia apresentada ainda tem muito a ser desenvolvida na confluência dos saberes, na compreensão de uma ciência decolonial. Destaca-se que ela é ainda uma alternativa inacabada para analisar os problemas sociais contemporâneos.

Principalmente ao falarmos da desigualdades econômicas, mudanças climáticas, educação, saúde, migração, desemprego, automação, direitos humanos, igualdade e equidade, conflitos armados, discriminação e violência racial, representatividade, justiça, nacionalismo e populismo, identidade de gênero, reforma agrária, cultura e identidade, demarcação de terras indígenas etc.

Alguns destes tópicos, principalmente relacionados ao racismo, conflitos sociais, identidade, capacitismo e cultura iremos abordar nas outras partes que dão sequência a esse trabalho.

Para conhecimento e convite a leitura das próximas publicações, Na Parte 2, chamamos Robert Johnson a Arena JAM do nosso festival de Blues das Epistemologias do Sul, com o convite-projeto de pesquisa e na proposta de aprofundar a compreensão da vida, da música e do legado deste lendário bluesman na abordagem da Cartografia Imagética. O título deste livro é: "Com o Capiroto na Encruzilhada: Uma Exploração Imagética da Vida e Legado de Robert Johnson". Onde abordaremos em seu núcleo a mística lenda de que Johnson teria feito um pacto com o diabo em uma encruzilhada para o seu conhecido e reconhecido virtuosismo musical.

Através da Cartografia Imagética, esse projeto explorará a complexidade das experiências de vida de Johnson, sua contribuição para o gênero musical do blues e outros estilos além das implicações culturais que sua história de vida nos proporciona.

Na Parte 3, chamamos um conjunto de estrelas para Arena JAM do nosso festival de Blues das Epistemologias do Sul, com convite-projeto de pesquisa na proposta de investigação da origem, evolução e diversidades encontradas no estilo do blues para além das suas fronteiras reconhecidas do Mississipi. Por meio da passagem de som da Cartografia Imagética queremos encontrar as suas raízes e os outros lugares que o estilo musical adentrou.

Com o título "A Origem e Diversidade das Encruzilhadas: Uma Exploração Imagética do Estilo Musical do Blues", apresentamos à concepção de encruzilhadas como pontos de encontro e interação, da fusão de influências culturais e musicais que deram origem ao blues e o seu desenvolvimento posterior.

Através da Cartografia Imagética, esta parte de nossa breve coletânea de saberes, pretendem mapear as conexões entre diferentes manifestações do blues e suas implicações culturais.

Na Parte 4, chamamos a Arena JAM uma lenda viva, o bluesman inglês Eric Clapton, o convite-projeto de pesquisa tem como objetivo explorar a carreira e a influência do guitarrista por meio da perspectiva da Cartografia Imagética, nas suas contribuições e polêmicas.

O título "Quando Deus se Perde na Encruzilhada: Uma Exploração Imagética da Carreira e Influência de Eric Clapton", é uma referência à imagem da pichação dos muros londrinos "Clapton is God" e dos momentos de sua história de vida que acabam em polêmicas estranhas ofuscando o virtuosismo musical, a exemplo de sua negativa com as vacinas na pandemia do Covid.

Claramente também realizo uma referência a sua habilidade ao incorporar uma variedade de estilos musicais dentro de uma autenticidade única e, por ser um filho do próprio colonialismo eurocêntrico.

Estaremos com Eric em suas encruzilhadas durante essa jornada. A metodologia da Cartografia Imagética permitirá uma análise cosmológica das conexões entre a música, influências culturais, sociais, adensados com a sua evolução artística.

Na Parte 5, na Arena JAM chamamos a figura do pesquisador para explicar as origens deste festival de Blues nas epistemologias do Sul, no que denominamos como "A Alma na Encruzilhada". O objetivo é explorar a jornada do pesquisador na Cartografia Imagética.

Me colocarei como próprio objeto de análise, e me tornando esse objeto falo através do Agrimensor-Flâneur, trabalhando a cartografia da minha própria identidade e existência.

O título desta quinta parte dá o tom ao seu desenvolvimento no que tange a reflexão e busca interior por compreensão e autenticidade. Enquanto é o próprio pesquisador guiado pela metodologia que o definiu, ou seja, a Cartografia Imagética na investigação da complexidade e interconexões que constituem a essência do pesquisador.

A Parte 6 é a nota dissonante deste trabalho e que deve dar sentido a tudo o que foi abordado nas questões do afeto e utopias possíveis, na própria flexibilidade desta metodologia e seus conceitos. Falamos do "Manifesto da Encruzilhada".

O Manifesto é o convite a todos a participarem de nosso festival, acompanhando e contribuindo no desenvolvimento da metodologia e da perspectiva de uma ciência decolonial, para refletirem a sua própria essência e existência, as suas significações, contribuições e perspectivas e, buscarem alternativas para uma sociedade afetiva, fraterna, livre.

"Manifesto da Encruzilhada" é um projeto livre e imaginativo da metodologia da Cartografia Imagética que destaca a poderosa interseção entre imagens sonoras e significado. O manifesto é uma expressão única de mensagens, valores e ideias transmitidas por meio da memória e linguagem da música, convidando os leitores e ouvintes a refletirem e agirem em direção à transformação social e proporem as suas próprias narrativas e alternativas.

O manifesto como a metodologia devem ser inacabados para convidar todos a construírem com a confluência de saberes o conhecimento que emana das suas encruzilhadas particulares.

Afinal, a metodologia da Cartografia Imagética se mostra capaz de se adaptar a ampla variedade de contextos e domínios, adaptando-se a diferentes contextos. A ênfase na sensibilidade cultural e na compreensão das realidades locais sugerem que a abordagem pode ser aplicada a diferentes culturas e campos de estudo.

A capacidade de equilibrar subjetividade e objetividade e, o compromisso com a transformação social são pontos centrais que determinam o sucesso desta metodologia, que visa a contribuição do constante florescimento da ciência decolonial.

REFERÊNCIAS

ACADEMIA BRASILEIRA DE LETRAS. **Dicionário escolar da língua portuguesa** – 2ª. ed. —São Paulo: Companhia Editora Nacional, 2008.

ALMEIDA, L. M. A.; RIGOLIN, T. B. **Fronteiras da globalização.** 3. ed. São Paulo: Ática, 2016. v. 1

ANDRADE, Oswald de. **Manifesto antropófago e outros textos.** Organização e coordenação editorial Jorge Schwartz e Gênese Andrade. São Paulo: Penguin Classics Companhia das Letras, 2017.

ANZALDÚA, Gloria. Falando em línguas: uma carta para as mulheres escritoras do terceiro mundo. **Estudos Feministas**, v. 8, n. 1, p. 229-236, 2000.

ASCOM UFAL. **Engenharia de agrimensura apresenta dados da covid-19 em produção acadêmica.** 10/08/2020 16h45 - Atualizado em 10/08/2020 às 18h46. Engenharia de agrimensura apresenta dados da covid-19 em produção acadêmica — Universidade Federal de Alagoas (ufal.br). Acesso: 16/11/2021

BAUDRILLARD, Jean. **A sociedade de consumo.** Portugal: Edições 70, 2008.

BAUMAN, Zygmunt. **Vida para o consumo:** a transformação das pessoas em mercadoria. Rio de Janeiro: Zahar, 2008.

BELTING, Hans. **Antropologia da imagem:** para uma ciência da imagem. Lisboa: Editora KKYM+EAUM, 2014.

BENJAMIN, Walter. Pequena história da fotografia. *In*: BENJAMIN, Walter. **Magia e técnica, arte e política:** ensaios sobre literatura e história da cultura. 7. ed. São Paulo: Brasiliense, 1994a. (Obras escolhidas; v.1).

BENJAMIN, Walter. A obra de arte na era da sua reprodutibilidade técnica. *In*: BENJAMIN, Walter. **Magia e técnica, arte e política:** ensaios sobre literatura e história da cultura. 7. ed. São Paulo: Brasiliense, 1994b. (Obras escolhidas; v.1).

BENJAMIN, Walter. **Magia e técnica, arte e política:** ensaios sobre literatura e história da cultura. 7. ed. São Paulo: Brasiliense, 1994c. (Obras escolhidas; v.1).

BENJAMIN, Walter. **Rua de mão única.** 3. ed. São Paulo: Brasiliense, 1994d. (Obras escolhidas; v.2).

BENJAMIN, Walter. **Charles Baudelaire:** um lírico no auge do capitalismo. 3. ed. São Paulo: Brasiliense, 1994e. (Obras escolhidas; v.3).

BENJAMIN, Walter. **Passagens**. Belo Horizonte: Editora UFMG; São Paulo, SP: Imprensa Oficial do Estado de São Paulo, 2009.

BENTO, Cida. **O pacto da branquitude.** São Paulo: Companhia das Letras, 2022.

BERAS, Cesar; FEIL, Gabriel Sausen (org.). **Sociologia do rock.** Jundiaí-SP: Paco Editorial, 2015.

BOURDIEU, Pierre. O mercado de bens simbólicos. *In*: MICELLI, Sérgio (org**.). A Economia das trocas simbólicas**. São Paulo: Perspectiva, 2009.

CAMPBELL, Colin. Eu compro, logo sei que existo: as bases metafísicas do consumo moderno. *In:* BARBOSA, Lívia; CAMPBELL, C. (org.). **Cultura, consumo e identidade**. Rio de Janeiro: Ed. FGV, 2006.

CANCLINI, Nestor. G. **Consumidores e cidadãos.** Rio de Janeiro. UFRJ, 2008.

CARRASCOZA, João Anzanello. Suíte acadêmica: apontamento poéticos para elaboração de projetos de pesquisa em comunicação. **Matrizes**, São Paulo, v.10, n. 1, p. 57-65, jan./abr, 2016.

CERQUEIRA-NETO, Sebastião P.G. de. **Epistemologias do sul e a nova geografia: por uma geografia popular no encontro entre Milton Santos e Boaventura de Sousa Santos.** Dossiê – Diversidade de saberes sobre a América Latina – Parte 1. Cronos: Revista da Pós-grad. em Ciências Sociais, UFRN, Natal, v. 18, n. 1, jan/jun, 2017. p. 68-88.

CÉSAIRE, Aimé. **Discurso sobre o colonialismo.** Tradução de Claudio Willer. Ilustração de Marcelo D'Salete. Cronologia de Rogério de Campos. São Paulo: Veneta, 2020. (livro)

COELHO, Cláudio Novaes Pinto; PERSICHETTI, Simonetta. **Benjamin, o método da compreensão e as imagens dialéticas.** Líbero, São Paulo, v. 19, n. 37-A, p. 55-62, jul./dez., 2016.

CONNELL, Raewyn. O Império e a Criação de Uma Ciência Social Contemporânea – Revista de Sociologia da UFSCar. São Carlos, v. 2, n. 2, jul -dez 2012, pp. 309-336.

COSTA, Maria Luiza Calim de Carvalho. **O Mapa de Ponta-Cabeça.** World Congress on Communication and Arts. April 17 - 20, São Paulo, BRAZIL, 2011. p. 193-197.

CRAMPTON, Jeremy W.; KRYGIER, John. Uma introdução à cartografia crítica. *In:* ACSELRAD, Henri (org.). Cartografias sociais e território. Rio de Janeiro: Universidade Federal do Rio de Janeiro, 2008. p. 85-111.

DANTAS. **Geografia e Epistemologia do Sul na obra de Milton Santos.** Mercator, Fortaleza, v. 13, n. 3, p. 49-61, set./dez., 2014. (artigo de periódico)

COSTA, Brás Martins da. **Retratos na parede.** Belo Horizonte: Autêntica, 2012.

DEBORD, Guy. **A Sociedade do Espetáculo.** Tradução: Estela dos Santos Abreu – Rio de Janeiro: Contraponto, 1997.

DUARTE, P. A. **Fundamentos de Cartografia.** 3. ed. Florianópolis: Editora da UFSC, 2006.

EINSTEIN, Albert. **Escritos da Maturidade: artigos sobre ciência, educação, religião, relações sociais, racismo, ciências sociais e religião**; tradução de Maria Luiza X. de A. Borges – Rio de Janeiro: Nova Fronteira, 1994.

ESCOBAR, Arturo. Power and visibilidade: developmente and the invention and management of the third world. apud Cultural Anthropology, v. 3, n. 4. 1988, p. 428-443.

FANON, Frantz. **Os Condenados da terra.** Tradução Ligia Fonseca Ferreira, Regina Salgado Campo. 1ª ed. Rio de Janeiro: Zahar, 2022.

FANON, Frantz. **Pele negra, máscaras negras.** Traduzido por Sebastião Nascimento e colaboração de Raquel Camargo; prefácio de Grada Kilomba; posfácio de Deivison Faustino; textos complementares de Francis Jeanson e Paul Gilory. São Paulo: Ubu Editora, 2020.

FRANCO, Juliana Rocha. **Cartografias Criativas: da razão cartográfica às mídias móveis.** 1ª ed. Curitiba-PR: Appris, 2019.

FRASER, NANCY. **Reconhecimento sem ética?** Artigo originalmente publicado na revista Theory, Culture & Society, v. 18, p. 21-42, 2001. São Paulo, Lua nova 70: 101-138, 2007.

FREIRE, Paulo. **Pedagogia do oprimido.** 17. ed. Rio de Janeiro: Paz e Terra, 1987

FREIRE, Paulo. **Pedagogia da Autonomia: saberes necessários à prática educativa.** São Paulo: Paz e Terra, 1996.

GONZALES, Lélia. **Racismo e Sexismo na Cultura Brasileira**. Apresentado na Reunião do Grupo de Trabalho "Temas e Problemas da População Negra no Brasil", IV Encontro Anual da Associação Brasileira de Pós-graduação e Pesquisa nas Ciências Sociais, Rio de Janeiro, 31 de outubro. In de 1980 Revista Ciências Sociais Hoje, Anpocs, 1984, p. 223-244

GOUVEIA, Matheus. **Ativismos Cartográficos em Abya Yala: o resgate dos mundos que nos foram negados**. Belo Horizonte-MG: Editora Dialética, 2021.

GROSFOGUEL, Ramón. "Para descolonizar os estudos de economia política e os estudos pós-coloniais: Transmodernidade, pensamento de fronteira e colonialidade global". Revista Crítica de Ciências Sociais. 80, 2008.

GRUPPI, Luciano. **O conceito de hegemonia em Gramsci**. 4.ed. Rio de Janeiro: GRAAL, 2000.

HARDING, Sandra. **Objetividade mais forte para ciências exercidas a partir de baixo**. Tradução Rebeca Furtado de Melo. Revisão Ana Carolina Dantas. Rio de Janeiro: Revista em Construção, número 5, 2019, ps. 143 – 162.

HARLEY, J.B. **Maps, knowledge, and power**. apud COSGROVE, Denis, DANIELS, Stephen (org). The iconography of landscape. Essays on the symbolic representation, design and use of past environments. Cambridge: Cambridge University Press, 1988, p.277-312.

HARVEY, David. **Espaços de Esperança**. Tradução: Adail Ubirajara Sobral; Maria Stela Gonçalves. 2ª ed. São Paulo: Edições Loyola, 2006.

HARVEY, David. **Os sentidos do mundo: textos essenciais**; tradução Artur Renzo. São Paulo: Boitempo, 2020.

hooks, bell. **ensinando a transgredir: a educação como prática de liberdade**. Tradução de Marcelo Brandão Cipolla. 2ª ed. São Paulo: Editora WMF Martins Fontes, 2017.

hooks, bell. **Tudo sobre amo: novas perspectivas**. Tradução Stephanie Borges. São Paulo: Elefante, 2021.

hooks, bell. **Ensinando pensamento crítico: sabedoria prática**. Tradução Bhuvi Libanio. São Paulo: Elefante, 2020.

KANT, Immanuel. **Crítica da razão pura**. São Paulo: Martin Claret, 2009. 540 p. (Coleção a obra-prima de cada autor. Série ouro; 3)

KOSSOY, Boris. **Fotografia & História** – 2ª ed. ver. – São Paulo: Ateliê editorial, 2001.

KOSSOY, Boris. Fotografia e História: As Tramas da Representação Fotográfica - Projeto História, São Paulo, v. 70, pp. 9-35, Jan.-Abr., 2021

KRENAK, Ailton. **A vida não é útil.** Pesquisa e Organização Rita Carelli. 1ª ed. São Paulo: Companhia das Letras, 2020.

KUNZRU, Hari; HARAWAY, Donna; SILVA, Tomaz Tadeu da. **Antropologia do ciborgue: as vertigens do pós-humano.** Belo Horizonte: Autêntica, 2000. 142 p. (Estudos culturais; v.5)

LATOUR, Bruno; WOOLGAR, Steve. **A vida de laboratório a produção dos fatos científicos.** Rio de Janeiro: Relume-Dumará, 1997.

LAZZARATO, Maurizio. **Trabalho imaterial: formas de vida e produção de subjetividade.** Rio de Janeiro: Lamparina, 2013.

Lugones M. **Rumo a um feminismo descolonial.** Revista Estudos Feministas. 2014, Sep;22(3):935–52.

MARX, Karl. **Crítica ao Programa de Gotha.** ano 1875. in Obras Escolhidas – Volume 2. Karl Marx e Friedrich Engels. São Paulo: Editora Alfa-Omega, n/d.

MARTINELLI, M. **Os mapas da geografia e cartografia temática.** São Paulo: Contexto, 2009.

MATTA, Roberto da. **O ofício do etnólogo ou como ter anthropological blues.** Boletim do Museu Nacional: Antropologia, nº 7, maio de 1978, Rio de Janeiro. – p.1-12.

MATHIAS, Ronaldo. **Antropologia Visual.** São Paulo: Nova Alexandria, 2016.

MBEMBE, Achille. **Crítica da razão negra.** Lisboa: antígona, 2014.

MCCORMAC. J.; SARASUA. W.; DAVIS. W. **Topografia.** 6ª ed. Rio de Janeiro: LTC: 2016.

MIGNOLO, Walter D. **Desobediência epistêmica: a opção descolonial e o significado de identida em política.** Traduzido por: Ângela Lopes Norte. Artigo originalmente publicado na Revista Gragoatá, n. 22, p. 11-41, 1º sem. 2007 - Cadernos de Letras da UFF – Dossiê: Literatura, língua e identidade, no 34, p. 287-324, 2008

MORIN, Edgar. **Fraternidade: para resistir à crueldade do mundo.** Tradução Edgar de Assis Carvalho. São Paulo: Palas Athena, 2019.

NASCIMENTO, Douglas. Jornal GGN (Grupo Gente Nova), 28/05/2015. **A suástica em São Paulo nos anos 20.** Disponível em: <https://jornalggn.com.br/cultura/curiosidades-a-suastica-em-sao-paulo-antes dos-nazistas/>. Acesso em: 11, de junho de 2023.

PEIXOTO, Clarice e; COPQUE, Barbara (orgs.). **Etnografias visuais: análises contemporâneas.** 1ª ed. Rio de Janeiro: Garamond, 2015.

QUIJANO, Anibal. **Colonialidade do poder, eurocentrismo e América Latina.** In: QUIJANO, Anibal. A colonialidade do saber: eurocentrismo e ciências sociais, perspectivas latino-americanas. Buenos Aires: CLACSO, 2005. p. 117-142.

RANCIÈRE, Jaques. **O espectador emancipado.** Tradução Ivone C. Benedetti. São Paulo: Editora WMF Martins Fontes, 2012.

RANCIÈRE, Jaques. **O mestre ignorante** – cinco lições sobre a emancipação intelectual. Tradução de Lílian do Valle – Belo Horizonte: Autêntica, 2002.

RANCIÈRE, Jaques. A Partilha do Sensível: estética e política. Tradução de Mônica Costa Netto. São Paulo: EXO experimental org. Ed. 34, 2005.

RIBEIRO, Daniel Melo. **Limiares da cartografia: deambulação, arqueologia e montagem no mapeamento de lugares.** Tese de Doutorado em Comunicação e Semiótica, PUC-SP, 2018.

RIBEIRO, Djamila. **Pequeno Manual Antirracista.** 1ª ed. São Paulo: Companhia das Letras, 2019.

CUSICANQUI,Silvia Rivera. Ch'ixinakax utxiwa. Una reflexión sobre prácticas y discursos descolonizadores. Buenos Aires: Tinta Limón, 2010. Pinturas. 80 pp. apud Amiel Ernenek Mejía Lara. revista de antropologia, são paulo, usp, 2013, v. 56 nº 2.

ROSA. R. **Cartografia básica.** Universidade Federal de Uberlândia. 2004.

SALGADO, Sebastião. **Gênesis.** Alemanha: Taschen, 2013.

Sandoval, Chela. **Methodology of the oppressed.** Minneapolis-USA: University of Minnesota Press, 2000.

SANTOS, Antonio Bispo dos. **A terra dá, a terra quer.** Imagens de Santídio Pereira. Texto de orelha de Malcom Ferdinand. São Paulo: Ubu Editora/PISEAGRAMA, 2023.

SANTOS, Boaventura de Sousa. **Para um novo senso comum: a ciência, o direito e a política na transição paradigmática.** 4ª ed. São Paulo: Cortez, 2002.

SANTOS, Boaventura de Sousa. **Para além do pensamento abissal: das linhas globais de saberes.** Novos estud. – CEBRAP, nº 79. São Paulo, nov. 2007.

SANTOS, Boaventura de Sousa. **Construindo as epistemologias do Sul: Antologia Essencial.** Volume 1: Para um pensamento alternativo de alternativas; compilado por Maria Paula Meneses [et. al.] – 1ª ed. – Buenos Aires, Argentina: CLACSO, 2018.

SANTOS, Boaventura de Sousa. **O fim do império cognitivo: a afirmação das epistemologias do Sul**. 1ª ed. Belo Horizonte: Autêntica Editora, 2019.

SANTOS, Boaventura de Sousa. **A cruel pedagogia do vírus [recurso eletrônico]**. 1ª ed. São Paulo: Boitempo, 2020.

SANTOS, Boaventura de Sousa. **O futuro começa agora: da pandemia à utopia**. 1ª ed. São Paulo: Boitempo, 2021.

SANTOS, Milton. **A natureza do Espaço: Técnica e Tempo, Razão e Emoção**. 4ª ed. 2ª reimpressão. São Paulo-SP, Editora da Universidade de São Paulo, 2006. – (Coleção Milton Santos; 1)

SARDO, Susana. **Etnomusicologia, música e ecologia de saberes. Música e cultura**: revista da ABET, vol. 8, nº 1, p. 66-77, 2013.

SCHIAN, Rodolfo Medeiros. **Fotojornalismo: as representações de morte de Fidel e Mandela para além da noção de sociedade do espetáculo**. Dissertação (Mestrado) - Curso de Comunicação e Cultura, Universidade de Sorocaba, Sorocaba, 2020.

SCHIAN, Rodolfo Medeiros. **Marx: a relação sociedade-natureza**. Dissertação (Mestrado) – Curso de Ciências Sociais, PUC-SP, São Paulo, 2011.

SCHIAN, Rodolfo Medeiros. **Caminhos de uma Cartografia Imagética rumo a epistemologia do Sul**. III Encontro Internacional de Pesquisadores em Comunicação e Cultura. Universidade de Sorocaba, 27 e 28 de setembro, 2021.

SCHIAN, Rodolfo Medeiros. **O Conceito de Emancipação no Pensamento de Jacques Rancière: Alfabetização ou Autodidatismos**. II ENCONTRO INTERNACIONAL DE PESQUISADORES EM COMUNICAÇÃO E CULTURA. UNIVERSIDADE DE SOROCABA, 23 E 24 DE SETEMBRO, 2019.

SODRÉ, Muniz. **As estratégias sensíveis: afeto, mídia e política**. Petrópolis-RJ: Vozes, 2006.

SODRÉ, Muniz. **A narração do fato: notas para uma teoria do acontecimento**. Petrópolis, RJ: Vozes, 2009.

SOJA, Edward W. **Thirdspace: Journeys to Los Angeles and Other Real-and-Imagined Places**. Blackwell Publishers Ltd, UK, 1996.

SPIVAK, Gayatri Chakravorty. Pode o subalterno falar? 1. ed. Trad. Sandra Regina Goulart. apud ALMEIDA, Marcos Pereira; FEITOSA, André Pereira. Belo Horizonte: Editora da UFMG, 2010.

TEIXEIRA. W.; TOLEDO. M. C.; FAIRCHILD. T. R.; TAIOLI. F. **Decifrando a Terra.** São Paulo: Oficina de Textos, 2000.

TERRA. Portal Terra, n/d. **Histórias dos logos da Shell.** Disponível em: < https://www.terra.com.br/economia/infograficos/historia-logos/shell.htm >. Acesso em: 21, fevereiro e 2019.

THIONG'O, Ngugi Wa. 'Décoloniser l'esprit.' Le Monde Diplomatique. Paris, agosto de 1987. Disponível em: https://www.monde-diplomatique.fr/1987/08/A/40236

THÜRLEMANN, Felix. **Olhar como os pássaros. Sobre a estrutura de enunciação de um tipo de mapa cartográfico.** Revista Galáxia, São Paulo, n. 22, p. 118-132, dez. 2011.

TULER. M.; SARAIVA. S.; TEIXEIRA. **A. Manual de práticas de topografia.** Porto Alegre: Bookman. 2017.

WARBURG, Aby. **Atlas Mnemosyne.** Traducción Joaquim Chamorro Mielke. – Madrid España: Akal S.A., 2010.

WOOD, Denis. **Maps, Art, Power.** Espaço Cultural, UERJ, RJ, n° 36. p. 09-33. JUL/DEZ de 2014.

SHIVA, Vandana. Monoculturas da mente: perspectivas da biodiversidade e da biotecnologia. Tradução Abreu Azevedo. São Paulo: Gaia, 2003.

VEIGA, L. A. K.; ZANETTI, M. A. Z.; FAGGION, P. L. **Fundamentos de Topografia.** Curitiba: UFPR, 2012.